高速铁路客运乘务专业系列教材

高速铁路旅客服务心理学

主　编　宋　玥
副主编　曲担娃　王　宇　赵　贺

西南交通大学出版社
·成　都·

图书在版编目（CIP）数据

高速铁路旅客服务心理学 / 宋玥主编. —成都：西南交通大学出版社，2021.1（2025.2 重印）
ISBN 978-7-5643-7672-7

Ⅰ.①高… Ⅱ.①宋… Ⅲ.①高速铁路 - 旅客运输 - 商业心理学 Ⅳ.①U293-05

中国版本图书馆 CIP 数据核字（2020）第 185349 号

Gaosu Tielu lüke Fuwu Xinlixue
高速铁路旅客服务心理学

主编 宋 玥

责任编辑	梁 红
封面设计	吴 兵
出版发行	西南交通大学出版社 （四川省成都市金牛区二环路北一段 111 号 西南交通大学创新大厦 21 楼）
发行部电话	028-87600564 028-87600533
邮政编码	610031
网址	http://www.xnjdcbs.com
印刷	四川森林印务有限责任公司
成品尺寸	185 mm×260 mm
印张	11
字数	275 千
版次	2021 年 1 月第 1 版
印次	2025 年 2 月第 4 次
书号	ISBN 978-7-5643-7672-7
定价	36.00 元

课件咨询电话：028-81435775
图书如有印装质量问题 本社负责退换
版权所有 盗版必究 举报电话：028-87600562

前　言

中华人民共和国成立70多年来，我国服务业规模日益扩大。2018年，我国第三产业增加值从195亿扩大到469 575亿元，比国内生产总值增速高出0.3个百分点。服务业从中华人民共和国成立初期的辅助地位和从属地位，到改革开放后的稳步发展，再到十八大以来，党中央、国务院推出一系列改革措施的培育和促进，新经济、新动力的发展壮大，平台经济、共享经济、数字经济的蓬勃发展，其发展已进入新阶段，逐渐成为中国经济稳定增长的重要基础。2016年，《中华人民共和国国民经济和社会发展第十三个五年规划纲要》(2016—2020年)(简称"十三五"规划)，规划纲要主要阐明国家战略意图，明确政府工作重点，引导市场主体行为，对2016—2020年中国经济社会发展提出了宏伟蓝图。在规划中，国家高度重视服务业及新兴产业的发展，希望通过政策性引导，服务业能成为拉动国民经济增长的动力，促进生产性服务业专业化，提高生活性服务业品质，加快教育培训，完善服务业发展体制和政策，满足多样化公共服务需求。

2018年年末，我国铁路营业里程达到13.1万千米，比1949年年末增长5倍，其中高速铁路达到2.9万千米，占世界高铁营业里程总量60%以上。与汽车和飞机相比，中国高铁在1 200千米距离内具有竞争优势，而票价只是其他国家基础票价的四分之一，吸引了各个收入层次的乘客。由于车站设计、站房设置、售票方式、乘降组织、列车运能等多方面的限制，传统的客运组织模式在非季节性运输高峰期间尚能适应，但客流高峰期，旅客购票难、托运难、进站难、候车难、出站难等问题就显得格外突出，客运服务质量也受到很大影响。

本书对中国的服务业及铁路运输服务现状进行分析，并对心理学的基础知识进行了简要的介绍，在保证心理学体系完整的基础上，分析了顾客偏好、消费决策，并对旅客群体进行市场划分，分析旅客的个性心理和共性心理，为提供个性化服务提供依据；从心理学角度出发，考察不同文化背景、习俗对人行为的影响；对客运服务人员的角色进行认知，提出服务要求并从旅客角度出发，对乘客投诉进行管理。最后，对铁路客运服务人员的情绪调节提出了合理的方法。

服务工作涉及人与人之间的相处，是一种情感性劳动，而服务质量的提高是建立在服务人员与顾客的信息对称性，相互了解对方的需求、动机等心理因素的基础上。如何从心理的角度出发，了解客户对服务产品的需求，提高服务产品质量，提升企业形象，增强服务人员的抗压能力，以便增强服务人员的沟通、服务技巧，是本书的编写目的。

本书由宋玥担任主编。其中，一至三章由宋玥进行编写，四、五章由曲担娃进行编写。

本书在编写过程中，参考了许多专家的研究成果和有关文献资料，在此谨向各位专家作者表示衷心的感谢，西南交通大学出版社相关编辑对本书的出版给予了大力支持，在此一并表示感谢。由于编者水平有限，时间紧迫，书中疏漏之处在所难免，恳请广大读者批评指正。

编 者

2020 年 8 月

目 录

第一章 服务心理学的产生与研究内容 ······················· 1
  第一节 服务心理学产生 ····························· 1
  第二节 服务心理学的研究内容 ······················· 10

第二章 心理学基础知识 ································· 16
  第一节 心理学概述 ································ 16
  第二节 全人理论 ·································· 29
  第三节 个体心理 ·································· 57

第三章 旅行心理活动与服务 ····························· 80
  第一节 消费偏好、态度及决策 ······················· 80
  第二节 旅客的群体心理与服务 ······················· 92
  第三节 旅客的个体心理与服务 ······················ 102

第四章 消费行为、习俗与服务心理 ······················· 117
  第一节 消费行为和消费决策 ························ 117
  第二节 文化与服务 ································ 121
  第三节 消费习俗与文化产品 ························ 128

第五章 客运服务人员能力培养 ··························· 133
  第一节 客运服务人员的认知 ························ 133
  第二节 客运服务工作 ······························ 137
  第三节 客运服务人员的心理健康与保健 ··············· 163

参考文献 ··· 168

第一章　服务心理学的产生与研究内容

【导语】

从希腊语的词根中可以看到心理学（psychology）的最初含义。"psyche"的意思是心灵，后"ology"的意思是"一个研究领域"。因此，从字面上看，心理学的意思是对心灵的研究，是一个很广博的领域，包含许多研究主题，但从根本上说，心理学是有关行为与心理过程的科学。服务心理学是一门新兴的应用性学科，是把心理学的相关原理、研究方法及研究成果运用到服务活动中，并对消费者服务现象进行分析、研究的一门学科。

第一节　服务心理学产生

一、服务业

亚当·斯密第一个阐明了服务业的特殊性质，他指出："服务很少留下什么痕迹和价值"，"他们在其发挥职能的短时间便消失"。亚当·斯密指出服务业非生产性的特征，而非生产性劳动被认为无助于交换量的增加，不能增加社会财富。当三次产业的概念由英国经济学家费希尔提出后，他根据产业发展顺序提出了"第三产业"的概念，并创造性地将产业结构的变动划分为三个阶段。目前在国际普遍流行的是三次产业划分思路，即按照人类生产发展的历史顺序：农业——工业、建筑业——服务业。第一产业，即农业，是整个社会大生产的基础。人类吃、穿、住等基本生活资料都离不开农业。农业是人类生活资料的主要来源，是国民经济中其他产业部门独立的基础。第二产业，即工业，包括采掘工业、制造业等，它们是采掘自然物质资源和对各原材料进行再加工、深加工的物质生产领域，为国民经济各部门提供先进的技术装备，是各部门进行技术改造、实现现代化的物质技术先导。例如，传统农业主要靠人畜类肥来发展地力，靠精耕细作提高单位面积产量，而在工业化基础上的现代化农业是用优良品种和化肥、农药、除草剂、农用机械等工业产品提高产量和质量。

服务业是我们通常所说的第三产业，它是向全社会提供各种各样劳务的服务性行业。现代服务业是指以现代科学技术特别是信息网络技术为主要支撑，建立在新的商业模式、服务方式和管理方法基础上的服务产业。现代服务业既包括随着技术发展而产生的新兴服务业态，也包括运用现代技术对传统服务业的改良。

（一）服务业的分类

第三产业以第一、第二产业所创造的物质产品为基本条件，通过服务的形式生产出非物质形态的产品，满足第一、第二产业及社会生活的多种需要。我国第三产业包括流通和服务两大部门，具体分为四个层次：

第一层次——流通部门。包括交通运输行业、邮电通信行业、物资供销和仓储行业。

第二层次——为生产和生活服务的部门。包括金融业、商业、饮食业、保险业、地质普查业、房地产业、公用事业、技术服务业和生活服务修理业务。

第三层次——为提高科学文化水平和居民素质服务的部门。包括教育文化事业、广播电视事业、科学研究事业、卫生事业、体育事业和社会福利事业。

第四层次——为社会公共需要服务的部门。包括国家机关、党政机关、社会团体以及军队和警察公安司法机关等，但在国内不计入第三产业产值和国民生产总值。

根据《国务院关于加快发展生产性服务业促进产业结构调整升级的指导意见》（国发〔2014〕26号，简称《指导意见》）和《国务院关于印发服务业发展"十二五"规划的通知》（国发〔2012〕62号，简称《规划》）的要求，为界定生产性服务业范围，建立各地区、各部门生产性服务业统计调查监测体系，制定分类的范围包括：为生产活动提供的研发设计与其他技术服务、货物运输仓储和邮政快递服务、信息服务、金融服务、节能与环保服务、生产性租赁服务、商务服务、人力资源管理与培训服务、批发经纪代理服务、生产性支持服务。

（二）服务业的特征

服务业根据工作类型的不同，具备以下属性：

1. 服务地点弹性

服务业和农业、制造业相比，不再拥有固定的工作地点，而是随顾客的需求及区域布局需求不断变换地点。

2. 服务无形性

服务是无形的，是一种执行活动，如美容、休闲度假服务等。基于实体上的无形，服务无法展示、不易被记忆，故称为"心理上的无形性"。因此，产生衡量困难的问题，不容易靠专利来保护，只有通过信誉、顾客信任维持工作。

3. 顾客参与性

顾客参与并影响交易，且顾客之间也相互影响；同时，员工也影响服务成果。

4. 品质变动性

基于人性因素，服务不容易保持一致的质量。

（1）相同服务人员在不同的时间、地点，针对不同旅客，服务质量很难始终如一。

（2）不同时期，服务人员所花费的时间与精力是明显不同的。

（3）服务人员的经验是服务质量存在差别的另一项重要因素，例如银行职员、航空站台人员、护士、百货公司员工等，新员工与老员工的服务经验就存在一定的差异。

5. 不易分割性

顾客是整个服务产出的不可分离因素，产销同时发生，服务生产与消费是同时进行的，顾客必须亲临现场才能提供服务，顾客必须介入服务生产过程，间接影响服务质量水平。例如医疗护理、咨询顾问及教练教学等。

6. 容易消失性

服务无法在需求前被生产，也无法储存以供日后使用，例如空机位、空病床、约诊空档等。

（三）我国服务业现状

新闻链接

央视网消息：中国商务部的最新数据显示，今年 1~7 月份，中国服务贸易总额达到 300 882.8 亿元，同比增长 3.2%，中国的服务贸易逆差继续收窄，知识密集型服务贸易快速增长。分析指出，全球进入服务经济时代，经济加速向服务经济升级，服务业成为推动中国经济增长的主动力。数据显示，今年前 7 个月，中国服务生产指数累计同比增速达到 7.1%，拉动服务出口快速增长。7 月当月，服务出口增长 13.3%，比前 6 个月明显加快，带动 1~7 月服务出口继续快速增长。服务出口占服务进出口比重为 35.6%，同比上升 2 个百分点。1~7 月，服务贸易逆差继续收窄，服务出口增速高于进口增速 9.5 个百分点。下拉服务贸易逆差 8 871.2 亿元，同比下降 957.7 亿元，降幅为 9.8%。值得注意的是，1~7 月，中国知识密集型服务进出口达 10 572.2 亿元，增长 10.9%，高于服务进出口整体增速 7.7 个百分点，占服务进出口总额比重达 34.2%，同比提升 2.3 个百分点。知识密集型服务贸易快速增长。

（来源：《服务业成推动中国经济增长主要动力》，央视网，2019 年 09 月 06 日）

国内对服务业的研究大致从 1960 年开始，早期的研究主要体现在服务劳动是否为生产性劳动与服务劳动是否创造价值等问题上。1985 年，我国第一次对三大产业做出明确划分并将第三产业产值计入国民生产总值。2000 年，党的十五届五中全会通过"十五"计划，提出将第三产业改为"服务业"。由于服务业也随着技术进步而呈现新的变化，新兴服务部门和服务新业态不断出现，国家统计局对服务业分类进行了多次调整。随着信息技术的普及应用，服务业领域出现了现代的经营组织、新的服务业态和管理方式，餐饮、运输、商贸、仓储等传统服务部门实现了产业创新。

总体来说，中国目前的产业结构变化基本符合世界的产业结构演变规律，即农业比重下降，而工业服务业比重上升。从增加值的比重变化上看，中国产业结构在 20 世纪 80 年代中期发生了标志性的变化——服务业比重于 1985 年开始超过农业，国民经济总量增长从主要由农业、工业带动转为主要由工业、服务业带动。与此同时，中国的服务贸易取得快速发展，服务进出口占对外贸易比重持续提升，服务贸易逆差进一步扩大，服务贸易结构继续优化。2014 年以来，中国金融、文化等新兴服务出口稳步增长，对服务贸易结构调整和优化起到重要推动作用，计算机和信息服务、金融服务、广告宣传、通信服务进口增长显著。新兴服务贸易快速增长，提高了中国服务贸易附加值，促进了知识技术密集型企业发展，为国内产业结构升级做出了积极贡献。除此之外，服务外包业务发展迅速。信息技术外包（ITO）占主导地位，知识产权研究、分析学和数据挖掘、医药和生物技术研发和测试等知识流程外包业务增长迅速。

近年来，互联网经济呈现爆发式发展（见图1-1）。信息消费井喷式爆发，电子商务交易额快速增长。创业创新热潮涌动，新登记企业大量涌现。2015年，信息传输软件和信息技术服务业文化体育和娱乐业、金融业分别新增企业24万户、10.4万户、7.3万户，分别增长63.9%、58.5%、60.7%。教育、卫生和社会工作的新增企业分别为1.4万户和0.9万户，数量较上年翻番。金融方面，现代金融服务业支撑作用不断增强，金融市场稳健运行。交通运输方面，服务保障能力大幅提升。铁路、公路、水运、民航运输网络规模持续扩大。公共服务方面，公共服务发展成效显著。基础教育不断改善，2015年年末，参加城镇职工基本养老保险、基本医疗保险人数分别为35 361万人和66 570万人，分别比2012年年末增长16.4%和24.2%；享受城市最低生活保障和农村最低生活保障的居民分别有1 708万人和4 903万人。此外，邮政快递业、旅游业也持续快速发展。

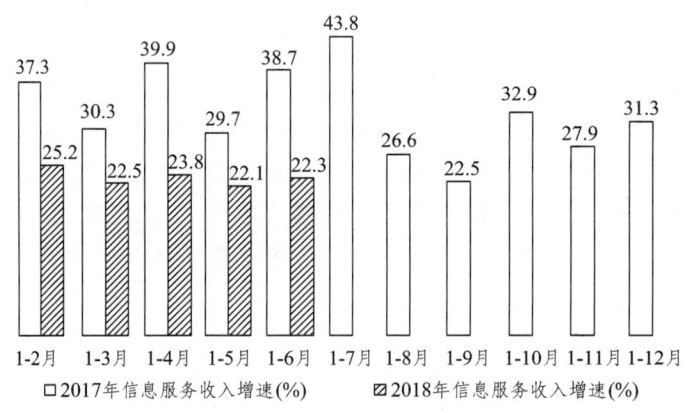

图1-1 2017—2018我国互联网企业信息服务收入增速对比

我国服务业在发展质量和结构上还存在不合理之处，尤其是高端服务业发展不足、质量偏低。高端服务业是指具有更高技术含量、更高附加值、处在价值链高端的服务行业以及服务业态。目前，高端服务业包括现代信息、现代物流、高端金融和高端航运等。高端服务业在我国发展的问题主要有：一方面，我国整个高端服务业刚刚起步，金融、物流、航运、信息服务等行业的高端服务部分发展不足；另一方面，高端产业能级较低，主要是创新能力不足，尤其是服务产品、服务方式和制度等方面的创新能力较弱。

2016年，《中华人民共和国国民经济和社会发展第十三个五年规划纲要》（2016—2020年），（简称"十三五"规划）颁布，规划纲要主要阐明国家战略意图，明确政府工作重点，引导市场主体行为，对2016—2020年中国经济社会发展提出了宏伟蓝图。"十三五"规划高度重视服务业及新兴产业的发展，希望通过政策性引导，服务业能成为拉动国民经济增长的动力。

促进生产性服务业专业化。以产业升级和提高效率为导向，发展工业设计和创意、工程咨询、商务咨询、法律会计、现代保险、信用评级、售后服务、人力资源服务等产业。深化流通体制改革，加强物流基础设施建设，大力发展第三方物流和绿色物流。实施高技术服务业创新工程，引导生产企业加快服务环节专业化分离和外包。建立与国际接轨的生产性服务业标准体系，提高国际化水平。提高生活性服务业品质，加快教育培训、健康养老、文化娱乐、体育健身等领域发展。大力发展旅游业，推动生活性服务业融合发展，鼓励发展针对个性化需求的定制服务。完善服务业发展体制和政策，清理各类歧视性规定，完善各类社会资本公平参与医疗、教育、托幼、养老、体育等领域发展的政策，扩大政府购买服务范围，推动竞争性购买第三方服务。坚持普惠性、保基本、均等化、可持续方向，从解决人民最关心、最直接、最现实的利益问题入手，增强政府职责，提高公共服务共建能力和共享水平，促进基本公共服务均等化。建立国家基本公共服务清单，动态调整服务项目和标准，促进城乡区域间服务项目和标准有机衔接。满足多样化公共服务需求，开放市场并完善监管，努力增加非基本公共服务和产品供给。积极推动医疗、养老、文化、体育等领域非基本公共服务加快发展，丰富服务产品，提高服务质量，提供个性化服务方案。如图1-2所示。

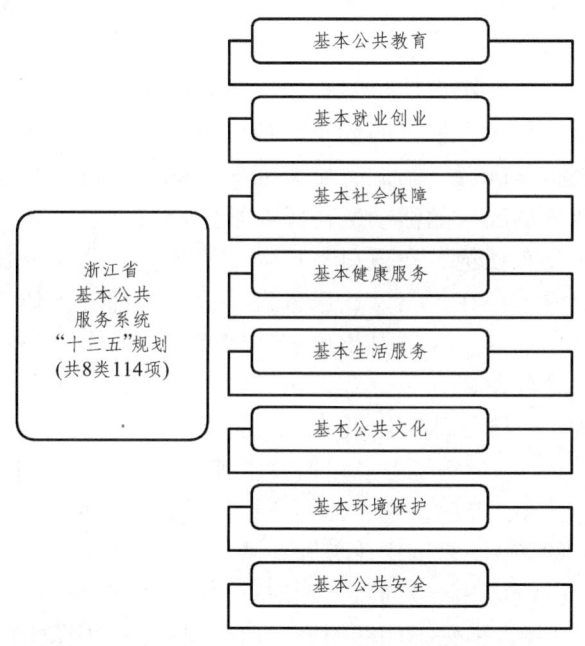

图 1-2　浙江省基本公共服务体系

（四）我国铁路旅客运输服务现状

从詹天佑修筑了中国第一条自建铁路起，中国人开始摆脱了马车拉人的老旧运输方式，走入"火车时代"。在经历了铁路六次大提速之后，动车组列车开始取代传统的"绿皮车"，逐渐进入我们的日常生活。国家统计局发布的报告显示，2018年年末，我国铁路营业里程达到13.1万千米，比1949年年末增长5倍，其中高速铁路营业里程达到2.9万千米，占世界高铁营业里程总量60%以上。与汽车和飞机相比，中国高铁方便、快捷，在1 200千米距离内具有竞争优势，票价却只是其他国家基础票价的四分之一，吸引了各个收入层次的乘客。

然而，我国铁路客运服务还存在许多问题，具体表现在：第一，现有铁路旅客运输服务质量评价体系缺少一种较合理的综合评价方法。对铁路旅客运输服务质量的评价还停留在经验阶段，究竟什么是铁路旅客运输服务质量、如何选择铁路旅客运输服务质量的影响要素、如何评价铁路旅客运输服务质量等尚缺乏理论依据。第二，铁路客运面临季节性运能紧张。在每年春节、"五一"劳动节、"十一"国庆节等客流高度集中的110多天里，全路日发送旅客是平日客流的3倍左右。由于车站设计、站房设置、售票方式、乘降组织、列车运能等多方面的限制，传统的客运组织模式在非季节性运输高峰期间尚能适应，但客流高峰期，旅客购票难、托运难、进站难、候车难、出站难等问题就显得格外突出，客运服务质量也受到很大影响。第三，铁路大提速有效缩短了列车运行时间，但这仅仅是旅客全部旅行时间的一部分。在旅客的全部旅行时间中，上车、在站停留时间和下车在站停留时间与客运组织方式有直接关系。传统的铁路客运组织方式，包括售票、检票、上车、车上查票、出站检票等多个环节，旅客要在车站耗费大量的时间候车、检票和出站，这与现代社会快节奏的生活方式格格不入。第四，卫生环境有待改善。开展"客运服务质量年"活动以来，站车的卫生环境大有改观，但目前仍有一些车站存在"脏、乱、差"的现象。有的车站卫生环境不好，且问题长期得不到解决，有的车站卫生环境时好时差，不能为旅客提供一个舒适、干净、文明、整洁的候车环境。也有一些列车的卫生环境不好，乘务人员清理不及时，造成旅客不满意。第五，旅客列车安全、正点有待加强。近年来，铁路部门开展的"围歼旅客列车事故"的活动取得了明显的成效，基本实现了"有序可控"的目标。但旅客列车事故并没有杜绝，在道口与机动车辆相撞造成路外伤亡还时有发生，客车的事故隐患在一定范围内还存在。第六，服务意识淡薄。部分工作人员没有把顾客的服务需求放在第一位，甚至一些客运人员对待旅客态度粗暴，个别人还存在野蛮待客行为，乱收费、乱加价、乱罚款等现象还在一定范围内存在。第七，站车秩序有待加强，旅客在候车乘车中仍存在不排队、拥挤、乱扔垃圾等不文明现象。

对此，铁路集团公司采用运输服务质量监督管理方法，主要以日常检查为主，重点抽查为辅，监督方式有明察暗访、专项调查、征询意见，受理投诉举报、查阅用户意见簿，接受社会舆论监督等。凡从事铁路旅客运输业务和在站、车从事具有经营行为的单位和个人，在为旅客、货主服务中所发生服务质量问题，均应根据情节轻重给予相应的处罚。此外，铁路通过完善服务质量控制过程，根据不同的内容和服务岗位制定岗位职责和服务规范，服务质量考核等方式提供铁路服务质量。

二、服务心理学

心理学主要是研究和讨论人的内在心理变化和外在表现行为的科学。服务本身就是受社会各种因素约束的，服务活动中人的心理复杂多样，也是受社会各种因素影响的，服务心理学的学科性质决定了其相关理论基础是相当广泛的，除普通心理学、社会心理学、管理心理学、消费心理学以及服务业自身的服务心理学直接理论基础外，社会学、人类学、经济学、历史学、民族学等都是与其相关的基础学科。

（一）心理学的产生与发展

心理学的历史可以追溯到 2500 多年前，苏格拉底、柏拉图和亚里士多德等哲学家的思想形成了现代心理学的雏形。这些先贤们不仅对意识进行了思考，还发现情绪能够使人扭曲，我们的知觉只是对外部世界的解读。近代哲学思想和生理学研究的进步，尤其是 19 世纪以来自然科学的迅速发展，特别是生物学的发展，为心理学的研究积累了大量有关人的知识，医学在神经系统研究方面的巨大成就，为心理学的研究提供了科学依据。心理学作为一门科学的正式起源，应该追溯到 1879 年冯特建立第一个心理学实验室。之后，冯特的心理学演变成了构造主义，他主张通过研究心理过程（比如意识）的内容与结构来理解心理过程。19 世纪末 20 世纪初，心理学呈现出百花齐放、百家争鸣的局面，不仅出现了以冯特为代表的构造主义学派，还出现了以詹姆斯、安吉尔为代表的机能主义学派，以华生、斯纳金为代表的行为主义学派，以弗洛伊德为代表的精神分析学派等。过去几十年里，现代心理学迅速发生改变，生物视角、认知视角和发展视角占据了主导地位。

知识链接

弗洛伊德——心理动力学

心理动力学又称"精神动力学"或"精神分析学"，其理论的创始人是弗洛伊德，他的体系被称为"精神分析"。弗洛伊德认为，心理，尤其是无意识心理是人格能量的蓄水池。根据心理动力学的观点，激励我们的正是这种能量。精神分析最初是治疗心理障碍的一种医学技术，精神分析强调对梦境和口误（也就是所谓的"弗洛伊德口误"）的分析，强调一种被称为"自由联想"的技术。这种技术收集被意识压抑的有关无意识冲突及"不被认可的"欲望的线索，例如精神分析师可能会认为某人自暴自弃的行为（比如拖延症）是由对失败的无意识恐惧造成的。

（二）服务心理学的产生

1. 社会心理学

社会心理学是研究人的社会行为发生、发展、变化的一门科学，探究个体间的相互影响，友谊、爱、合作和冲突的解决。社会角色是由社会定义的行为模式的一种，在特定环境或群体中，人们被期待做出这种行为。你承担的角色或许源自你的兴趣、能力和目标，或许是你或群体无法控制的文化、经济、生物条件强加给了你。人们在特定环境中适当的态度和行为即社会规范，是我们行为的指导原则，如在图书馆要保持安静，面试时要衣着得体。我们通常根据社会环境要求来改变自己的行为，在新的或模棱两可的情境中，其他人的行为可以给我们暗示。情境决定论认为外部环境会对人的思想、情感和行为产生难以捉摸但强有力的影响；性格决定论倾向探究个体内部，以此来解释某人为什么会做出某种行为。情境本身并不决定行为，相反，是我们对情境的解释，即我们构建的社会现实控制着行为，包括我们的社会互动。规范和社会角色是情境影响的主要来源，群体能够造成强大的从众力量。此外，旁观者的人数、情境的模糊性，以及他们由此对自己社会角色和责任的感知对个体产生了抑制作用。

知识链接

斯坦福监狱实验

1971年，在斯坦福大学，津巴多把心理学系大楼的地下室改装成监狱，花15美元一天请来一批学生参与实验，他们大多数是在斯坦福大学和加州伯克利大学参加夏季课程的学生。这批学生要参加实验必须先通过一次测试，以证明他们是"心理健康、没有疾病的正常人"。学生以随机的方式被分成了两组角色：其中9名学生担任监狱中的"囚犯"，9名学生则以三人一组轮班担任"看守"的角色，余下6名则作为实验候补。

为了更真实地模拟现实，担任"囚犯"的学生身份以数字代替，每个人都穿上犯人的衣服，戴上脚镣和手铐，有些学生是在家里被"逮捕"的，戴上牛皮纸头套，而执行逮捕行为的是与津巴多合作进行实验的加州警方，面对呼啸而去的警方，不明就里的邻里大为惊讶，而担任"看守"角色的学生则是穿着警服，戴上黑色的墨镜以增加权威感，按照监狱的正式程序对犯人进行搜身，他们拥有一切真实狱警所拥有的权力，而自愿参加实验的学生们则被告知实验过程中，他们所拥有的部分人权可能被侵犯。

实验开始的相遇是尴尬，毕竟对于"看守"和"囚犯"双方而言，都需要时间进入角色。"囚犯"开始挑战权威，撕掉衣服上的编号，把自己锁在牢房内不理会"看守"的命令，并取笑"看守"。"看守"一下子变得不知所措，作为监狱长和实验负责人的津巴多则告知"看守们"要自行解决问题。"看守们"采取措施对"囚犯"进行"镇压"，如脱掉他们的衣服、对他们进行数个小时的禁闭、没收他们的枕头和被褥、取消他们的餐食、命令其进行俯卧撑或者一些没有任何意义的活动等，"看守们"还采用了心理上的分化策略，服从管理的"囚犯"拥有更好的住宿条件和伙食。

随着实验进行，"看守们"采用的惩戒措施日益加重，如经常不让"囚犯"休息，让"囚犯"做各种卑贱的工作，想出各种方法来惩罚他们。有时候，"看守"不让"犯人"上厕所，让他们只能使用小屋里的水桶，而且还不按时清洗，让各处气味充斥在囚房里。以至于实验人员不得不提醒"看守"。在实验进行到36个小时的时候，一名"囚犯"因受到极度精神压力而出现哭泣、咒骂等歇斯底里症状而退出了实验。到了第五天，志愿者家长请来了律师。因为前几天曾有位牧师来监狱与"囚犯"聊天，模拟真实监狱中的牧师工作，"囚犯们"请求牧师找律师来解救他们，但是律师来到现场以后，表示无能为力，因为这仅仅是一个实验，家长们的解救行动失败了，实验最终在第六天被终止。

2. 服务心理学的动力——消费心理学

消费心理学以市场活动中消费者心理现象的产生、发展及其规律作为学科的研究对象，其重点研究市场营销活动中的消费心理现象、消费者购买行为中的心理现象和消费者心理活动的一般规律。

（1）消费者需求与供给。

消费需求是指在一定的时期内和一定的价格水平下，消费者愿意并且能够购买的消费品的数量。影响消费需求的因素有消费者的收入水平、产品价格、替代品价格等。消费供给是指，在一定时期，在各个价格水平下生产者愿意并且能够提供的消费品数量，其影响因素包括厂商的技术水平、产品生产成本和政策与管理等。

社会环境、消费者群体、消费态势、产品因素、购物环境等外部条件都对消费者的心理及行为产生诱导，进而影响消费需求。消费心理学从消费者的感觉、性格、动机等方面对消费者的心理活动进行分析，如消费者在判断是否购买商品时，必然是从感觉开始的，商品的不同颜色、包装、价格都会影响消费者的选择。动机是人们行为活动的内部驱动力。由于消费者在经济收入及消费水平、年龄、性格上存在差异，不同的消费者在购买商品时有不同的动机。其中，年轻人选择商品时更加注重商品的外观，追求个性和时尚潮流；老年人则更为注重价格和实用性，商品是否物美价廉、结实耐用；一些经济条件好的人更加青睐高档次的产品，注重品牌效应。

3. 服务心理学的基础——管理心理学

管理心理学是基于行为学、管理学、心理学等学科的理论、方法和原则，以人的心理活动规律、人际关系、人的积极性为研究对象的一门综合性科学。它是从现代管理科学和行为科学发展过程中派生出来的一门独立的学科。主要研究人的行为激励问题，探索人的心理活动，提出激励人的心理和行为的各种途径和技巧，从而达到最大限度提高工效的目的。以下分别从西方管理理论与管理心理学的人性观两个方面加以阐述。

（1）西方管理理论。

管理科学的发展大体经历了古典管理理论、行为科学理论、现代管理理论三个阶段。

古典管理理论产生于18世纪下半叶资本主义发展的早期，主要代表人物有亚当·斯密、大卫·李嘉图和欧文。亚当·斯密提出了劳动分工学说，分析了由于工业的分工而获得的经济收入；大卫·李嘉图以剩余价值为基础，揭示了资本主义经济管理的中心问题和剥削本质；欧文主张重视人的因素与人的作用，强调对人的本性进行深入了解和剖析。

传统管理理论是根据企业多年管理实践的经验积累而形成的一套管理理论和方法。主要代表人物有巴贝奇和艾默生。巴贝奇是英国数学家，代表作是《机器与制造业的经济学》。他在劳动分工学说的基础上对专业化的有关问题进行系统研究，得出劳动分工可以提高经济效益的结论。艾默生在对管理经验总结的基础上，提出具有概括性的"管理十二原则"。

科学管理理论以科学技术作为建立经济管理基础的主要依据。这一时期形成不同的理论学派，主要代表人物有美国的泰勒、法国的法约尔和德国的韦伯。泰勒从解决如何提高劳动生产率的问题出发，分析了影响劳动生产率的因素，提出了提高劳动生产率的八项措施。法约尔提出管理的五种作用，即计划、组织、指挥、协调、控制。韦伯提出了理想的行政组织体系理论，这种理想的行政组织体系能够提高工作效率，在准确性和稳定性、纪律性和可靠性方面都优于其他组织体系。

（3）管理心理学的人性观。

人性具有阶级属性和自然属性两方面。管理心理学讲的人性是指管理者对职工需要和劳动态度的看法。主要是从人的自然属性方面展开的。从传统管理到现代管理，西方管理心理学家对人性做了四种假设：经济人、社会人、自我实现人、复杂人。

第二节 服务心理学的研究内容

一、服务心理学的研究对象

服务心理学的研究对象是人,人的本质与行为规律是什么,这是行为学研究的对象。人的行为受心理活动支配,心理活动规律是心理学研究的对象。人的心理活动规律表现在旅行过程中,如何适应人的心理活动规律,有效地组织运输企业的工作,满足旅客的需要,这又是管理学所研究的范畴。将心理和管理有机地结合在一起,实行科学的管理,允分调动职工的工作积极性和创造性,这是管理心理学研究的范畴。运输过程中旅客作为消费者接受运输服务,研究其消费心理,有助于旅客提高消费效益、运输企业提高经营效益。运输服务企业的行为就是人的行为,人是运输服务的直接提供者。因此,研究运输企业中人的心理行为规律,调动人的积极性,提高运输服务水平是运输企业管理的主题。

二、服务心理学的研究目的

在了解人类生活中的规律之后,依靠社会对个体思想、行为、道德的约束和国家法令的制约,增强对个体心理活动规律的认识,对服务人员进行有效的、有针对性的管理,使个体按有利于实现运输企业目标的方向发展。

运输企业的管理主要包括以下三个方面:

(1)满足旅客健康的旅行需要。运输企业的经营服务应始终围绕满足旅客的健康需要而展开,针对旅客心理活动的规律性,提高运输服务的质量是企业管理的核心内容。

(2)提高服务人员的服务水平。在客运服务人员和旅客之间的旅游服务和被服务过程中,应有效地提高服务人员的服务水平,这需要从服务人员的选用及业务素质的培训和提升等方面着手。

(3)树立企业的整体形象。通过旅客需求满足程度的提高,在全社会提升运输企业的整体形象,使运输企业达到国家相关要求,提高市场竞争力。

三、服务心理学的研究任务

从服务心理学的研究范围来看,顾客和服务人员的决策、行为及人际关系受内因、外因两个方面因素的影响。内因包括生理和心理两个方面,其中生理方面表现为年龄、性别、身体健康等因素,心理方面表现为心理过程、心理状态、个性心理等因素;外因指相关的自然和社会环境因素。可以用函数来表示:

$$B = f(P,E)$$

式中:B ——行为;

P ——个人,即内在心理因素的影响;

E ——环境,即外界环境因素的影响。

从研究服务心理学的具体内容来看，主要包括以下几个方面：

（1）研究服务心理学的基础理论，是研究服务心理学的基本前提。

（2）研究服务从业者和顾客的心理。顾客是服务活动的主体、服务的主要对象，是需求决策者；服务从业者是整个服务活动的行使人，是服务活动的主要执行者。因此，了解顾客和服务从业者心理活动的规律、特点，掌握服务从业者和顾客的心理，才能更好地进行服务。

（3）研究服务过程中的心理服务行为是服务业的灵魂，服务质量关系到服务业的兴衰成败。

（4）研究服务业管理中的管理心得；研究如何在管理工作中遵循人的心理和行为的特点而采取有效的措施，根据员工的不同心理特点，开发人力资源；研究如何调节和控制个体行为、群体行为及领导行为等。

四、服务心理学的研究、检验方法

（一）研究方法

旅客服务心理学研究的对象是有思想、有感情的人，这就决定了其研究方法有自身的特点。服务心理学的研究方法主要有四种，即自然观察法、调查法、换位法和实验法，通过这四种研究方法了解和掌握人的各种心理行为的规律和变化，并加以综合分析，概括出原理和原则。由于人的行为和心理现象总是复杂多变的，因此，旅客运输心理学研究的结果存在一定的不确定性，但只要在研究中坚持实事求是，坚持在大量材料的基础上加以科学地抽象概括，并在社会实践中验证，对于人类行为就可以取得规律性的认识。

1. 自然观察法

在自然条件下，对表现心理现象的外部活动进行有系统、有计划的观察，从中发现心理现象产生和发展的规律性，这种方法叫作"自然观察法"。

（1）自然观察法的适用条件。

① 对所研究的对象无法加以控制。

② 在控制条件下，可能影响某种行为的出现。

③ 由于社会道德的要求，不能对某种现象进行控制。

利用自然观察法能否获得满意的结果，取决于观察的目的和任务、观察和记录的手段、观察者的知识和能力以及观察者的毅力和态度。

（2）自然观察法的优缺点。

优点：

① 直接性。对被观察者的行为进行直接的了解，因而能收集到第一手资料。

② 真实性。因观察法是在自然体条件下进行的，不为被观察者所知，他们的行为和心理活动较少或没有受到干扰，因而，获得的资料是真实的。

缺点：

① 重复和检验困难。在自然条件下，事物很难按严格相同的方式重复出现，对某种现象

难以进行重复观察；观察结果也难以进行检验和证实。

② 精确分析困难。在自然条件下，影响某种心理活动的因素是多方面的，用观察法得到的结果往往难以进行。

③ 现象出现的不确定性。由于对条件未加以控制，观察时可能出现不需要研究的现象，而需要研究的现象却没有出现。

④ 结果"各取所需"。因"各取所需"，其结果易受到观察者本人的兴趣、愿望、知识和观察技能的影响。

2．调查法

有些心理现象能直接观察，有些则不能。当所研究的心理现象不能直接观察时，可通过收集有关资料，间接了解被观察者的心理活动，即采用调查法。它往往用于研究不易从外部观察到的人的内心活动。观察法的途径和方法是多种多样的，有谈话、问卷、测验、活动、产品分析等。运用调查法，调查者必须清楚了解所调查的课题，明确调查的目的要求，确定调查对象，拟定调查内容、方法和步骤，对于调查过程中可能遇到的情况和可能参与的外来因素要有一定的预见和估计，另外，还必须设计使调查对象、调查者说真话，反映真实情况，通过收集有关资料，间接了解被观察者的心理活动。

一般调查步骤如下：

（1）选择和确定研究的问题和对象。

（2）制订研究计划。

（3）收集和整理研究材料。

（4）分析材料，从而得出科学的结论。

调查法较易操作，有利于在不同场合从多方面发现问题，验证研究结果，但不易排除某些外来因素的参与。

3．换位法

换位法即换位思考，通过换位思考，可能会得到符合实际情况的结果。

4．实验法

在有目的地控制或创设一定条件下，引起某种心理现象以进行研究的方法。

在实验中，研究者可以积极干预被试的活动，创造某种条件使其某种心理现象得以产生，并按实验者的愿望发生变化，并重复出现。实验法与自然观察法相比优势在于：研究者可以主动地引起他要研究的心理现象，而不是被动地等待某种心理现象的出现。实验法分为实验室实验法与自然实验法。

（1）实验室实验法。

在专门的实验室内借助各种仪器进行，要严格控制外界条件。

采用实验室实验法，一方面，有助于对实验的结果进行反复验证，发现事件的因果联系；但另一方面，使实验情境带有极大的人为性质，被试处于这样的情境中，意识到正在接受试验，就有可能干扰试验结果的客观性。

（2）自然实验法。

自然实验法是指，在日常生活的自然条件下，研究者有意改变和创造某些条件引起被试某些心理现象出现的方法。该方法虽然对实验条件进行了适当控制，但它是在被试日常生活的自然情况下进行的，因此实验的结果比较符合实际。

由于人类的行为和心理现象是极其复杂的，因此，在进行研究时通常不是单纯地使用某一种方法，而是以某种方法为主，辅之以其他方法。具体如何，要根据研究对象与任务来确定。这样，可以更准确地、客观地反映人的行为和心理活动规律及特点。

知识链接

霍桑效应

为了调查研究各种工作条件对生产率的影响，美国西方电器公司霍桑工厂一个大车间的六名女工被选为实验的被试。实验持续了一年多。这些女工的工作是装配电话机中的继电器。首先，让她们在一个条件一般的车间里工作两个星期，测出她们的正常生产率；然后，把她们安排到一个特殊的测量室工作五个星期，这里除了可以测量每个女工的生产情况外，其他条件都与一般车间相同，即工作条件没有变化；接着，进入第三个时期，即改变对女工支付工资的方法。以前女工的薪水依赖于整个车间工人的生产量，现在只依赖于她们六个人的生产量。在第四个时期，在工作中安排女工上午、下午各一次5分钟的工间休息。第五个时期，把工间休息延长为10分钟。第六个时期，建立了六个5分钟休息时间制度。第七个时期，公司为女工提供一顿简单的午餐。在随后的三个时期每天让女工提前半小时下班。第十一个时期，建立了每周工作五天的制度。第十二个时期，原来的一切工作条件又全恢复了，重新回到第一个时期。老板是想通过这一实验来寻找一种提高工人生产效率的生产方式。的确，工作效率会受工作条件的影响，然而，出乎意料的是，不管条件怎么改变，如增加或减少工间休息，延长或缩短工作日，每一个实验时期的生产率都比前一个时期要高，女工们越来越努力，效率越来越高，根本就没关注过生产条件的变化。

之所以会这样，一个重要的原因就是女工们感到自己是特殊人物，受到了格外好的待遇，她们引起了人们极大的注意，因而感到愉快，便遵照老板想要她们做的那样去做。她们知道这样做主要是为了测量她们的生产效率，这是人们关注的事情，因此，生产条件发生什么变化无关紧要，她们总把这些变化设想成为有利的，所以，她们工作越来越努力，每一次的改变都刺激着她们去提高生产效率。

通过操纵一个人的环境，让他与众人分离，特别密切地关注他，使他感到很特别，这些都会对他产生很大的压力。如果他知道人们期望他干什么，只要没有拒绝的理由，便会尽一切努力按人们的期望去干好每一件事。霍桑工厂的女工们知道自己正在被研究，尽管她们想到的并不是老板期望的，但她们会尽自己最大的努力产生适当的效果。所以，对个人施加压力说服他去做某件事的最有效方法之一就是使他愉快，向他显示出他正被关心着，被期待做好某件事。

（二）检验方法

像其他学科的研究者一样，心理学家采用科学的实证方法来检验他们的观点。对任何观点进行科学检验都需要经过以下四个步骤。

1. 提出假设

提出假设,即提出一个具体的、可检验的观点或预测。例如,假设内倾的人容易被外倾的人吸引。这个假设可能是解释所有浪漫吸引构成要素的理论的一部分。

2. 收集客观数据

无论一个人的经验多么具有说服力,他依然只是轶事或证词,需要在科学研究的受控条件下接受检验。设计这类方法的目的是避免我们的预期、偏见和歧视,导致错误的结论。这样做之后,我们便可以更有信心地把获得的数据进行推广。

3. 分析结果,接受或拒绝假设

收集了数据之后,我们会采用某种数学方式或统计方式分析这些数据。如果分析与实际相符,我们可以宣布假设得到了证实。如果相反,我们会拒绝这个假设。

4. 发表评论和重复验证结果

科学方法的最后一步是在专业期刊上发表论文,或在专家会议上做报告。偶尔也会把研究内容写成书,让科学界对它进行仔细检查和评论,然后等待评论者的回应。

本章小结

1. 服务心理学作为一门新兴的应用性学科,是把心理学的相关原理、研究方法及研究成果运用到服务活动中,并对消费者服务现象进行分析、研究而产生的一门学科。

2. 服务业是在农业化时期、工业化时期向后而发展起来的一种新型产业,即第三产业,它是向全社会提供各种各样劳务的服务性行业,分为流通部门、为生产和生活服务的部门、为提高科学文化水平和居民素质服务的部门、为社会公共需要服务的部门四个层次。具有服务地点弹性、服务无形性、顾客参与性、品质变动性、不易分割性、容易消失性等特点。随着技术进步而呈现新的变化,新兴服务部门和服务新业态不断出现,国家统计局对服务业分类进行了多次调整。总体来看,我国服务业在发展质量和结构上还存在不合理之处,尤其是高端服务业发展不足、质量偏低。

3. 心理学主要是研究和讨论人的内在心理变化和外在表现行为的科学。消费心理学重点研究市场营销活动中的消费心理现象、消费者购买行为中的心理现象和消费者心理活动的一般规律等三个方面;管理心理学以人的心理活动规律、人际关系、人的积极性为研究对象,探究人的行为激励问题。服务受社会各种因素约束,服务活动中人的心理复杂多样,这决定了服务心理学的相关理论基础是相当广泛的,除普通心理学、社会心理学、管理心理学、消费心理学以及服务业自身是服务心理学的直接理论基础外,社会学、人类学、经济学、历史学、民族学等都是与其相关的基础学科。

4. 服务心理学的研究对象是人,从研究范围来看,顾客和服务人员的决策、行为及人际关系受内因(生理和心理)、外因(自然和社会环境因素)两个方面因素的影响。从运输企业角度出发,研究服务心理学,意在满足旅客健康的旅行需要,提高服务人员的服务水平,树立企业的整体形象。

5. 服务心理学研究的对象是有思想、有感情的人,这就决定了其研究方法有自身的特点。研究方法主要有四种，即调查法、观察法、换位法和试验法。心理学的检验方法包括提出假设、收集客观数据、分析结果（接受或拒绝假设）、发表评论和重复验证结果四个步骤。

课后思考题

1. 服务业的分类及特点。
2. 服务心理学的产生。
3. 服务心理学的研究对象及任务。
4. 心理学研究方法及检验步骤。
5. 查找资料对我国服务业现状进行分析并提出改进方法。
6. 选定企业，设计服务质量问卷，进行统计分析并从心理学角度提出改进方法。

第二章 心理学基础知识

【导语】

想象一下，作为一个消费者，你应该如何选择自己需要的商品呢？出于何种动机？是否受到周边人的影响？与自己的喜好相关性大吗？这些都涉及心理学的内容。心理学为服务心理学的研究提供了最基本的理论和方法，掌握好心理学的基础知识，是研究服务心理学的重要前提。本章将对与服务心理学直接相关的理论和学科基础知识进行简要的介绍，目的是便于读者对服务心理学的理论基础有一个系统、初步的了解，为以后各章的研究学习做准备。

第一节 心理学概述

一、心理学的六个主要视角

心理学的六个主要视角包括生物学、认知、行为主义、全人、发展和社会文化视角，每个视角都发展出了有关心理和行为的全新概念。汇总在一起构成心理学的多元视角，其中，每一个都将成为你理解人类行为的一种重要途径。

（一）现代生物学视角：心理与身体的分离

17世纪，法国哲学家笛卡尔提出了第一个激进的新观念，即精神性的心理与物质性的身体的区别，这个观念引出了现代心理学。笛卡尔天才的洞见使得教会不再限制对心理的科学研究，同时允许科学家对人类的感觉与行为进行研究，因为它们的基础都是神经系统中实际存在的活动。他的观点非常符合生物学对动物精神系统的新发现。例如科学家刚刚研究出感觉器官如何将刺激转化为神经冲动与肌肉反应，这类发现与笛卡尔身心分离的观点结合在一起，促使科学家证实了引发感觉和简单反射行为的是生物过程，而不是神秘的心灵力量。

笛卡尔革命性的观点为现代生物学视角提供了基础。虽然不再受中世纪教会的限制，但是现在生物学家又将心理与身体重新联结在一起，把心理看成是大脑的产物。从这种观点来看，人格、偏好、行为模式和能力都源于身体构成，因此，生物心理学家从大脑、神经系统、内分泌系统及基因中寻求行为产生的原因，从这个视角看，拖延可能是由某种大脑化学物质造成的，具有遗传性。生物心理学家并不否认其他视角的价值，但他们的目标是尽可能多的探询心理过程的身体基础。同时，生物学视角与医学、生物学有着密切的关系，事实上新兴的神经科学，综合了生物心理学、生物学、神经病学以及其他对大脑机制有研究的学科。生物心理学另一个重要的变体源自达尔文提出的观点，新兴的进化心理学认为，人类的许多行为源自远古时期所形成的遗传倾向，最近基因研究的兴起，对进化心理学具有很大的推动作用，从进化的关键看，我们的基因组成，即我们最根深蒂固的行为的基础，是由几千年前我们祖先所面对的环境条件决定的。

（二）现代认知视角：科学心理学的创立

影响早期心理科学的另一个激进的观点来自化学领域，化学家们在发现化学元素的性质模式后，提出了著名的元素周期表，使元素间的关系变得明晰起来。德国科学家冯特猜想是否可以用像元素周期表一样的形式来简化人类的心灵。尽管冯特没有实现"心理元素周期表"的梦想，但他提出了一个突破性的观点，用于客观地测量并研究自然世界的方法，比如化学方法或物理方法也可以被用来研究心理与身体。

"一看到光就按下按钮"，当冯特教授准备好记录光刺激与学生反应之间的关系时，他曾这样说过。在实验室中，冯特和他的学生还运用类似技术，让受过训练的志愿者描述他们对各种刺激的感觉及情绪反应，并进行研究，这是历史上最早的心理学实验。对冯特和他的学生所提出的意识的基本元素进行研究，这些元素包括感觉、知觉、记忆、注意、情绪、思维、学习和语言。他们认为，所有的心理活动都是由这些基本的过程的不同构成的。

知识链接

对内克尔立方体的内省

图 2-1 中的立方体会欺骗你的眼睛，或者更准确地说，应该是会欺骗你的大脑，盯着它看一会儿，你的视角会突然发生改变，有时你好像是从右上方看它之后突然变成了从左下角看它，你可能需要一段时间才能看出这种改变，但一旦开始出现这种改变，你就会情不自禁地来回变换视角，这种变化好像是随机的。把这幅图拿给朋友们看看，问他们看到了什么。这个现象不是心理学家发现的，最早注意到它的是瑞士地质学家路易·内克尔。他在显微镜下观察立方体型的水晶时，发现了这个现象。为了纪念他，人们便把这种现象称为"内克尔立方体"。那颗奇妙的立方体指出了两个重点。第一，它很好地阐述了冯特和他的学生最早开创的内省法，请注意，我们能够证明内克尔立方体在头脑中改变了视角的唯一方法是让人们看着它，然后报告他们看到了什么。那么，为什么这对心理学很重要呢？只有最顽固的行为主义者会否认，当一个人看着立方体时，他的脑袋中立刻发生一些事情，事实上，内克尔立方体表明，我们会感觉添加意义，这个过程被称为"知觉"。第二，那个立方体可以用来隐喻心理学的多种视角，就像观察立方体没有唯一一种正确方法一样，没有一个心理学视角能够让我们正确地理解行为与心理过程。换句话说，为了全面地理解心理学，我们必须在多种视角之间来回变换。

计算机已成为对心智的新比喻，它的发展必然将心理学推向新的综合体——现代认知视角。追随结构主义者、机能主义者以及格式塔心理学前辈的传统,这个视角也强调认知或心理活动,比如知觉、解释、期望、信念和记忆,从这个角度看,一个人的思想和行为都是其独特认知模式的结果。然而,如今的认知视角,采用了比前辈更客观的观察方法,这要感谢脑成像技术的惊人发展,这样科学家们便可以在大脑参与各种心理过程时对它进行观察。

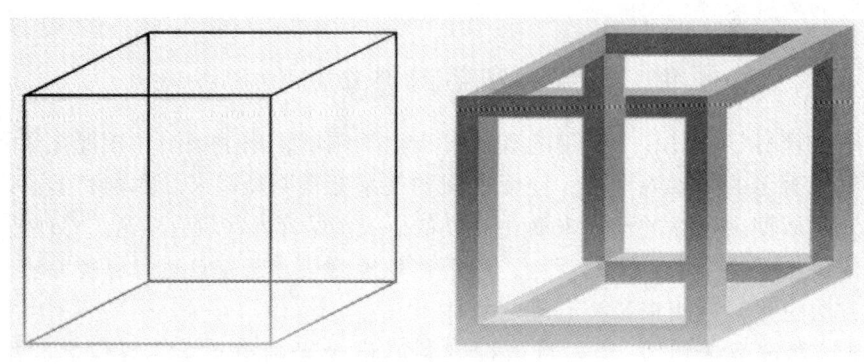

图 2-1　内克尔立方体的不同视角

(三)行为主义视角:关注可观察的行为

20世纪初期出现的行为主义者最著名的观点是,心理根本不应该是心理学的一部分。行为主义运动的领导者约翰·华生认为,真正客观的心理科学应该只研究可观察的事件及来自环境的刺激和生物体的反应。华生说,行为主义是研究行为以及影响行为的可预测的环境条件的科学。对于行为主义来说,一个人的想法或情绪都不重要,只有可以被测量和观察的行为才是真正重要的。例如在实验室中,行为主义者将无害的白色老鼠和突然发出的巨大响声匹配在一起,研究年幼的孩子是否会开始躲避老鼠。重要的是,行为主义者反对外在行为,例如躲避所代表的内在过程,害怕进行任何主观推断。行为主义视角特别关注人们的行为如何受到行为结果的影响。行为主义者为我们做出的贡献是他们让我们详细地了解环境,尤其是奖励和惩罚对学习的影响。

知识链接

桑代克的猫

桑代克设计了"桑代克的迷笼"(见图2-2)。将饿猫关入笼中,笼外放一条鱼,饿猫想打开笼门必须一口气完成三个分离动作。首先要提起两个门阀,然后按压一块带有铰链的台板,最后是把横于门口的板条拨至垂直的位置。猫被关进箱子后试图从任何空隙中钻出来:它抓、咬电线,用爪子抓取够得着的每一样东西,猫不大留意外边的食物,它这样做出于逃生的本能,在冲动挣扎过程中可能抓到开门的环扣或按钮而逃出铁笼。经过无数次重复实验后,猫的所有不成功的冲动被剔除,促使成功行为的那种冲动的结果被保留。当猫再次被关进笼子时,它会立即用明确的方式抓住按钮或环扣。桑代克认为,动物在每次尝试的过程中都建立起一种刺激—反应型联系,那些能够导致成功的反应被保留,而那些无效的反应则会逐渐被排除。桑代克把这种刺激—反应型联系称作"联结",认为学习的实质就在于形成刺激—反应联结,提出了有关人类学习的三条主要规律:(1)准备律。指学习者在学习时的预备定势,如果学习者有准备,并按照其准备活动做,学习者就会产生满足感,如果有准备而没有按照其准备活动做,就会产生烦恼感,如果没有准备而强制其活动,会产生厌恶感。(2)练习律。在奖励的情况下,不断地重复一个学会的反应,就会增加刺激和反应之间的联结。(3)效果律。在对同一情景所做的若干反应中,那些使学习者产生满足的反应或紧跟着满足所产生的激励作用,在其他条件相等的情况下,会越加牢固地与这种反应情境相联结。

图 2-2　桑代克迷笼

(四)发展视角:源自天性与教养的改变

在生活中,唯一不变的就是改变。从发展角度来看,心理的改变源自基因与环境的相互作用。在生命的不同时期,人们会有不同的想法与行为,我们可以看到,身体在可预测的过程中发展着。发展心理学家不会对青少年的拖延行为感到奇怪,相反,他们可能会把拖延看成是这个年龄段的正常行为,因为青少年依然在学习如何应对多种责任,如何准确地估计完成这件事情需要花费的时间。与此同时,他们还要应付对身体与社交世界的改变。

(五)社会文化视角:环境背景中的个体

谁能否认人们彼此发挥着重要的影响呢?社会文化视角将社会影响放到了舞台中央,通过这个视角,社会心理学家探究着喜欢、爱、偏见、攻击、服从与从众的奥秘。文化是人类语言、信念、风俗、价值观和传统的复杂混合,对所有人都具有深远的影响,在比较不同地域的人时,文化的作用不容忽视。社会文化观点的支持者们当然也不否认遗传、学习的影响,甚至不否认无意识过程的影响,相反,他们为心理学引入了一个有利的附加概念——情境的力量,从这个视角来看,社会情境和文化情境对行为的影响力有时会超过其他所有因素。

（六）全人视角：心理动力学、人本主义、特质与气质心理学

20世纪初，维也纳医生西格蒙德·弗洛伊德和他的学生基于另一个激进的观点提出了治疗心理障碍的方法。他们认为，人格与心理障碍主要源于意识之外的无意识心理过程。弗洛伊德心理动力学理论旨在解释完整的人，而不像其他心理学流派那样，解释某些组成部分，如注意、知觉、记忆、行为或情绪。他的目标是用一种全面的理论解释心理行为的各个方面。

1. 心理动力学

心理动力学领域最著名的代表人物是西格蒙德·弗洛伊德，他是经典精神分析心理学派的创始人。弗洛伊德把人的心理活动分为三个层次，即意识、前意识和潜意识。被压抑在潜意识里的各种心理冲突，虽然感知不到，但并未消失，而是潜伏在潜意识之中，在一定条件下，可通过某种转换机制以病态的方式表现出来，形成各种身心不适状况或精神疾病。同时，弗洛伊德假定人格是由三部分构成的，即本我、自我和超我，弗洛伊德认为，在一个健康的人格之中，本我、自我、超我三者的作用是平衡的，如果本我、自我、超我三种力量不能保持这种动态平衡，则将导致心理失常。其中：

（1）本我，是指原始的自我，包含生存所需要的基本欲望、冲动和生命力，遵循快乐原则。

（2）自我，是可以意识到的执行思考、感觉、判断和记忆的部分。

（3）超我，是人格结构中代表理想的部分，这一发展出现于父母或其他成人将社会的价值和标准传递给儿童。

2. 人本主义心理学

精神分析强调的是无意识中的恶的力量，而人本主义心理学家强调人类天性中积极的方面，包括人的能力、成长与潜能。在亚伯拉罕·马斯洛和卡尔·罗杰斯等人本主义者的引导下，人本主义心理学家提出人类具有成长和向上的内在需要，同时还强调自由意志，如人们可以行使自由意志，做出影响他们生活与成长的选择。从人本主义的视角看，人的自我概念和自尊对其思维、情绪与行为具有非常大的影响，而思维、情绪和行为最终将会影响潜能的发展。与心理动力学相似，人本主义心理学也对咨询和治疗实践产生了很大影响。

知识链接

恐惧是如何产生的？

1920年，早期行为主义心理学的代表人物华生及其助手进行了心理学史上一次著名的实验。该实验揭示了一个婴儿是如何形成对恐惧的条件反应的。

实验对象是一个叫阿尔伯特的小男孩，当他还只有9个月大的时候，研究者把一只白色的老鼠放在他身边，起初他一点都不害怕；可是，当用一把锤子在他脑后敲响一根钢轨，发出一声巨响时，他猛地一打战，躲闪着要离开，表现出害怕的神态。接下来，给他两个月的时间淡忘这次经历，然后，研究者又开始实验。当研究者把一只白老鼠放在阿尔伯特的面前，他好像看到了一个特别新奇有趣的玩具，伸出手去抓它；就在他的手要碰到白老鼠时，他的

脑后又响起了锤子敲击钢轨的声音,他猛地一跳,向前扑倒,把脸埋在床垫里面。第三次,阿尔伯特又想用手去抓,当他快要抓住的时候,身后又响起了锤子敲击钢轨的声音。这时,阿尔伯特跳起来,向前扑倒,开始哭泣。

此后,又进行了几次这样的试验,把老鼠放在阿尔伯特身边,钢轨在他脑后震响,阿尔伯特对老鼠形成了完全的恐惧条件反应,华生后来在实验报告中写道:

"老鼠一出现,婴儿就开始哭。他几乎立即向左侧猛地一转身,倒塌在左侧,四肢撑起身体快速地爬动,在他到达试验台的边缘前,用了相当大的劲才抱住他。"

更进一步的实验显示,阿尔伯特对其他毛茸茸的东西也产生了恐惧,如兔子、狗、皮大衣、绒毛玩具娃娃,还有华生扮演圣诞老人戴的面罩。

停止一个多月以后,又对阿尔伯特进行试验,正如研究者所预测的,他哭了起来,对老鼠和一切出现在他面前的毛茸茸的刺激都感到害怕,这时候,并没有任何钢轨敲击的声音。

华生行为主义心理学思想的形成在很大程度上受俄国生理学家巴甫洛夫的条件反射学说的影响。华生认为,狗可以通过训练建立条件反射,人也有类似的情况。如果我们经常给人的某种行为施以正强化(奖励),那么这种行为就会巩固下来;如果不给强化或给以负强化(惩罚),那么该行为就会减弱或不再出现。因此,强化很重要。华生认为,我们只要找到不同事物之间的联系或关系,再根据条件反射原理加以强化,使刺激和反应之间建立起牢固的关系,那么就可以预测、控制和改变人的行为。

3. 特质与气质心理学

古希腊人提出了许多接近现代的心理学理念,他们提出人格受到四种体液的控制:血液、黏液、黑胆汁和黄胆汁。处于主导地位的体验,决定了一个人的人格可能是积极乐观的(血液占主导),缓慢谨慎的(黏液占主导),忧郁消沉的(黑胆汁占主导)或愤怒好斗的(黄胆汁占主导)。当然,类型学说还有值得推敲的地方,但他们提出的人格特质理论在今天依然具有生命力,出现在特质与气质心理学中。这个视角的基本观点是:人与人的差异源自持久的特征与内在倾向性,它们被称为"特质"和"气质"。例如特质与气质心理学家会从人们责任感的角度来解释拖延行为。一个责任心强的人,也就是对待承诺严肃认真人,便不太可能拖延,而习惯拖延的人,即使没有按期完成任务,也不会感到有压力,这些人会被认为责任心不强,具有懒散随便的性格。

心理学六个主要视角概括如表 2-1 所示。

表 2-1 心理学六个主要视角

视角	行为决定因素	关注问题
生物学视角	大脑、神经系统、内分泌系统和基因	1. 内分泌系统 2. 神经系统 3. 遗传 4. 生理特征
认知视角	一个人独特的知觉、解释、期望、信念和记忆模式	1. 心理过程,比如思维、学习、记忆和思维 2. 头脑是一台计算机一样的机器 3. 情绪与动机如何影响思维与认知
行为主义视角	环境中的刺激以及以前行为产生的结果	1. 学习 2. 通过环境控制行为 3. 刺激与环境,而不是心理过程

续表

视角	行为决定因素	关注问题
发展视角	遗传与环境的相互作用,这种相互作用在人的一生中以可预测的方式呈现出来	1. 个体一生中心理功能的改变 2. 遗传与环境
社会文化视角	清净的力量。社会与文化对行为的影响可能超越其他所有因素的影响	1. 社会对行为与心理过程的影响 2. 个体如何在群体中发挥作用 3. 文化差异
全人视角	心理动力学:无意识心理活动 人本主义:成长及充分发挥潜能的内在需求 特质与气质:在不同时期、不同环境下具有一致性的独特的人格特点	1. 强调无意识的心理动力学视角 2. 强调心理健康与人的潜能的人本主义视角 3. 强调人格特征与个体差异的特质与气质的视角

二、遗传与行为心理

就像鱼类天生会游水,大多数鸟类天生会飞翔一样,人类也具有天生的功能。例如,在婴儿与照顾者之间的互动中,婴儿知道如何寻找妈妈的乳房,如何通过哭泣和咿呀声来与人交流。人的这种潜能是如何实现的呢?

达尔文的进化论认为行为是自然选择的结果,个体之间的差异以及资源的竞争,使得最适应的个体,最适宜的生理特征的延续,这一原则是人类及动物行为的基础。适应和进化有助于我们解释在心理学中观察到的现象,例如引发恐慌症(极端的、令人手足无措的恐惧)的刺激,通常对我们的祖先来说意味着危险,比如蛇、闪电和高处。同样,在进化背景中,我们把三分之一的时间用于睡觉是可以说得通的,睡觉可以避免祖先们在黑暗中陷入麻烦。造成进化改变的生物学基础是遗传学。从原理上看,遗传密码相当简单,就像 CD 上对信息进行编码的微型凹点可以变成图片或音乐,你的基因所编码的信息能够变成你的遗传特征,你是各种特征的独特组合,例如你的身高、体重、面部特征和头发颜色的特点源自从你父母那里遗传而来的基因蓝图,它们被铭刻在你的每一个细胞里,与之类似的许多心理特征同样受到遗传的影响,其中包括基本气质、恐怖倾向以及特定的行为模式。尽管你的选择特征来自遗传,但你是独一无二的,和父母并不一样,这种差异来源之一是你的经历和成长环境。你与父母不完全相同的另一个主要原因是,父母从自己家族过去几代人那里继承了一些遗传特征,包括生理和心理特征,随机组合出来你的特征,需要注意的是,你没有继承父亲和母亲的全部基因,而是继承了每人的一半基因,然后随机组合,这种混合继承造就了你独特的基因型,也就是你不同于地球上任何人的基因模式。虽然人看起来各不相同,但是人类99.9%的遗传物质是相同的。

(一)染色体、基因与 DNA

身体中的每一个细胞都携带着一套完整的生物指令,即构造生物体的基因组(见图2-3)。对于人类来说,这套指令是23对染色体。在高倍显微镜下,它们看起来像编织在一起的,继续放大会发现，每个染色体是由紧密缠绕的脱氧核糖核酸（DNA）长链组成的，这是一种恰好非常适合存储生物信息的分子。基因是构成生物体实用手册的"词汇"，基因被编码在 DNA 的片段中，每个基因都可以指导一种蛋白质的合成，从而为生物体的运作做出贡献。接下来，成千上万的这类蛋白质构筑成了生物体的身体特征（表现型的一部分），调节着身体内部的运作，每个个体的基因都不尽相同。46 条染色体中有两条值得我们特别关注，它们是性染色体，科学家根据它们的形状把它们命名为 X 染色体和 Y 染色体。这些染色体携带着男性或女性表现型的基因，我们都会从亲生母亲那里继承一条 X 染色体，从亲生父亲那里继承一条 X 染色体（女性），或比 X 染色体小很多的 Y 染色体（男性），把它们配成对时，两条 X 染色体携带女性隐藏密码，而成对 XY 染色体携带着男性遗传密码。

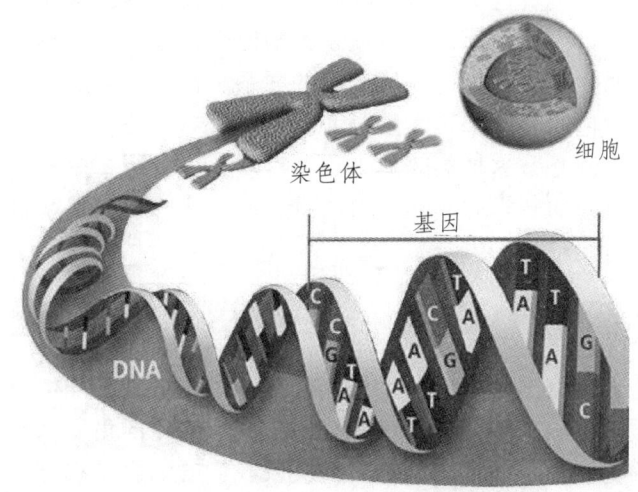

图 2-3 基因、DNA、染色体

（二）心理过程的遗传解释

关于遗传的大多数探讨，既适用于果蝇、蝴蝶，也适用于人类，所有生物体遵循相同的遗传法则。这些与心理学有什么关系呢？简单来说，基因既会影响我们的生理特征，也会影响我们的心理特征。基因影响着多样的人类特性，比如智力、人格、心理障碍、阅读与语言缺陷，也许还有性取向，甚至连我们的恐惧也存在着遗传基础，但是由于遗传心理学还处于萌芽阶段，因此我们还不知道基因对心理过程有多大的影响。

除了遗传因素外，我们的行为与心理过程还受环境的影响。即使具有相同表现型的同卵双胞胎也会在外貌和人格上存在个体差异。这些差异源自他们不同的经历，比如遇到不同的人，去过不同的地方，接触过不同的化学物质，得过不同的疾病。当同卵双胞胎中的一个患上与基因有关的心理疾病（比如精神分裂）时，双胞胎中的另一个不一定会患上相同的病。

遗传与环境相互作用的一个例子来自唐氏综合征。该病症的出现源于一条多余的 21 号染色体，它会导致身体与智力发育迟滞。就在几年前，唐氏综合征患者还依靠他人来满足基本需求。随着对这种疾病深入的了解以及对遗传与环境相互作用更深入的认识，我们对唐氏综合征患者未来生活的展望发生了变化。虽然还没有找到治愈这种疾病的方法，但是我们知道唐氏综合征患者具有一定的学习能力，尽管他们的基因有缺陷，经过特殊训练，唐氏综合征患者能够学会一些生活技能，学会照顾自己，从事工作并获得一些独立性。可见，环境因素能够有力地影响遗传倾向。

三、大脑产生行为与心理过程

1848年9月，炸药爆炸导致一根铁棒飞出并插入到25岁的美国铁路工人菲尼亚斯·盖奇的头部，导致他大脑严重损伤。令人吃惊的是，盖奇居然恢复了，而且又活了12年。但从心理学角度来看，他像变了一个人。认识他的人说，盖奇曾经是一个可以依赖、讨人喜欢的工头，后来变成了一个不负责任、粗暴吵闹的无赖。他以前的同事评价说，盖奇不再是盖奇了。我们不禁会想：盖奇受伤的部位，也就是大脑前部，会不会就是他旧自我的家呢？这个故事引出了一个重要的问题，心理与身体之间的联系是什么。从前人类很早就承认存在着这样一种联系，尽管当时他们并不知道大脑是心理的器官。即使今天的人们也会像莎士比亚时代的人一样使用"一见倾心"这样的表达来说明喜欢，也会用"令人反胃"来表示强烈的厌恶，尽管我们已经知道爱的感觉并不是来自心脏，而厌恶感也不是来自消化系统，所有的情绪、愿望和想法都来自大脑。

（一）脑的三个层次

鸟类和爬行类动物赖以维持生命的大脑仅仅是一根调节最基础生命过程和本能反应的肉茎。复杂的人脑本质上也源于相同的肉茎，即脑干。从进化的角度来看，这部分脑的历史最悠久，具有最基本的功能，在肉茎的上面，人类及我们的哺乳动物近亲又进化出了两层，即边缘系统和大脑，这大大拓展了人脑的能力。

把人脑看作是用三个层次组成的，脑干及相关结构，包括延髓、网状结构、脑桥、丘脑和小脑，控制着许多至关重要的身体功能，同时影响着警觉性和运动。边缘系统，包括海马，杏仁核和下丘脑，在动机、情绪和记忆方面发挥了重要作用，大脑皮层包括高度专业化的模块，控制着包括触觉、嗅觉、听觉、面部识别、身体位置的感觉、语言理解及口头语言在内的运动功能。每一个心理及行为过程都涉及许多大脑网络的协调和合作（见图2-4）。

1. 边缘系统

边缘系统是丘脑周围一些结构的结合，位于大脑半球的深处。这些组合成公羊角形状的结构，大大提升了我们的情绪与记忆能力。同时，边缘系统中还包含着调节重要过程的其他模块，比如调节愤怒和体温。

海马：赋予了我们记忆系统。海马的任务之一是帮助我们记忆物体的位置，比如在一个大停车场里，你把车停在了哪里。此外，海马记忆在存储方面也发挥着关键作用。

杏仁核：杏仁核的作用与恐惧和攻击性有关。同时，杏仁核，或许能在临近的海马的帮助下使用记忆引发情绪化的反应。

下丘脑：通过引发内分泌系统中的信息来维持身体的稳定与平衡。下丘脑有着丰富的血管和神经，就像大脑中的血液分析实验室，通过对血液进行不断的监控，能够监测出体温、液体水平和营养的细微变化。当发现出现不平衡（例如水分太多或太少），下丘脑便会立即下达命令，设法恢复平衡。

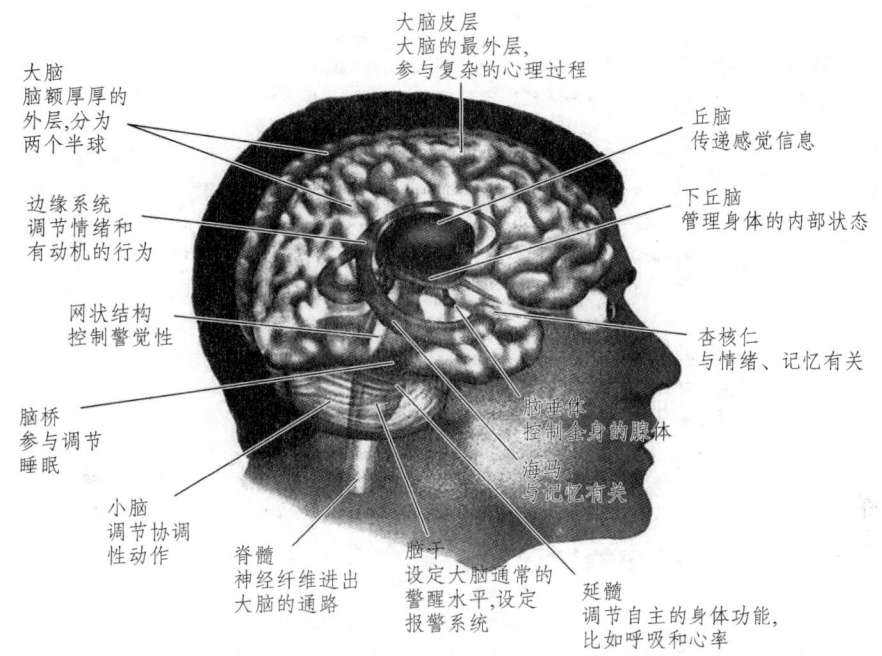

图 2-4 人脑的主要结构

2. 脑干及其邻居

如果你曾努力不让自己在课堂上睡着，那么你便在与脑干作斗争，大多数时候，它默默无闻地做着维持生命的工作。脑干联结着几个重要的信息加工区域，其中三个（延髓、脑桥和网状结构）就包含在脑干中，另外两个（丘脑和小脑）临近脑干。

脑干与脊髓：通过脑干的位置，可以推断出它把脊髓和大脑的其他部分连接起来，就像携带信息进出脊髓走廊的神经通道的导管，这些脊髓走廊将大脑与对侧的感觉器官和对称的骨骼肌连接起来。

延髓：脑干的一个突起，它调节着基本的身体功能，其中包括呼吸、血压和心率。

脑桥：在延髓的上方有一个更大的突起被称为"脑桥"，这里聚集着调节睡眠与做梦周期的神经回路。脑桥将脑干与小脑连接起来，小脑是参与协调性动作的结构。

网状结构：脑干的中心是网状结构，是形状像铅笔一样的神经细胞束。网状结构的任务之一是保持大脑清醒和警觉，其他任务包括监控输入的感觉信息流，把注意力引导到新奇或重要的信息上。

丘脑：位于脑干顶部，是一对橄榄球形状的结构，它接收来自网状结构的神经纤维。从技术角度来看，丘脑应该属于大脑半球的一部分，而不属于脑干。丘脑的作用就像计算机中的中央处理芯片，指挥着进出大脑的感觉信息和运动信息，因此丘脑接收除气味以外的所有感觉信息，并将这些信息分配给大脑中适当的加工回路。

小脑：位于大脑半球背部的下面。小脑的作用是协调我们的动作，让我们保持平衡。当我们聆听乐曲中的一串音符时，小脑还帮助我们记住事件的顺序。最后，小脑参与了最基本的学习形式，使我们适时地对线索做出习惯性的反应。

3. 大脑皮层

大脑半球覆盖着一层薄薄的大脑皮层，形成了各不相同的大脑表皮面，这样数十亿神经细胞才能挤进颅骨的狭小空间里。

运动皮层：它通过将信息先后传递给运动神经和随意肌来控制身体的运动。

躯体感觉皮层：它是触觉、温度、疼痛和压力的主要加工区域，它将感觉信息和大脑的身体地图相联系，帮助我们确定这些感觉的来源。

视觉皮层：接收来自视觉丘脑的神经冲动，而较高级的视觉联合皮层则分析数据，形成图像。

听觉皮层：辨别声音的特性，比如高音和音量。较高级的听觉联合皮层分析有关声音的数据，由此能够识别单词和曲调。

从进化的角度看，脑干和小脑代表人脑最古老的部分，接着进化出了边缘系统，大脑皮层是人脑进化的最新产物。

（二）身体的内部沟通

想象你正在蜿蜒的盘山路上行走，突然一辆汽车迎面驶来，在最后的一刹那，你和对面的司机把方向盘转向了相反的方向，你的心怦怦地狂跳，在危险过后，心脏继续狂跳了几分钟，从外部来看，你避免了一场致命的事故，从内部来看，你的身体对来自两个通信系统的两种信息做出了反应。

其中一个系统是快速发挥作用的神经系统，它是一个个遍布全身的神经细胞，以电冲动和化学能量的形式传递着信息，在紧急情况下，正是神经系统最先来营救你，它下达命令，使你的心跳加快、肌肉紧绷，为采取行动做好准备。另一个通信网络是较慢的发挥作用的内分泌系统，它发出跟进信号，支持并维持神经系统所激发的应急反应，为了达到这个目的，内分泌腺，包括脑垂体、甲状腺、肾上腺和生殖腺会使用化学信使，即我们所说的激素。

这两个内部信息系统不仅能在千钧一发时唤起我们的兴奋，也能在令人开心的情况下（比如考试成绩意外得 A 或遇到了特别有魅力的人）让我们激动万分。当你处在低唤起状态时，这两个系统互相合作，使那些至关重要的身体功能保持平稳。神经系统与内分泌系统之间的合作，由神经系统的首席执行官大脑进行调节。

1. 神经系统

如果你能够观察到一条神经信息，从刺激到反应的移动，你就会看到它从神经系统的一部分无缝地流动到了另一部分。例如信号开始于眼睛，然后传递到大脑进行大量的加工，最后再次出现在大脑中，形成了一条指挥肌肉做出反应的信息。实际上，神经系统包括身体中所有的神经细胞，这些神经细胞都是复杂的、互相连接的功能单位。不过我们发现，根据神经细胞的位置和他们的加工类型，把神经系统分为几个部分会比较方便进行区分，最基本的划分包括两个主要部分：中枢神经系统和周围神经系统（见图 2-5）。

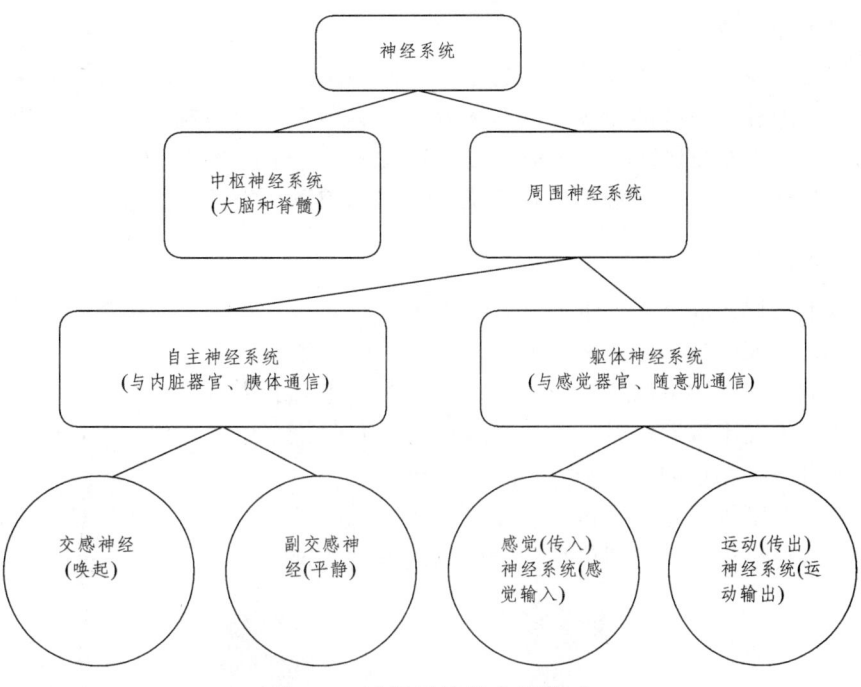

图 2-5 神经系统的主要构成

（1）中枢神经系统。

由大脑和脊髓组成，是身体的"指挥中心"。大脑约占头部的三分之一，它做出复杂的决策，协调身体功能，引发我们大多数行为。脊髓发挥着支持作用，它像一条神经电缆，将大脑与周围感觉及运动系统的各个部分连接起来。同时，脊髓还有另一个任务，就是负责产生简单、快速的反射，即不需要动用大脑的反应，比如膝跳反射。我们知道大脑没有参与这些简单的反射，一个脊髓断裂的人感觉不到疼痛，但可能依然会因为疼痛刺激而反射性地收回四肢。不过，随意运动需要大脑的参与，这就是为什么脊髓中枢神经受损后，导致四肢或躯干瘫痪。瘫痪的程度取决于受损的部位：受损部位越高，瘫痪的程度越严重。

表 2-2 七种重要的神经递质

神经递质	功能	不平衡引发的问题
多巴胺	大脑回路中产生愉悦感和奖励感的神经递质 在随意运动中，中枢神经系统的神经元会用到它	精神分裂
5-羟色胺	调节睡眠、做梦、情绪、痛苦、攻击性、食欲和性行为	帕金森
去甲肾上腺素	自主神经系统的精神元及几乎所有的脑区中的神经元都会使用的一种神经递质	高血压、抑郁
乙酰胆碱	传出神经元将信息从中枢神经系统中传出时主要使用的神经递质，也参与某些类型的学习和记忆	某些肌肉障碍 阿尔茨海默病
γ-氨基丁酸	中枢神经系统神经元中最普遍的抑制性神经递质	焦虑障碍 癫痫
谷氨酸盐	中枢神经系统中主要的兴奋性神经递质，参与学习和记忆	中风后的脑损伤是谷氨酸盐的过量释放造成的
内咖肽	愉悦感和抑制疼痛感	药物上瘾会导致内咖肽水平偏低

（2）周围神经系统。

通过感觉与运动轴突束（即神经）将中枢神经系统与身体其他部位连接起来，同时也具有支持作用。周围神经系统的许多分支在大脑与感觉器官、内脏器官、肌肉之间传递信息。在完成任务时，周围神经系统将输入信息传递到大脑，告诉它周围世界的景象、声音、味道、气味和质地。与之类似，它把输出信息传递给肌肉和腺体，告诉它们该做何反应。

2. 内分泌系统

或许你从未发现血液除了携带氧气，营养和废物之外，还携带着信息。血液以激素的形式携带着信息，构成内分泌系统中各腺体之间沟通的渠道。

在大脑底部有一个主宰腺体，被称为"脑垂体"，它监控着所有的内分泌反应，通过血液向全身及其他腺体发出激素信号。不过脑垂体本身只是一个中层经理，它接受来自大脑的命令，尤其是来自与它相连的下丘脑的命令。

概括地说，周围神经系统和内分泌系统（见图 2-6）提供了并行的通信，大脑协调着它们的工作。大脑最终决定了哪些信息通过两个网络被传递出去。

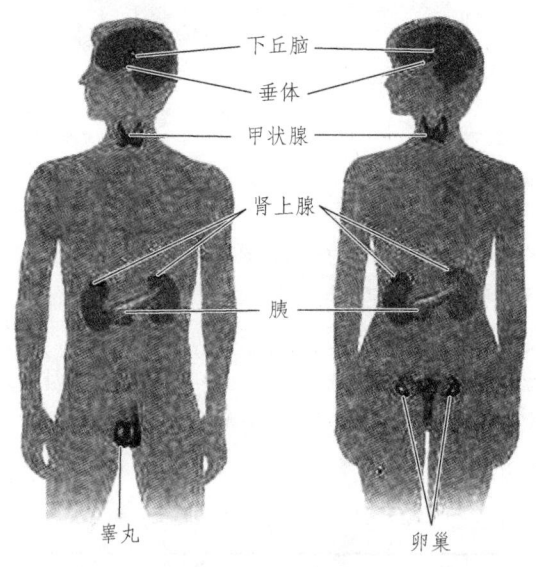

图 2-6　内分泌系统

（三）探索大脑的窗口

在近代，研究者开始使用脑电图扫描仪感知大脑的电活动，打开了了解大脑的窗口。计算机技术带来了脑扫描技术，比如 CT 扫描、正电子发射断层扫描（PET）、磁共振成像（MRI）和功能性磁共振成像（FMRI），每一种技术都有其优点和不足，比如 PET 和 FMRI 都能显示在从事某项任务（比如聊天、看图或解决问题）时，哪个脑区是活跃的。标准的 MRI 非常善于分析大脑结构的细节，但是这些方法中没有一种方法能够探测出短时间里发生的过程，比如注意力的改变或震惊的反应。为了捕捉大脑细胞之间这些稍纵即逝的对话，我们需要使用脑电图扫描仪，但它的精细程度有限，目前，还没有一种扫描技术能够为心理学家提供观测所有大脑活动的完美窗口。

第二节　全人理论

狮身人面女怪斯芬克斯站在山崖上让过路的人猜谜，并且规定，如果猜不中就要被她吃掉，如果猜中，她就自杀。谜面是：什么东西早晨用四条腿走路，中午用两条腿走路，晚上用三条腿走路？许多人因为猜不中而被吃掉。有一天，希腊英雄俄狄浦斯揭开了斯芬克斯的谜底，答案就是人。人在婴儿时期用四肢爬行，长大后用两条腿走路，年老行走时需要借助拐杖。俄狄浦斯回答正确，斯芬克斯跳下悬崖。"人是什么"是一个既古老又新颖，既平常又深奥的问题。许多哲学家、社会学家、科学家提出了种种见解，但都是各执一词，没有从根本上解决。

知识链接

婴儿发育成熟时间段

一个月：对声音做出反应，被抱起时会安静下来，偶尔发出声音。

两个月：表现出社会性微笑，认得母亲，从侧卧姿势翻身到仰卧姿势，抬起头并保持直立不动。

三个月：发出声音来回应大人的微笑和话语，寻找声音的来源。

四个月：目光能够追随摇晃着的铃铛、消失的汤匙以及桌上滚过的球，在背后有足够支撑的情况下坐起来。

五个月：区分陌生人和熟悉的人，从仰卧姿势翻身到侧卧姿势，发出不同的声音。

六个月：举起杯子并击打，对着镜中的自己微笑，伸手去抓小型物体。

七个月：对着镜中的自己做出各种玩笑的表情和动作，独立稳坐，爬行。

八个月：发出四种不同的音节（比如爸爸、我、不）。

九十个月：玩拍手游戏。

十一个月：独立站立。

十二个月：独立行走。

一、需求与动机

（一）从管理学的角度看人性

人性具有阶级属性和自然属性两方面的表现。哲学上所讲的人性主要是指人的一般本性和各个时代发生了变化的本性，是人类本性的最高概括。管理心理学讲的人性是指管理者对职工需要和劳动态度的看法，主要是从人的自然属性方面展开的。

1. **人性的特点**

管理心理学认为人性的特点主要表现在以下几个方面：

（1）人有高度自我、自尊及求得生存的欲望。

（2）人是有智慧、有感情的动物。

（3）人受先天的遗传与后天环境的影响。

（4）人的欲望并不完全相同，同一欲望也有强弱的差别。

（5）人可能受到某种激励而要求上进，努力去实现某一目标或理想，甚至不惜牺牲自己的生命；也可能因为受到某种刺激而感到内心的空虚、情绪的不安，甚至感到人生毫无意义。

人有尊严与"自我"，这种自我的主要特征是渴望得到别人的尊敬。任何一种外界不良影响，都可能或多或少伤害一个人的自尊心。一旦自尊心受到伤害，就有可能进行反抗。这种反抗的行为即使不表现出来，也可能埋藏在心底，其结果可能形成情绪不安、工作消极、感到自卑或不合群，甚至导致有害的行为。

2. 人性的假设

从传统管理到现代管理，西方管理心理学家对人性做了四种假设，即经济人、社会人、自我实现人、复杂人。

（1）经济人。

传统管理思想认为，在企业内，人活动的主要目的是追求自身的利益，工作动机是为了获得经济报酬，泰勒称之为"经济人"。1957年，美国心理学家麦格雷戈用"X理论"这一名称归纳了经济人的假设，其要点是：

第一，大多数人生来懒惰，总想少干一点工作。

第二，一般人都没有什么雄心，不喜欢负责任，宁可被别人指挥。

第三，以自我为中心，对组织的目标不关心。

第四，人缺乏自制能力，容易受他人影响。

基于此，相应的管理观念认为，为了达到企业经营目的，追求生产的高效率，应将管理与作业分开，并运用严格的管理制度，也就是强制性的管理对人进行控制。

X理论的管理特点是"胡萝卜"加"大棒"。"胡萝卜"的作用在于满足人的物质追求，保持行为动力；"大棒"的作用在于迫使人的行为与组织目标保持一致性。

（2）社会人。

美国哈佛大学教授梅奥提出"社会人"的概念，其要点是：

第一，人的行为动机不只是追求金钱，而是人的全部社会需要。

第二，由于技术的发展及工作合理化的结果，使工作本身失去了乐趣和意义，使人们从工作上的社会关系去寻求乐趣和意义。

第三，与组织所给予的经济报酬相比，更加重视同事之间的社会影响力。

第四，工作效率随着上级能满足职工社会需求的程度而改变。

"社会人"的观点与"经济人"的观点相比，无疑是一个进步，它强调了人的社会性需求，突出了人际关系对个人行为的影响。

相应于"社会人"假设的管理观念是：

第一，管理者除了应注意工作目标的完成外，更应该注意职工在各项工作过程中产生的各种需要，并设法给予满足。

第二，在控制激励工人工作积极性之前，应先了解他们对团体的归属感及对社会需求的满足程度。

第三，重视团体对个人的影响，建立团体的奖励制度，施行职工参与管理的民主管理机制,以满足职工的社会性需要与成就的需要,改变对职工的外部控制为工人的自我控制,使其为达到企业目标而努力工作。

(3) 自我实现人。

1957年,美国心理学家麦格雷戈提出"X理论"的同时提出"Y理论",用以概括"自我实现人",它是对"社会人"的发展,其要点是:

第一,人的需要从低级向高级发展,低级需要满足后,追求高级的需要,自我实现是人的最高级需要。

第二,人们因工作而变得成熟,有独立、自主的倾向。

第三,人有自动、自发的能力,又能自制,外界的控制可能构成威胁,而不利于行为。

第四,个人目标与组织目标没有根本的冲突,有机会的情况下,它会自动地把个人目标与组织目标统一起来。

"Y理论"的管理要点是尽量把工作安排得富有意义,具有挑战性,使工人工作之后能引以为豪,满足自尊。组织不用对工人进行激励,而是提供机会,由工人自我激励,而自然达到组织目标。

(4) 复杂人。

持"复杂人"人性假设观点的人认为,前三种对人性的假设都没有考虑人的个性、需求的差异性和客观环境对人的影响。人不只是单纯的"经济人",也不是完全的"社会人",更不可能是纯粹的"自我实现人",而应是因时、因地、因各种情况采取适当反映的"复杂人"。这被称为"超Y理论",其要点是:

第一,人不但复杂,而且变动很大。

第二,人的需要与他所处的组织环境有关系,在不同的组织环境与时间、地点情况下,会有不同的需求。

第三,人是否愿意为组织目标做出贡献,决定于他自身需求状况以及他与组织之间的相互关系。

第四,人可以根据自己的需求、能力,而对不同的管理方式做出不同的反应,没有一套适合于任何人、任何时代的万能的管理方法。

与此相对应的管理理论即为"权变理论"。权变理论认为,管理实践按其本性就要求管理者在应用理论或方法时应考虑现实情况,要求管理者具有洞察人个性差异的能力,能够随机应变地采取适当的管理方法。

(二) 人的需求

需要是个体在生活中感到某种欠缺而力求获得满足的一种内心状态,是个体自身或外部生活条件的要求在脑中的反映。

需要是对现实要求的反映,需要的形式和内容主要取决于所需对象的存在。当给予、改变或剥夺对象时,需要会发生相应变化,或因满足而消失,或因缺少而增强。从需要是对现实要求的反映来看,需要的特性表现在:

(1) 多样性。由于人的社会实践活动范围极其广泛,在此基础上形成的需要也是多样的,有衣食住行等物质方面的需要,也有知识、交往、尊重、成就等精神方面的需要。

（2）结构性。多种需要之间相互关联、相互制约，形成复杂的结构体系，具有结构性和层次性。

（3）社会制约性。需要是主观感受和客观环境共同作用的结果，受所处社会条件的制约，由特定社会历史条件下的生产力水平、社会关系性质及个人的社会角色地位决定。

（4）发展性。社会历史条件的发展变化会引起需要的内容范围以及满足方式的相应变化，人类需要不会停留在同一个水平上。随社会经济的发展，人的需要不断被满足后又产生新的需要，从而推动了人们不断寻求新的满足的方式和手段。

1. 需要的运动过程

人的需要是一个周而复始、循环往复的运动过程，这是人的动机和行为的一个客观规律（见图2-7）。

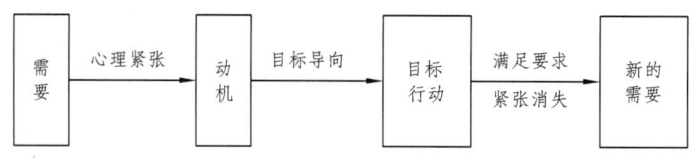

图 2-7 需要的运动

2. 需要的分类

人们的需要是多方面的，大致可分为三类：

第一类，从需要的性质来看，可以分为生理需要和心理需要。

生理需要，也称为"物质需要"，包括衣、食、住、行、安全等方面，这是人类生活的基本需要，是推动行为的动力。

心理需要，也称为"精神需要"，是除生理需要之外的其他需要部分，包括文化、成就、地位、归属等方面。需要构成激发人行为的动机，是支配人行为的最有普遍意义的原因。

第二类，从人们对需要的迫切程度来看，可以分为远期的间接需要与近期的直接需要。

远期的间接需要是指那些比较概括的、抽象的、总体方面的需要，它常以理想、志向等形式表现出来。这种需要是促使行为比较持久的、稳定的动力，使人有明确的方向和目标。

近期的直接需要是随远期的间接需要而产生的一系列具体的需要，这种需要是促使人行动的直接动力。

第三类，从人们需要的范围来看，可以分为社会成员个体需要和共同需要。

社会成员的个体需要和共同需要之间表现为一致性和矛盾性，这种关系可划分为四种情况：

（1）社会需要和个体需要是一致的。一致的结果，使社会和个人融为一体，相互之间的关系比较容易处理。

（2）社会需要和个体需要之间部分一致，部分不一致。例如，遵守交通规则，它与个人安全的需要是一致的，但又与个人绝对自由的需要对立。这就要求通过各种外部控制，使一致部分处于需要结构中的主要地位，不一致部分处于次要地位，也能够使人较快地接受。

（3）个体需要与社会需要没有直接的联系，但事物是普遍联系的，通过分析，可将间接的联系转变为直接的影响，使人接受。

（4）个体需要与社会需要相冲突。冲突的核心是把个人的需要放在了突出的位置。由于人是生活在人群之中的，个体的需要应服从社会需要的总趋势，否则，他就不能被与他共同生活的人群接受。

3. 马斯洛需要层次理论

美国心理学家马斯洛在1943年提出"需要层次理论"。需要层次理论的意义包括以下几个方面：

（1）需要是一个从低级向高级发展的过程，这一过程的一般趋势在某种程度上是符合人类需要发展的一般规律的。例如，一个人从出生到成年，其需要的发展基本上是按马斯洛提出的需要层次进行的。

（2）需要层次理论指出了在每一时期都有一种需要占主导地位，而其他需要处于从属地位，这对人的管理具有启发作用。在管理的过程中，有重点地满足人心理处于主导地位的需要，会调动人工作的积极性，提高管理工作的效率。

（3）马斯洛的需要层次理论对于人需要的分类比较全面、细致，基本包含了其他各种分类方法所划分的类型，因此受到普遍的重视。

（三）人的动机

1. 动机的含义

动机是指引起个人行为，维持该行为，并将此行为导向某一目标，使个人需要满足的过程。例如，人在饥饿时便会开始寻找食物，直到寻找到食物，吃饱，行为才停止。动机是促使人产生行为的原因，主要来源有两个方面：一是内在条件，即需要；二是外在条件，即刺激。

行为是内在和外在条件相互影响的结果，会因时、因地、因情景及其个人内部的身心状况不同，而呈不同的表现。需要引发动机，动机产生行为，行为的结果达到目标。有的心理学家认为，从人的行为的产生来看，需要与动机，欲望与驱动力在某种程度上是同义词，可以互换替代使用（见图2-8）。

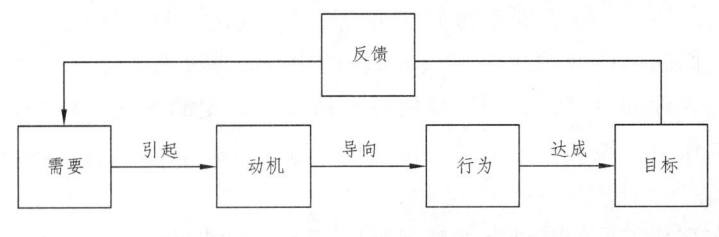

图2-8 动机、行为、需要关系图

2. 动机的分类

动机是在需要的基础上产生的，需要的性质不同，引起的动机也不同。按照动机的性质，可分为生理性动机和社会性动机两类。其中,生理性动机以人机体自身的生理需要为基础;社会性动机以人的社会文化生活的需要为基础。根据动机的意识水平,可分为有意识动机与无意识动机。有意识动机中,自己的行为动机处在意识的水平上,可以意识到自己的行为在追求什么样的目标。根据学习在动机形成和发展中所起的作用,可分为原始动机和习得动机。原始的动机是与生俱来的,以人的本能需要为基础;习得的动机是后天获得的,是经过学习产生和发展起来的。

由于旅客运输心理学研究的对象是旅客和客运服务人员的心理活动和行为规律,因此,根据动机的性质而划分的生理动机和社会动机成为旅客运输心理学对动机研究的重点。

(1) 生理性动机。

生理性动机有许多方面,下面简单介绍一些主要形式。

① 饥饿。这是由于体内缺乏食物或营养引起的一种生理不平衡状态,表现为一定程度的紧张不安,甚至是饿的折磨和苦楚,从而形成个体内在的紧张压力,并使个体产生求食的渴望和展开觅食的活动。

② 渴。由于体内水分不足而引起的一种生理不平衡状态,它能推动个体产生找水的活动。与饥饿相比较,渴具有更强的驱动力,一个人可以几天不吃食物,但不能几天不喝水。

③ 睡眠。由于机体疲劳产生睡眠的需要而引起的动机,它使个体由活动状态趋于休息状态,这和其他动机总是推动机体趋向活动是不同的。实践证明,如果一个人的睡眠被剥夺几天,他就不能忍受,甚至出现精神错乱现象。

(2) 社会性动机。

社会性动机也有许多方面的表现,下面介绍四种。

① 兴趣。

兴趣是人们探究某种事物或从事某种活动的心理倾向,以认识或探索外界事物的需要为基础,是推动人们认识事物、探求真理的重要动机。人对有兴趣的事物表现出极大的积极性,会有力地推动行为。

兴趣有直接兴趣和间接兴趣之分。直接兴趣是由认识事物本身的需要所引起,如对看电影、小说的兴趣;间接兴趣是由认识事物的目的和结果所引起,它和当前认识的客体只有间接的关系,如人对科学研究的结果有兴趣,但对繁杂的数据处理没有兴趣。间接兴趣在自觉劳动过程中占主要的地位,因而应该注意它的形成和培养。

兴趣有不同的品质,主要表现在四个方面:一是兴趣的广度,即范围的大小。一般来说,兴趣广泛有利于人们获得广博的知识。二是兴趣的中心,即对某个特定领域的事物形成浓厚、强烈的兴趣。三是兴趣的稳定性,即对事物具有持续、稳定的兴趣。四是兴趣的效能,即指兴趣在人活动中的作用,能够积极推动人活动的兴趣,才是效能高的兴趣表现。

② 交往动机。

交往动机是在交往需要的基础上发展起来的。当这种动机促使人们满足交往需要时,人们会感到安全,有依靠,增强生活和活动的勇气;相反,人们会感到孤独、寂寞而产生焦虑和痛苦。

交往动机反映了劳动和人类社会生活的要求,人要劳动,要参加社会生活,就必须与别人交往。如果没有交往，人类的社会生活就要解体，与自然的斗争也就会软弱无力。

③ 成就动机。

人希望从事对自己有意义的活动，并在活动中取得完满的结果。成就动机的强弱影响成绩的大小，成就动机强的人往往会取得较大的成绩。成就动机的强弱影响人们对职业的选择，成就动机弱的人，愿意选择风险小、独立决策少的职业，而成就动机强的人，喜欢担任富于开创性的工作，并在工作中敢于自己决策。

人的成就动机是在生活环境的影响下产生的，其中家庭的特征与生活方式对个体成就动机的发展有重要意义。人的成就动机推动人们去争取一定的社会地位、政治地位，在团体中受到尊重，享受权利与履行义务等，因而它和交往动机有着密切的联系。

④ 劳动动机。

劳动需要引起劳动的动机，它推动人们去使用与制造工具，从事创造物质财富和精神财富的活动。劳动是一种基本的社会实践，人们通过劳动与其他人相互交往，建立一定的关系，并实现自己所设立、所追求的目标。因此，在一定意义上，离开劳动动机，人的成就动机和交往动机都不可能获得完善、和谐的发展。

3．动机的影响因素

对个人动机模式具有决定影响作用的因素有以下三种：嗜好和兴趣、价值观、抱负水平。

（1）嗜好和兴趣。如果同时有几种不同的目标，同样可以满足个人的某种需要，则个人在生活过程中养成的嗜好和兴趣会明显影响和引导他选择那一个目标。例如，同样为了解决渴的需要，有人喜欢喝茶，有人喜欢喝白开水。

（2）价值观。价值观的最终点是理想，它与兴趣有关，但价值观强调生活的方式和目标，牵涉更广泛、更长期的行为。例如，有人以追求真理为目标，将自己的行为融合在社会发展的大趋势中，努力通过自己的行为影响社会的发展；有人则重视物质享受，对其他方面不管不问。

（3）抱负水平。指一种想将自己的工作做到某种质量标准的心理需求，一个人的嗜好和价值观决定行为的方向，抱负水平则决定行为达到的程度。个人抱负水平的高低，基于三个因素：一是个人的成就动机，遇事想做、想做好、想胜过他人；二是过去的成败经验，与个人的能力及判断力有关，过去从事某事经常成功，自然就提高抱负水平；三是第三者的影响，如父母、教师、朋友、领导的希望或整个社会气氛指向较高目标，则个人的抱负水平自然也随之提高。有时，父母教育子女、提高他们的抱负水平时，会感到乏力，这时父母就应该看看自己教育的方法是否符合影响抱负水平的因素表现。客运服务行业也应从影响抱负水平的因素入手，增强职工教育的力度。

二、人格塑造

（一）塑造人格的力量

你认为自己独特吗？还是说你在很多方面与大多数人一样？你能否根据你对自我的认识

预测自己在接下来几年里的行为？你的朋友和家人是否认为你在不同的环境中举止如一，行为都是可以预测的？大多数人认为内在决定因素、基因、性格与人格特质共同构造了自我的核心，而日常行为则是这些因素的应变量。

人格让我们与众不同。因此，我们可以把人格视为个体动机、情绪、知觉对应独特模式的"默认设置"。"人格"也是一种集合性术语，包括那些决定着我们是谁的性质。这些都根植于我们的文化环、社会关系以及发展水平的背景之中。换句话说，事实上，我们的生命的每一方面共同构成了我们的人格。简言之，人格由生物环境与心理过程的合力塑造而成，这些因素共同扎根于社会文化与发展之中。

1. 先天、后天的影响

（1）先天的影响：特性和心理过程。

假设你是一个外倾的人，比起独处更喜欢和其他人在一起，但是你的妹妹则喜欢花更多的时间听音乐或画画，她会被认为是内倾者，这种内外倾维度是对人格的一种表述方式，聚焦了个体相对稳定的人格特征或特性。

（2）后天影响：人格与环境。

生物和进化因素不能解释所有的事情，即便是遗传学家也不得不承认，遗传因素只能解释我们性格的大约一半内容，比如一个父母均患有精神分裂症（一种主要基于基因遗传的心理障碍）的儿童，患精神分裂症的概率只有50%，如何解释剩余50%的概率呢？概括而言，其余部分来自环境，通过行为的条件作用、认知学习和社会心理的原则来塑造我们的环境。许多人格理论学家强调童年早期经历的重要性，从这个角度来看，你的人格在很大程度上取决于你的父母，不只是因为他们的基因，也因为他们为你提供的环境（假设你是被自己的父母抚养长大的）。在极端的情况中，那些缺少人际接触的孩子，比如被遗弃在孤儿院中接受监护看管的孩子，几乎在所有测量方式下都表现出身体和心理健康发展不良的情况。

出生的顺序可能也会对人格产生终身的影响，因为在家庭中出生顺序不同的孩子，从最年长到最年幼，其所处的环境是不同的。你是家里的第一个孩子吗？如果是按照发展理论学家弗兰克·萨洛维的说法，你将比你之后出生的弟弟妹妹更有可能从事需要运用智力的职业，并取得成就。如果你是最年幼的孩子，那么你就很有可能比哥哥姐姐更容易取悦大家。

知识链接

超限效应

一天，马克·吐温在教堂听牧师演讲。最初，他觉得牧师讲得很好，使人感动，准备捐款。过了10分钟，牧师还没有讲完，他有些不耐烦了，决定只捐一些零钱。又过了10分钟，牧师还没有讲完，于是他决定1分钱也不捐。

这种刺激过多、过强和作用时间过久而引起心理极不耐烦或反抗的心理现象，称之为"超限效应"。超限效应在家庭教育中时常发生。例如，当孩子不用心而没考好时，父母会一次、两次、三次，甚至四次、五次重复对一件事做同样的评价，使孩子从内疚不安到不耐烦最后反感讨厌。被"逼急"了，就会出现"我偏要这样"的反抗心理和行为。因为孩子一旦受到批评，总需要一段时间才能恢复心理平衡，受到重复批评时，他心里会嘀咕："怎么老这样对我？"孩子挨批评的心情就无法复归平静，从而产生反抗心理。

可见，家长对孩子的批评不能超过限度，应对孩子"犯一次错，只批评一次"。如果非要再次批评，那也不应简单地重复，要换个角度、换种说法，这样，孩子才不会觉得同样的错误被"揪住不放"，厌烦心理、逆反心理也会随之减弱。

2. 社会文化的影响

每个人都处在特定的社会文化环境中，文化对人格的影响极为重要。社会文化塑造了社会成员的人格特征，使其成员的人格结构朝着相似的方向发展，这种相似性具有维系社会稳定的功能，又使得每个人能稳固地"嵌入"整个文化形态。

（二）气质与特性

1. 人格与气质

希波克拉底认为，一个人的气质源于四种体液，也就是身体分泌的液体之间的平衡。多血质的人生性愉悦，特点是血液浓郁、温暖；胆汁质的人易怒，这是由肝脏分泌的黄胆汁造成的。希波克拉底还认为，脾脏会分泌黑胆汁，会导致抑郁质；如果一个人的体内的主导体液是黏液，那么这个人的气质就是黏液质，黏液质的人冷淡、冷漠、迟钝、情感不丰富。

心理学家把气质定义为在儿童早期就显现出来的建立人格与个人生活基础的遗传性人格倾向。现代心理学保留了气质理论最基本的概念，即生理倾向的确会影响我们的基本人格。

一项关于害羞的遗传基础的研究实验表明，自出生的第一天起，育婴床中的新生儿就已经在对刺激物反应的强烈程度上表现出了差异，大约20%的孩子反应强烈、激动，其中10%的孩子极其"羞怯"。近两倍（35%~40%）的孩子对新刺激反应冷静，另外10%的孩子可以被视为"大胆"。在他们出生后的最初几个月，这些差异展现在气质的差别上：许多易激动、胆怯的婴儿变得害羞和内向，而那些不易激动、更加大胆的婴儿变得外向，虽然这种倾向在一些孩子身上会发生改变，但是对于大多数人而言，这种倾向历时长久，大部分孩子在11年后的测试中仍然保持着相同的气质类型。大学生胆怯的比例（40%或更多）比最初新生儿羞怯的比例要高很多，我们有理由认为一部分害羞是遗传的，而更多的害羞则是人们在消极的社会经历中习得的。比如，如果一个孩子内向、容易受惊、不常微笑、惧怕陌生人和新异的事物，那么这个孩子会营造出一种不够友好、活泼且缺乏支持性的氛围。你更愿意与哪个孩子一起玩呢？容易受惊的孩子还是爱笑外向的孩子？这种社会刺激的差异反过来会促使羞怯的孩子变得更加害羞，大胆的孩子变得像啦啦队员那样外向。遗传因素与环境因素以这种方式相互作用，最初的遗传特征随着时间的流逝而得以强化（也可以被削弱）。

2. 人格是特质的集合

如果要描述一个朋友，你或许会用一些形容特质的词语，例如喜怒无常、愉快、阴郁、热情、活泼、友善或者聪明。

特质被认为是存在于个体内部，在不同环境中指导个体思想与行为的多种稳定的人格特征。特指与气质有何不同？你可以把气质看作人格的基础，深植于个体的生物本性里。然后你可以把特质看作建立在气质基础之上的多维结构，但也会受经验的影响，特质发源于气质，正如后天因素拓展了先天基础。

通过寻找各个人格测试问题之间的联系，研究者发现了五种主要的人格因素，这种理论视角被称为"人格五因素理论"。

（1）开放性，也被称为"求知欲""好奇心""独立性"（另一端：思想封闭、缺乏好奇心、缺乏想象力）。

（2）责任感，也被称为"可靠性""目标导向性""坚定性""超我力量""审慎和克制"（另一端：冲动、粗心或不负责任）。

（3）外倾性，也被称为"社会适应性""笃定""善于社交""大胆和自信"（另一端：内向、害羞）。

（4）宜人性，也被称为"温暖""招人喜欢""值得信赖"，以亲社会的方式对待他人（另一端：冷漠、消极或敌意）。

（5）情绪稳定性，它是衡量情绪化程度的指标，包括冷静、性格温和、低焦虑、遇事沉着的性格特征（另一端：神经质）。

（三）心理过程与人格塑造

心理动力学、人本主义与社会认知理论都试图解释塑造人格的内在过程与社会互动。

1. 心理动力学理论

心理动力学理论强调动机和状态。弗洛伊德的精神分析理论认为，人格起源于无意识欲望、冲突与记忆。根据精神决定论的原则，任何思想和行为都不是偶然发生的，儿童按预期的顺序经历心理—性欲阶段，以无意识的形式处理各个阶段的冲突，在此过程中，童年早期的经历也对人格起到强大的影响作用。弗洛伊德认为，人格包括三个主要结构，本我（无意识欲望的储存场所）、自我（大部分意识层面的心理）、超我（包括良心与理想的自我）三位一体的结构。

本我是原始/无意识的储藏所，储藏着为人格的三部分提供能量的基本动力、趋利和本能欲望。本我像小孩儿一样，总是凭冲动行事，总是想要即刻满足各种欲望，而不计行为的后果。

自我就像裁判一样，必须常常做出决策，这些决策并不能够完全满足人格的各个部分，但是能够保持整体不出差错。在极端的情况下，当压力上升以至于自我无法找到缓和主要冲突的可行方法时，就会产生心理障碍。

超我是内心中父母的化身，掌管从父母、老师和其他权威人物那里，以及从社会中习得的价值观与道德。与平时所说的良心类似，在成长的过程中，孩子根据父母和其他成人强加的外部规则，形成一套内部规则，超我也就在此时渐渐形成。它告诉我们"应该"做什么、"不该"做什么。超我还包括理想的自我，即一个认为自己应当努力成为的那种人。不难理解，超我通常会和本我的欲望发生冲突，因为本我想要做那些让个体感觉良好的事情而超我就坚持做那些正确而合乎道德的事情。

2. 人本主义理论

人本主义理论强调人的潜能与心理健康。人本主义心理学家有一种普遍的乐观态度，对于他们而言，人格是由适应、学习、成长和成功的积极需求所驱动的。他们仍将动机作为人格的核心成分，但是他们更加重视爱、自尊与自我实现的积极动机，他们认为，心理障碍源于不健康的环境，而非不健康的个体。

马斯洛将人本主义理论称为心理学的"第三种力量"，以此将人文主义与精神分析和行为主义运动区分开来。马斯洛把目光聚集在心理紊乱与适应不良方面，希望在人们身上找到健康的人格因素。马斯洛认为，人的需求存在着优先顺序，没有得到满足的"缺失性"需求会导致适应不良，而满足这些需求则能够让人追求那些有助于促进成长和自我实现的兴趣。实际上，研究显示，低自尊的人可能会在生活中经常感到恐惧、愤怒和抑郁，而自我接纳的人则更加快乐。

（1）马斯洛需要层次理论的基本内容。

需要层次理论把人的需要归纳为五个等级（见图2-9）：

① 生理需要。这是人类最原始、最基本的需要，包括饥、渴、冷、热等生理机能的需要，这些需要如不能得到满足，人类的生存就成了问题。

② 安全需要。它可划分为两方面：一是生活中的安全需要，如不生病、不发生事故等；二是工作中的安全，如避免失业及职业病侵袭等。

③ 社交需要。一是爱的需要，希望伙伴之间、同事之间的关系融洽或保持友谊和忠诚，希望爱别人，也渴望得到别人的关爱；二是归属的需要，人有归属感，这是一种要求归属于一个群体的感情，希望成为其中的一员，得到关心和照顾。社交需要与个人的生理特征、经历、所受教育、宗教信仰等有关。

④ 尊重需要。人希望自己有稳定的地位，有对名利的欲望，希望个人能力、成就得到社会的承认。尊重需要可划分为两个方面：一是内部尊重，即希望在各种情境中，自己有实力，充满信心，能胜任工作，能独立自主，有自尊心；二是外部尊重，即人希望有地位，有威望，被尊重、信赖以及高度评价。尊重的需要得到满足，能使人充满信心，反之就会使人产生自卑感、软弱感、无能感，使人失去生活的基本信心。

⑤ 自我实现的需要。是指实现个人理想、抱负，将个人能力发挥到极限的需要。为满足自我实现需要采取的途径是因人而异的，有人想成为科学家，有人想当好老师，有人希望成为一个称职的母亲。

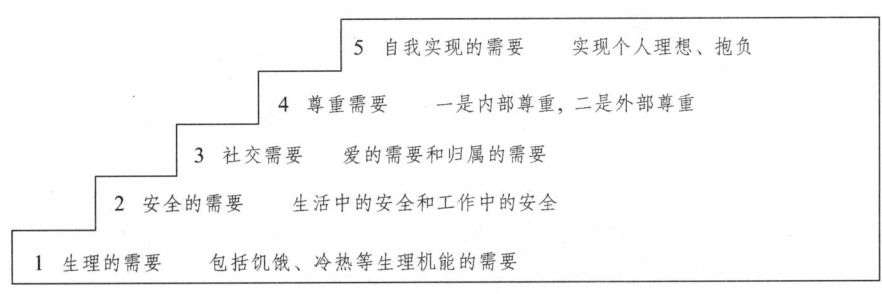

图2-9 马斯洛需要层次理论

3. 社会认知理论

社会认知理论是社会心理学的重要理论之一，强调社会学习。

（1）观察学习与人格。

与人格相关的问题是：我们可以仅用无意识动机、自我实现或扭曲的力量来解释一些卑鄙的行为吗？社会认知理论学家肯定地回答："不能！"我们必须考虑学习——更准确地说是社会学习。事实上，我们必须考虑整个心理过程，包括认知、动机、情绪。

观察学习是指人们通过观察彼此的行为并注意其结果来学习新反应的过程。换言之，别人是我们学习的榜样，我们根据他们因行为而得到的奖惩来决定自己是否采取这些行为。通过观察学习，儿童和成人能够获取有关他们所处社会环境的许多信息。同样，人们只要看一看别人的行为及其后果，就能习得相应技巧，保持相应态度。

（2）控制点。

控制点像过滤器一样，过滤我们的经验，促使我们决定行为或不作为。许多研究表示，控制点是一种重要的人格特点，内外控倾向可能是一种稳定的人格特征。

当你乘车时，你会坚持系安全带吗？或者你认为在车祸中受伤或者死亡取决于你的"命运"吗？如果你无论开车还是乘车都会自动扣上安全带，你也许具有内控倾向，因为你这样做是在对自己的命运施加某种控制。相反，如果你听天由命，认为自己无法对生活中的事加以控制，该发生的事总会发生，那么你就可能不会系安全带。

知识链接

性格色彩测试

请选择让你"最自然的""最舒服的"反应，而非"最好的""最适合的"。换句话讲，你回答的问题是"我是谁"，而不是"我该是谁"或"我想是谁"。

本次测试共30道题：

1. 我认为自己除了工作外，在控制欲上（　　）

A. 没有控制欲，只有感染、带动他人的欲望，但自控能力不算强。

B. 用规则来保持我对自己的控制和对他人的要求。

C. 内心是有控制欲和希望别人服从我的。

D. 没兴趣影响别人，也不愿别人来控制我。

2. 当与情人交往时，我最希望对方（　　）

A. 经常赞美我，让我开心，但又有一定自由。

B. 能明白我内心所想，对我的需求极其敏感。

C. 得到对方的认可，我是正确的并且我对其是有价值的。

D. 尊重我，并且相处融洽。

3. 在人际交往时，我（　　）

A. 本质上还是认为与人交往比长时间独处有趣。

B. 非常审慎缓慢地进入，常会被人认为容易有距离感。

C. 希望在人际关系中占据主导地位。

D. 顺其自然，相对被动。

4. 我做事情,经常(　　)
A. 缺少常性,不喜欢长期做相同无变化的事情。
B. 缺少果断,期待最好的结果但总能先看到事情的不利面。
C. 缺少耐性,有时行事过于草率。
D. 缺少紧迫,行动迟缓,难下决心。

5. 通常我完成任务的方式是(　　)
A. 常赶在最后期限前完成,是临时抱佛脚的高手。
B. 自己有严格规定的程序,精确地做,不麻烦别人。
C. 先做,快速做。
D. 使用传统的方法按部就班,需要时从他人处得到帮忙。

6. 在帮助他人的问题上,我内心的想法是(　　)
A. 别人来找我,不太会拒绝,会尽力帮他。
B. 值得帮助的人应该帮助。
C. 很少承诺要帮,但若承诺必兑现。
D. 虽无英雄打虎胆,常有自告奋勇心。

7. 面对他人对自己的赞美,我内心(　　)
A. 无所谓。
B. 不需要无关痛痒的赞美,宁可对方欣赏我的能力。
C. 思考对方赞美的真实性或立即回避众人的关注。
D. 赞美多多益善,总是令人愉悦的。

8. 面对生活,我更像(　　)
A. 随和派——外面的世界我无关,我觉得自己这样还不错。
B. 行动派——我不进步,别人就会进步,所以我必须不停地前进。
C. 分析派——在问题未发生之前,就该想好所有的可能。
D. 无忧派——开心快乐最重要。

9. 对于规则,我的态度是(　　)
A. 不愿违反规则,但可能因为松散而无法达到要求。
B. 打破规则,希望由自己来制定规则而不是遵守规则。
C. 严格遵守规则,并且竭尽全力做到最好。
D. 不喜欢被规则束缚,不按规则出牌。

10. 我认为自己在行为上的基本特点是(　　)
A. 慢条斯理,办事按部就班,能与周围的人协调一致。
B. 目标明确,集中精力为实现目标而努力,善于抓住核心要点。
C. 慎重小心,为做好预防及善后,会不惜一切而尽心操劳。
D. 丰富跃动,不喜欢制度和约束,倾向快速反应。

11. 如果有人惹恼我,我会(　　)
A. 内心感到受伤,认为没有原谅的可能,可很多时候还是会原谅对方。
B. 感到愤怒,以后完全避开对方。
C. 火冒三丈,并且内心期望有机会狠狠地回应。

D. 避免摊牌，因为还不到那个地步或者自己再去找新朋友。

12. 在人际关系中，我最在意的是（　　　）
A. 被赞美。
B. 被理解。
C. 被尊重。
D. 被接纳。

13. 在工作上，我表现出更多的（　　　）
A. 充满热情，有很多想法且很有灵性。
B. 心思细腻，完美精确，而且为人可靠。
C. 坚强且具有推动力。
D. 有耐心，适应性强而且善于协调。

14. 我过往的老师最有可能对我的评价是（　　　）
A. 情绪起伏大，善于表达和抒发情感。
B. 严格保护自己的私密，有时会显得孤独或是不合群。
C. 动作敏捷又独立，并且喜欢自己做事情。
D. 看起来安稳轻松，反应度偏低，比较温和。

15. 朋友对我的评价最有可能的是（　　　）
A. 喜欢倾诉，也有感染别人的力量。
B. 能够提出很多周全的办法。
C. 愿意直言想法，有时会直率而犀利地谈论不喜欢的人、事、物。
D. 善于倾听。

16. 当我做错事时，我倾向（　　　）
A. 害怕但表面不露声色。
B. 不承认而且辩驳，但内心其实已经明白。
C. 愧疚和痛苦，自我压抑。
D. 难为情，希望逃避别人的批评。

17. 当结束一段刻骨铭心的感情时，我会（　　　）
A. 很难受，可日子总要过，相信时间会冲淡一切。
B. 虽然觉得受伤，但一旦下定决心，就会努力忘记过去。
C. 深陷在悲伤的情绪中，在相当长的时期里难以自拔，也不愿再接受新的人。
D. 痛不欲生，需要找朋友倾诉或者找到渠道发泄，寻求化解之道。

18. 面对他人的倾诉，我回顾自己大多时候本能上倾向（　　　）
A. 能够认同并理解对方当时的感受。
B. 快速做出一些定论或判断。
C. 给予一些分析或推理，帮助对方理顺思路。
D. 可能会随着他的情绪起伏而起伏，也会发表一些评论或意见。

19. 我在以下哪个群体中交流较感满意（　　　）
A. 舒服轻松的氛围中，心平气和地最终达成一致。
B. 彼此展开激烈的辩论并有收获。

C. 有意义地详细讨论事情的好坏和影响。
D. 很开心并且随意无拘无束地闲谈。

20. 我觉得工作（　　）
A. 不必有太大压力，做自己熟悉的工作就很不错。
B. 应该以最快的速度完成，且争取去完成更多的任务。
C. 要么不做，要做就做到最好。
D. 如果能将好玩融合其中那就太棒了，不过如果不喜欢的工作实在没劲。

21. 关于人生观，我的内心其实是（　　）
A. 希望能有各种各样的人生体验，所以想法非常多。
B. 在合理的基础上，谨慎确定目标，一旦确定就会坚定不移地去做。
C. 更加在乎取得一切有可能的成就。
D. 毫不喜欢风险，喜欢享受稳定或现状。

22. 如果爬山旅游，大多数情况下，我最可能选择以下下山路线（　　）
A. 好玩有趣，所以宁愿新路线返回。
B. 安全稳妥，所以宁愿原路线返回。
C. 挑战困难，所以宁愿新路线返回。
D. 方便省心，所以宁愿原路线返回。

23. 说话时，我更看重（　　）
A. 感觉效果。有时可能会略显得夸张。
B. 描述精确。有时可能略过冗长。
C. 达成结果。有时可能过于直接让别人不高兴。
D. 人际感受。有时可能会不愿讲真话。

24. 在大多数时候，我的内心更想要（　　）
A. 刺激。经常冒出新点子，想做就做，喜欢与众不同。
B. 安全。头脑冷静，不易冲动。
C. 挑战。生命中竞赛随处可见，有强烈的"赢"的欲望。
D. 稳定。满足自己所拥有的，很少羡慕别人。

25. 我认为自己在情感上的基本特点是（　　）
A. 情绪多变，经常波动。
B. 外表自我抑制强，但内心感情起伏大，一旦受伤难以平复。
C. 感情不拖泥带水，只是一旦不稳定，容易发怒。
D. 天性情绪四平八稳。

26. 如果我是领导，我内心更希望在部属心目中，我是（　　）
A. 可以亲近的和善于为他们着想的。
B. 有很强的能力和富有领导力的。
C. 公平公正且足以信赖的。
D. 被他们喜欢并且觉得富有感召力的。

27. 我对认同的需求是（　　）
A. 无论别人是否认同，生活都是要继续的。

B. 精英群体的认同最重要。

C. 只要我在乎的那些人认同我就足够了。

D. 所见之人无论贵贱都对我认同那有多好。

28. 当我还是个孩子的时候，我（   ）

A. 不太会积极尝试新事物，通常比较喜欢旧有的和熟悉的。

B. 是孩子王，大家经常听我的决定。

C. 害羞见生人，有意识地回避。

D. 调皮可爱，乐观而又热心。

29. 如果我是父母，我也许是（   ）

A. 容易说服或者宽容的。

B. 比较严厉、性急及说一不二的。

C. 坚持自己的想法和比较挑剔的。

D. 积极参与孩子们的游戏，受到小朋友们热烈欢迎。

30. 以下有四组格言，哪组整体上最符合我的感觉（   ）

A. 最深刻的真理是最简单和最平凡的。要在人世间取得成功必须大智若愚。好脾气是一个人在社交中所能穿着的最佳服饰。知足是人生在世最大的幸福。

B. 走自己的路，让人家去说吧。虽然世界充满了苦难，但是苦难总是能战胜的。有所成就是人生唯一的真正的乐趣。对我而言，解决一个问题和享受一个假期感觉一样好。

C. 一个不注意小事情的人，永远不会成就大事业。理性是灵魂中最高贵的因素。切忌浮夸铺张。与其说得过分，不如说得不全。谨慎比大胆要有力量得多。

D. 幸福在于对生命的喜悦和激情。任何时候都要最真实地对待你自己，这比什么都重要。使生活变成幻想，再把幻想化为现实。幸福不在于拥有金钱，而在于获得成就时的喜悦以及产生创造力的激情。

计分方法：

（1）计算 1~15 题分数总和：

A 的总数（   ）

B 的总数（   ）

C 的总数（   ）

D 的总数（   ）

共计 15 分

（2）计算 16~30 题分数总和：

A 的总数（   ）

B 的总数（   ）

C 的总数（   ）

D 的总数（   ）

共计 15 分

（3）把两部分的数目相加：

红色：前 A+后 D 的总数（   ）

蓝色：前 B+后 C 的总数（   ）

黄色：前 C+后 B 的总数 （   ）

绿色：前 D+后 A 的总数 （   ）

总计 30 分，最终得出你的性格色彩结果。类似如例子：红 17 蓝 2 黄 9 绿 2。总分中数目最大的字母，是你的核心性格。其他字母代表你整个性格中的比例。

如果某种颜色大于 15，说明你是典型的此类性格，如果有两种或三种数目非常接近，说明你是较复杂的组合性格。

红色：

积极乐观，情绪波动较大。

真诚主动，开玩笑不分场合。

善于表达，疏于兑现承诺。

富有感染力，这山望着那山高。

【性格优势】

作为个体：心态积极、为人乐观。喜欢自己，也容易接纳别人。喜欢新鲜、变化和刺激。经常开心，追求快乐。情感丰富而外露。自由自在，不受拘束。喜欢开玩笑和调侃。别出心裁，与众不同。表现力强。容易受到人们欢迎。生动活泼，好奇心强。

沟通特点：才思敏捷，善于表达。喜欢通过肢体上的接触传达亲密情感。容易与人攀谈。发生冲突时，能直接表白。人越多越亢奋。演讲和舞台表演的高手。乐于表达自己的看法。

作为朋友：真诚主动，热情洋溢。喜欢交友，善于与陌生人互动。擅长搞笑，容易给别人带来快乐。容易原谅自己和别人，不记仇。富有个人魅力。乐于助人。有错就认，很快道歉。喜欢接受别人的肯定和不吝赞美。

对待工作和事业：工作主动，寻找新任务。富有感染力，能够吸引他人参与。激发团队的热情合作心和进取心，重视团队合作的感觉。令人愉悦的工作伙伴。完成短期目标时，极富爆发力。信任他人。善于赞美和鼓励，是天生的激励者。不喜欢太多的规定束缚，富有创意。工作以活泼化、丰富化的方式进行。反应快，闪电般开始。

蓝色：

思想深邃，情感脆弱。

默默关心他人，喜好批判和挑剔。

敏感而细腻，不主动与人沟通。

计划性强，患得患失。

【性格优势】

作为个体：思想深邃，喜欢独立思考而不盲目从众。沉默寡言，老成持重。注重承诺，可靠安全。谨慎而深藏不露。坚守原则，责任心强。遵守规则，井井有条。深沉有目标的理想主义。敏感细腻。高标准，追求完美。谦和稳健。善于分析，富有条理。待人忠诚，富有自我牺牲精神。深思熟虑，三思而后行。坚忍执着。

沟通特点：享受敏感而有深度的交流。设身处地地体会他人。能记住谈话时共鸣的感情和思想。喜欢小群体交流的思想碰撞。关注谈话的细节。

作为朋友：默默地为他人付出以表示关切和爱。对友谊忠诚不渝。真诚关怀朋友的境遇，善于体贴他人。能够记得特殊的日子。遭遇难关时，极力给予鼓舞安慰。很少向他人表达内心的看法。经常扮演解决分析问题的角色。

对待工作和事业：强调制度、程序、规范、细节和流程。做事之前首先计划且严格按照计划去执行。喜欢探究，实事求是。尽忠职守，追求卓越。高度自律。喜欢用表格、数字的管理来验证效果。注重承诺。一丝不苟地执行工作。

黄色：

行动迅速，死不认错。

善于忠告，控制欲强。

不感情用事，咄咄逼人。

坚持不懈，容易发怒。

【性格优势】

作为个体：不达目标，誓不罢休。不停地给自己设定目标以推动前进。把生命当成竞赛。行动迅速，精力充沛。意志坚强。自信、不情绪化，而且非常有活力。坦率，直截了当，一针见血。强烈的进取心，居安思危。独立性强。有强烈的求胜欲。不畏强权并敢于冒险。不易气馁，不在乎外界的评价，坚持自己所选择的道路和方向。危难时刻挺身而出。讲究速度和效率。敢于接受挑战并渴望成功。

沟通特点：以务实的方式主导会谈。喜欢主导整个事情进行的方式。能够直接抓住问题的本质。说话用字简明扼要，不喜欢拐弯抹角。不受情绪干扰和控制。

作为朋友：给予解决问题的方法，而非纠缠过去。迅速提出忠告和方向。直言不讳地提出建议。

对待工作和事业：动作干净利落，讲求效率。能够承担长期高强度的压力。强烈的目标趋向，善于设定目标。高瞻远瞩，有全局观念。善于委派工作。坚持不懈，促成活动。掌握重点执行。行事作风明快。天生的领导者，富有组织能力。竞争越强，精力越旺，愈挫愈勇。寻求实际的解决方法。以结果和完成任务为导向，并且高效率。善于快速决策并处理所遇到的一切问题。富有责任感。

绿色：

温柔祥和，拒绝改变。

为他人考虑，胆小被动。

心平气和，没有主见。

善于协调，缺乏创意。

【性格优势】

作为个体：爱静不爱动，有温柔祥和的吸引力和宁静愉悦的气质。和善的天性，做人厚道。追求人际关系的和谐。奉行中庸之道，为人稳定低调。遇事以不变应万变，镇定自若。知足常乐，心态轻松。追求平淡的幸福生活。有松弛感，能融入所有的环境和场合。从不发火，懂得"得饶人处且饶人"。追求简单随意的生活方式。

沟通特点：以柔克刚。避免冲突，注重双赢。心平气和且慢条斯理。善于接纳他人意见。最佳的倾听者，极具耐心。擅长让别人感觉舒适。有自然和不经意的冷幽默。松弛大度。

作为朋友：从无攻击性。富有同情心。宽恕他人对自己的伤害。能接纳所有不同性格的人。为人和善，处处为别人考虑，不吝付出。与之相处轻松自然又没有压力。常鼓励朋友多谈自己。从不尝试去改变他人。

对待工作和事业：高超的协调人际关系的能力。善于从容地面对压力。巧妙地化解冲突。缓步前进以取得思考空间。注重人本管理。推崇一种员工都积极参与的工作环境。尊重员工的独立性，善于为别人着想，以团体为导向。用自然低调的行事手法处理事务。

三、毕生发展

思考一下，发展心理学的主要任务是什么呢？又和我们所研究的毕生发展有什么联系呢？概括地说，发展心理学是一门关于成长、改变以及从受孕到死亡这一发展过程的连贯性的学科。发展心理学研究的问题在于，个体的思维感觉和行为在婴儿期和儿童期，青春期和成年期是如何产生变化的。它会从生理、情绪、认知和社会文化等多个视角来研究这些变化。

遗传与环境是发展心理学的重要问题，因此我们需要进一步讨论。心理学家将其称之为天性—教养问题。天性是遗传的贡献，而教养是环境的作用，但我们有哪些特质受到遗传的影响更大，又有哪些特质受到学习或者其他环境因素（比如疾病或营养）的影响更大？例如唐氏综合征，它是一种遗传性疾病，生物学因素在其中起到了至关重要的作用。唐氏综合征是染色体异常导致的儿童智力迟滞，而且终身无法治愈。很多父母或老师认为生物学因素的作用是决定性的，他们无力改变，因此会放弃希望。他们只关注导致疾病的遗传因素，而忽略了基于学习的治疗可以适度地改善唐氏综合征个体的生活能力。

（一）婴儿期

人们曾经以为，婴儿刚生下来就像一块白板，大脑是空白的，并不具备任何能力。然而，现代人的想法已经改变了。新生儿通过遗传获得了一系列卓越的能力，例如他们很擅长寻找食物以及躲避潜在的危险，通过哺乳获得营养，举起手来遮住双眼，以避免强光，以及通过呱呱叫和哭泣来引起他人的注意。然而，新生儿的能力是有限的。

1. 新生儿的感觉能力

当新生儿降临到这个世上时，他们大量的神经系统和感觉功能就已经开始发育了。研究发现，新生儿的五官感觉以及各种用来响应感觉刺激的反射行为都发挥着各自的作用，多种能力一起发挥作用，可以有效地帮助新生儿在所处的环境中生存下来，并且茁壮成长。新生儿究竟会怎样运用他们的感觉能力呢。一方面，它们会对味道做出反应。液体越甜，婴儿吮吸的时间就越长，吮吸的力度就越大。另一方面，当他们闻到香蕉香精的味道时，会微笑；当他们闻到柠檬或是鲜虾的味道，又或是臭鸡蛋的味道，会产生畏缩反应。所有的这些反应，都是新生儿追求健康营养供给的标志。遗传不仅能决定新生儿的味觉能力，而且会使新生儿在观看视觉图像时更加偏好人类的面孔。新生儿还可以怎样运用他们的能力呢？尽管他们可以看到颜色，但是他们区分颜色的能力，还要在出生后一到两个月才会有明显的提高。他们喜欢注视一些具有高对比的物体，比如棋盘或者靶子形状的图像。婴儿的深度知觉在三个月时就已经发育成熟，此时他们的视觉能力与成人几乎不相上下。新生儿同样具有明显的听觉偏好，与其他声音相比，他们更喜欢听人类说话的声音。与非母语的语言相比，他们更喜欢自己母语的声音和节奏。在假设是遗传导致了这些偏好之前，我们必须考虑到发育中的胎儿在母亲子宫里的最后几个月就能听到子宫外面的声音了。因此，另一种可能的解释是，这些听觉上的偏好是由于婴儿出生前在子宫里已经接触到母语。这项研究要求孕妇在她们怀孕的最后六个月，每天大声朗读两遍《帽子里的猫》。接下来，在孩子出生之后，研究者给他们播放母亲朗读《帽子里的猫》以及另一个不同故事的录音，那么结果会如何呢？研究发现，与婴儿没有听过的故事相比，他们对于熟悉的故事的声音表现出明显的偏好。因此，教养（先前的经历）可能是新生儿听觉偏好背后的驱动力。

2. 社交能力

你是否注意到：如果你朝婴儿吐舌头，他也会反过来朝你吐舌头。当然，这个愉快的游戏只是向我们展示婴儿会模仿的许多行为之一。事实上，从出生开始，他们不仅能够回应照料者的行为，而且还能与之互动。不仅如此。在婴儿回应和学习的过程中。他们同样会对那些愿意倾听并且深爱他们的人表达自己的想法。因此，三个月大的婴儿在母亲笑的时候也会笑，而在回应母亲表现出来的消极情绪时，会皱眉甚至哭泣。这些早期的互动是天性，为儿童共情能力的发展奠定了基础。

3. 接触安慰

在遗传和环境的作用下，随着婴儿的感觉和运动能力得到了更好地发展，他们就需要照料者提供必需的刺激，即提供接触安慰。心理学家哈利·哈洛做过一个实验，他们将刚出生的幼猴与母亲分开，并将幼猴关在笼子里。笼子里有两只人造的"代理母猴"，其中一直"代理母猴"是用铁丝简单组装起来的，可以通过"乳头"，即一个能够提供食物的橱柜为幼猴提供牛奶，但除此之外，再无其他。另一只"母猴"则是用衣服包裹起来的，它不能为幼猴提供牛奶，但是它身上柔软的绒布衣服可以为幼猴提供充分的刺激。结果如何呢？他们发现，尽管铁丝组装的模型能够为幼猴提供食物，但幼猴很少跟它在一起。相比之下，它们更喜欢依偎在绒布母亲身边。不仅如此，当幼猴感到害怕时，也会依靠在绒布母亲身上寻求安慰。通过这些现象，心理学家得出了结论：绒布母亲可以为幼猴提供接触安慰，即通过身体接触而得到的刺激和安全感。通过研究我们了解到，生理接触会促进内咖肽释放，引起个体的愉悦感，而且接触会刺激生理发育；除此之外，接触会加快智力发育，改善消化功能，促进循环，以及减少应急激素的分泌。

与慈爱的成年人之间形成亲密的互动关系，无疑是儿童健康发育和正常社会化的第一步。

4. 依恋

心理学家把孩子与父母之间建立的亲密情感关系定义为依恋。依恋是许多物种的本能，但它不一定局限于婴儿与其亲生父母之间的互动。心理学家约翰·鲍尔比提出，人类的依恋是天生的，而且早在出生后的几个星期就开始了，这是婴儿的一种生存策略。

不过，你是否注意到儿童具有不同的依恋类型呢？当儿童的主要照料者在场时，一些儿童可以自在地与陌生人相处，而其他儿童则会表现得很恐惧，紧紧依偎着他们的照料者，还有一些儿童会表现得自己并不在乎谁在场。

心理学家研究了不同文化中的个体，发现儿童的反应主要可以分为两类：安全型依恋和不安全型依恋。

（1）安全型依恋。

安全型依恋的儿童会很放松地与他们的照料者相处，并且能够忍受陌生人和新的环境，甚至会对他们产生兴趣。当他们与照料者分离时，他们会变得烦躁，这种现象称为"分离焦虑"。这对于6~30个月的儿童来说，属于正常现象，不过，一旦照料者返回房间，他们就会很快平静下来，继续自己的日常活动。对于安全型依恋的个体而言，照料者是他们的安全基地，支持他们探索世界，并且让他们坚信，如果自己需要，照料者会随时为他们提供帮助。

（2）不安全型依恋。

不安全型依恋的儿童又可分为两类：焦虑—矛盾型依恋和回避性依恋。焦虑—矛盾型依恋的儿童想要亲近自己的照料者，但是与之分离后，他们会因为恐惧而愤怒地大哭，即使照料者回来了，也很难安慰他们。当有陌生人接近时，他们会变得很焦虑，并一直黏着自己的照料者，当探索新环境时，他们会变得很不自在。相反，回避型依恋的儿童对接触并不感兴趣，他们在与照料者分离时不会表现出痛苦的状态，在照料者回来后也不会表现出特别的喜悦。

现在大多数研究者都意识到了天性和教养在依赖类型发展中的交互作用。例如，婴儿的气质在很大程度上取决于遗传，会影响他人对婴儿做出回应的难易程度。一项研究发现，婴儿在刚出生时表现得越挑剔，他们在一年之后最有可能成为焦虑—矛盾型依恋个体。对于大多数家长而言，理解一个喜怒无常的婴儿比理解一个反应简单的婴儿更加困难。因此，婴儿的气质与父母教养方式之间的交互作用就产生了。

在确定依恋类型时，还应考虑文化因素。许多美国人认为，安全型依恋是最理想的依恋类型；相反，德国家庭更偏好回避型依恋，因为他会促使个体更加独立自主。

依恋不只针对儿童，随着儿童长大成人，他们就不再只依恋自己的主要照顾者，他们会将自己的意念范围逐渐扩大到包括家庭其他成员、朋友、老师、同事以及社区中其他个体在内的许多人。研究表明，个体与主要照料者之间的依恋关系会持续作为个体以后发展重要关系的工作模型，换言之，儿童在自己与第一个主要照料者的关系中习得的对他人的期望，会影响个体对自己以后关系的知觉和理解。

5. 信任与不信任

著名精神分析学家埃里克森认为，随着生活的进行，我们会逐渐在无意识层面形成有关自己和社会人际关系的基本信念，这些基本信念会改变我们对于人际关系的选择，并以此影响我们的发展。不仅如此，埃里克森还认为，每个基本信念都是由于在我们发展的关键时期出现的危机事件而产生的（危机事件可能会顺利解决，或者一直无法解决）。因此，他将自己发展理论中的八个社会心理发展阶段分别描述为个体在两个对立信念之间的选择。比如我们人生中的第一个发展问题，信任与不信任。埃里克森认为，在个体出生后的前十八个月，婴儿面临的主要发展任务是建立对世界的信任感。正如我们所了解的那样，建立安全型依恋的婴儿会认为世界是一个有趣的地方，充满了等待他去探索的新体验。这些婴儿知道主要照料者是他们的安全基地，支持他们去探索，因此他们会逐渐适应新的环境，并且成为具有冒险精神和复原力的儿童（或长大后的成人），而这些品质会对他们的生活很有帮助。没有对世界建立信任感的儿童，则会感觉到自己以后面临的发展挑战很困难，因为信任的问题没有得到解决，它会成为个体与社会之间的阻碍。简而言之，没有对社会建立基本信任感的婴儿，很难形成和保持满意的人际关系。这样一来，信任这一基本的无意识假设会促使个体选择去信任他人，而不信任这一基本的无意识假设则会让个体对他人产生怀疑。尽管埃里克森的理论受到了批评，但其至今仍旧是人类发展领域中的杰出成果（见表2-3）。

表2-3 埃里克森的社会心理发展阶段

年龄/时期（近似值）	主要挑战	充分解决	未充分解决
0~1.5岁	信任与不信任	基本的安全感；依靠外力的能力	不安全感，焦虑
1.5~3岁	自主性对羞耻或自我的怀疑	认为自己是生活的主宰；有能力控制自己的身体和事件	感到自己无法控制自我和事件
3~6岁	主动性对内疚	对自己的创造力充满信心	对自己的局限或无能感到内疚
6岁~青春期	勤奋对自卑	认为自己具备基本社会技能和智力能力；自我接纳	缺乏自信，失败感
青春期	同一性对角色混乱	对自己作为一个独立的人的自我感知，既是独特的又能为社会所接受	破碎的，不断改变的、不清晰的自我认知
成年早期	亲密性对孤独	拥有与他人形成亲密关系并做出承诺的能力	孤独感，分离感；否认亲密需要
成年中期	繁衍对停滞	关注点超越自身，延伸到家庭、社会和后代	自我放纵；缺乏未来的方向
成年晚期	自我整合对失望	完整感；对一生基本满意	无价值感，失望

（二）儿童期

1. 语言

语言能力的快速发展是儿童早期最惊人的发展特点之一。婴儿大约在四个月时开始牙牙学语，这是语言发展的第一步。语法、电报式语言以及语速的运用会在之后的几年陆续发展。尽管所有正常发育的婴儿只要在环境中接触语言，就会遵循一个相对可预测的时间轴习得语言。

先天能力为语言学习奠定了基础。例如婴儿在四个月时就开始牙牙学语发出重复的音节，而且牙牙学语不仅是婴儿讲话的方式，还标志着婴儿开始尝试构建自己的语言模块。牙牙学语发展迅速，婴儿在大约一岁的时候就会进入单词阶段。这时，他们能够说出完整的词语，他们同样会快速学习新词语，你也许注意到了"命名爆炸"这一现象，即儿童似乎乐于努力为日常生活中的物体命名。到两岁的时候。儿童会进入双词语阶段。在这一阶段他们能够表达的含义范围大幅扩展。到儿童六岁时，他们的词语范围惊人。在接下来几年时间内，词语习得的速度会越来越快。

语言的迅速发展，在很大程度上也是遗传的作用，但是文化和环境因素也会对儿童学习语言的水平和速度产生影响。正如许多学习任务一样，练习的频率会对学习结果产生影响。一般来说，母亲跟年幼的女儿说话要多于跟自己的儿子。更加明显的是那些分别在低社会经济地位和中等社会经济地位家庭中被抚养长大的儿童之间的差异（社会经济地位是一个衡量家庭收入和教育水平的综合指标）。低社会经济地位家庭中的父母给他们一到五岁孩子阅读的平均时间只有 25 小时。中等社会经济地位家庭中的父母给孩子阅读的平均时间竟达到了 1 000 个小时。这些早期学习方面的差异导致的结果是到了幼儿园阶段，女孩比男孩的语言能力更发达，中等社会经济地位家庭中的儿童比低社会经济地位家庭中的儿童的语言能力更发达。

随着儿童逐渐长大，他们同样会学习去表达抽象的意思，特别是当他们的思维超出了物理世界的范围，进入了心理世界，例如儿童在两岁之后就开始运用"做梦""忘记""假装""相信""猜测""希望"这样的词语来交流自己的内在状态，他们同样会运用"幸福""悲伤""生气"这样的词语来表达自己的情绪状态。语言是儿童期的主要发展任务之一，为此儿童做了精心的准备。他们习得与运用语言的方式表明，这些通往成年早期的步骤包含着学习与先天过程的结合，每个人都有自己的发展轨迹。

2. 认知发展

对认知发展感兴趣的心理学家会提出这样的问题，儿童是在什么时候意识到：即使他们看不到物体，物体仍旧存在的；他们是否知道自己可以拥有不真实的想法；他们能否理解人类拥有愿望和梦想，而物体没有。正如瑞士心理学家皮亚杰的先驱性工作所阐释的，发展心理学家不仅会研究儿童的思维内容，而且会研究他们是如何思考问题的。

皮亚杰通过仔细观察自己的三个孩子的行为来探索儿童心理。他的方法很简单，首先向孩子们提出问题，然后观察他们的反应，紧接着稍微改变一下情境，再次观察他们的反应，这种关注促使皮亚杰提出了发展的阶段理论。理论认为，个体的思维过程会经历不同阶段的变化，并由此产生从儿童期到成年期的四个独立的发展阶段，即感觉运动阶段（婴儿期）、前运算阶段（儿童早期）、具体运算阶段（儿童中期）和形式运算阶段（青春期）（见表 2-4）。

（1）感觉运动阶段（从出生到大约 2 岁）。

我们已经了解到，儿童从一出生就具备许多先天的感觉能力和反射行为，比如识别熟悉的声音以及抓握和吮吸反应。根据皮亚杰的观点，处于感觉运动阶段的儿童主要通过感觉和运动来探索这个世界。例如，他们会学着将自己接收到的感觉信息与运动能力协调起来，比如随着转动脑袋去看身后的物体，接下来他们想要这个物体就会学着爬行或走路，皮埃杰称其为"感觉运动智力"。

（2）前运算阶段（大约 2 岁到 7 岁）。

前运算阶段处于感觉运动阶段之后的下一个发展阶段对应的认知发展。就是个体随着不断成长而逐渐产生了对物体形成心理表征的能力。当皮亚杰注意到，儿童在感觉运动阶段的飞速发展之后，他似乎把前运算阶段当作了感觉运动阶段与第三阶段（具体运算阶段）之间的过渡。他的观察发现，其主要特点为描述儿童思维的局限性，而不是进步。让我们来探讨其中一些特点。

    A. 万物有灵论。

"万物有灵"是指儿童认为物体像人类一样具有生命和心理过程的信念。这就是为什么我们会看到儿童与他们的泰迪熊开茶话会，可以为掉在地上的洋娃娃贴创可贴，或者担心装饰圣诞树会伤害到树的原因。

    B. 中心化。

儿童的注意范围过小而错过了其他重要的信息所致。换言之，儿童只能将注意力集中于少量的信息上。因此，他们无法从全局上理解事件或问题。例如口渴的儿童会坚持喝大杯的果汁，即相比矮且宽的容器，更加偏好高而窄的容器，但实际上两者所盛的果汁是等量的。

    C. 不可逆性。

指个体在解决问题时，无法在这一系列事件或步骤进行思考之后，再反向思维回到心理操作的出发点，简言之，前运动阶段的儿童与年长的儿童相比，缺乏心理试错能力，即在头脑中模拟一个动作，再反向模拟改变动作。

（3）具体运算阶段（大约7到11岁）。

在这一阶段，儿童会第一次打破不可逆性造成的障碍，他们开始理解许多事物，即使外观上有所变化，但本质上依然保持不变，在具体运算阶段，他们能够理解一只矮且宽的玻璃杯和一只高而窄的玻璃杯所盛果汁是等量的。在这一阶段，除了掌握能量守恒外，儿童还可以通过操作头脑中的概念来解决问题。他们可以执行心理运算，具体运算阶段的儿童在采取行动前，可以通过心理预算来预测可能出现的后果，这样他们就不会冲动行事，同时，他们也不会像在之前的阶段那样轻信他人，并且放弃许多现在他们认为是"不可能"的神奇观念，比如相信圣诞老人的存在。

（4）形式运算阶段。

在形式运算阶段，个体开始自我反省，比如思考怎样才能更好地被同伴接纳，同时青少年也逐渐能够处理抽象无形的问题，比如公平、爱以及存在的理由，本质上，他们学会了如何处理假设的问题，而不再需要先前阶段中的具体思维基础，青少年和成年人一旦拥有了形式运算推理能力，他们就可以运用更加系统的思维策略来解决生活中的问题。

表2-4　认知阶段

阶段	特质和主要成就
感觉运动阶段	儿童通过他们的感觉和运动能力来探索这个世界。儿童具备了客体恒常性和目标导向性
前运算阶段	此时，儿童的思维具有自我中心主义、万物有灵论、中心论和不可逆性的特点。
具体运算阶段	儿童已经掌握了守恒的概念，并且形成了运用具体有形的图像来执行心理运算的能力
形式运算阶段	在这一阶段，青少年和成人会形成抽象推理和假设思维的能力

知识链接

"迟延满足"实验

发展心理学研究中有一个经典的实验，称为"迟延满足"实验。实验者发给4岁被试儿童每人一颗好吃的软糖，同时告诉孩子们：如果马上吃，只能吃一颗；如果等20分钟后再吃，就可以吃两颗。有的孩子立刻吃掉糖果，而另一些孩子则耐住性子、闭上眼睛或头枕双臂做睡觉状，也有的孩子用自言自语或唱歌来转移注意消磨时光以克制自己的欲望，从而获得了更丰厚的报酬。研究人员进行了跟踪观察，发现那些以坚忍的毅力获得两颗软糖的孩子，到上中学时表现出较强的适应性、自信心和独立自主精神；而那些经不住软糖诱惑的孩子则往往屈服于压力而逃避挑战。在后来几十年的跟踪观察中，也证明那些有耐心等待吃两块糖果的孩子事业上更容易获得成功。实验证明：自我控制能力是个体在没有外界监督的情况下，适当地控制、调节自己的行为，抑制冲动，抵制诱惑，延迟满足，坚持不懈地保证目标实现的一种综合能力。它是自我意识的重要成分，是一个人走向成功的重要心理素质。

3. 社会化

个体通过与父母、同辈和他人互动来学习如何与他人相处，这个发展任务称为"社会化"。不过社会化并不仅仅出现在儿童期，它是一个毕生发展的过程。通过塑造个体的行为模式、价值观、标准、能力、态度和动机，使得个体符合所处特定社会的要求。家庭、学校和媒体等社会体系中的单位通过给儿童施加压力，让他们接受社会认同的价值观。性别角色的社会化就是一个例子：女孩和男孩通常会分别接受不同行为和互动方式的教育，业余时间的选择也会在很大程度上影响儿童的社会化。比如选择看电视还是与同伴玩耍，越来越多学龄前儿童社会化过程也受到白天在幼儿园经历的影响。

知识链接

1968年的一天，美国心理学家罗森塔尔和助手们来到一所小学，说要进行7项实验。他们从一至六年级各选了3个班，对这18个班的学生进行了"未来发展趋势测验"。之后，罗森塔尔以赞许的口吻将一份"最有发展前途者"的名单交给了校长和相关老师，并叮嘱他们务必要保密，以免影响实验的正确性。其实，罗森塔尔撒了一个"权威性谎言"，因为名单上的学生是随机挑选出来的。8个月后，罗森塔尔和助手们对那18个班级的学生进行复试，结果奇迹出现了：凡是上了名单的学生，每个人的成绩都有较大的进步，且性格活泼开朗，自信心强，求知欲旺盛，更乐于和别人打交道。显然，罗森塔尔的"权威性谎言"发挥了作用。这个谎言对老师产生了暗示，左右了老师对名单上的学生的能力的评价，而老师又将自己的这一心理活动通过情感、语言和行为传染给学生，使学生变得更加自尊、自爱、自信、自强，各方面得到了异乎寻常的进步。后来，人们把像这种由他人（特别是像老师和家长这样的"权威他人"）的期望和热爱，而使人们的行为发生与期望趋于一致的变化的情况，称之为"罗森塔尔效应"。

父母的教养方式也是影响儿童社会化的重要因素（见表2-5）。

表 2-5　不同类型父母的教养方式

类型	情绪卷入	权威性	自主性
专制型父母	父母冷漠且排斥孩子，经常贬低孩子	父母对孩子的要求很高；依靠训斥、命令、批评和惩罚来强制孩子	父母为孩子做决定；很少倾听孩子的看法
权威型父母	父母很温暖、细心并且对孩子的需求和兴趣很敏感	父母根据孩子的发展程度提出合理的要求；解释并执行规则	父母允许孩子根据自身的发展水平自行做决定，倾听孩子的看法
宽容型父母	父母很温暖，但会溺爱孩子	父母很少对孩子提要求，甚至不提——通常是担心自己会伤害到孩子的自尊所致	父母在孩子有能力自主做决定之前就允许孩子自主做决定
忽视型父母	父母在情绪上对孩子疏离且漠不关心	父母很少对孩子提要求，甚至不提	父母对孩子的决定和观点漠不关心

（1）专制型父母。

专制型父母通常认为管教不严会惯坏孩子，他们要求孩子行为的一致与服从，并且无法忍受孩子对规则提出异议，否则就会对孩子施以惩戒或威胁施以惩罚。专制型父母教出的孩子通常容易焦虑，而且没有安全感。

（2）权威型父母。

权威型父母也会要求孩子。他们对孩子的期望很高，并且用行为的结果教育孩子。与专制型父母的不同之处在于，他们会以温和的方式对孩子提出高标准，并且会尊重孩子的意见，他们非常愿意倾听孩子的想法与感受，而且通常会营造一种民主的家庭氛围，权威型父母往往很重视培养孩子推理与解释的能力，以此帮助他们学会预期行为的结果。研究表明，权威型父母教出的孩子往往很自信，独立且积极热情，总体而言，这些儿童比其他三类儿童幸福得多，他们的问题更少，而且更加成功。

（3）宽容型父母。

宽容型父母很少给孩子制定规则，而且让他们自己做决定。宽容型父母像权威型父母一样关心孩子，并且注重沟通，但是他们会将大部分决策的权利交给孩子。宽容型父母认为，比起遵循父母设定的规则，孩子会从自己决定的行为结果中学到更多。

（4）忽视型父母。

忽视型父母不是对孩子漠不关心，就是排斥孩子。有时甚至到了忽视或者虐待的程度，这类父母通常过着充满压力的生活，他们根本没有时间和精力抚养孩子。

研究表明，宽容型父母或忽视型父母教出的孩子通常不够成熟，更容易冲动，依赖性更强，要求也更高。

（三）青春期

青春期是从什么时候开始的？或者对你而言，是什么事件让你第一次觉得自己成为青少年了？这个事件有可能与你的性成熟有关。心理学家将发育期作为青春期的开端，此时个体实现了性成熟（获得了繁衍后代的能力），但除了性成熟，个体在青春期还会发展哪些方面的能力，青春期又有哪些烦恼呢？

前面我们介绍过，在皮亚杰认知发展理论的最后一个阶段，即形式运算阶段，涉及抽象思维与复杂思维的能力，在这一阶段，如果个体所处的文化教育规范支持抽象思维，那么他的抽象思维能力就会不断发展。然而，最新的研究质疑了皮亚杰认为形式运算思维会在青春期发展的观点，因为一些青年人似乎永远都不会形成这种能力。取而代之的观点是，形式运算思维取决于教育和经验，受过高等教育的人更有可能产生形式运算思维。

你还记得自己在青春期变得更加注重自己的外表吗？引人注目的生理变化和个体对同伴接纳（特别是被具备性吸引力的同伴接纳的高度重视）强化了青少年们对自己体像的关注。因此，青春期最艰巨的任务之一就是个体通过自己的外表形成客观真实的直觉来接受自己的体像。这种形象不仅取决于可量化的因素，比如身高和体重，还取决于个体对他人评价的认知，以及所处文化对人体美的标准。青少年的体像会受到青春期发育的影响。一般来说，女性比男性更容易对自己的体重和体型感到不满，并且会在饮食方面经历更多的矛盾冲突。一项研究发现，56%的青春期少女都会减肥，因为他们觉得自己太胖了，而实际上，她们中大多数人的体重都处于正常范围。此外，文化也会影响体像与自我接纳之间的关系。

除此之外，孤独、抑郁和羞怯等问题同样在青春期阶段变得值得关注，它们往往是青少年自杀率急剧上升的原因之一。关于青少年自杀的研究表明，引发这些悲剧的经历通常是令青少年感到羞耻或丢脸的事件，比如没有实现某个目标或者遭到异性的拒绝。青少年强烈的社交与个人动机、加之情绪过于活跃的大脑会导致他们难以意识到即使再困难的时期也会过去，而且每个人都会犯错。在这一时期，个体可能会与父母产生矛盾冲突、体验到极端情绪以及投身于危险行为。对于一些个体而言，青春期确实给他们带来了人际关系与自尊方面的难题，然而，对于大多数青少年而言，他们在这段时间里并不会处于焦虑与绝望的情绪中。尽管许多父母预料他们与孩子的关系会在孩子进入青春期时遭遇坎坷，但是一般而言，这一阶段还是相对平静的。事实上，大多数青少年认为自己与父母很亲近。一般来说，在青春期，麻烦最少的个体往往拥有权威型父母，他们在回应孩子的同时，对孩子进行高标准要求，而在青春期，困难最多的个体往往来自宽容型和专制型父母教养方式的家庭。

（四）成年人

个体对是否接受高等教育，职业选择以及建立亲密关系的决定，标志着他们从青春期到成年早期的过渡，对以上选择做出决定，并且不断调整自己，以适应可能的结果是成年期的主要任务，因为正是这些决定塑造了成年人的心理发展过程。但是发展并没有到此停止，来自职业、家庭和朋友的持续压力，伴随着身体的生理成熟以及最终的衰退，不断为个体带来新的发展挑战。

1. 成年早期

埃里克森认为，成年早期对个体提出的挑战是与其他成年人建立亲密关系。他将亲密性描述为对另一个人在性关系、情绪和道德方面做出完整承诺的能力。年轻人在处理亲密关系时，必须首先加强对自我同一性的认同感。从本质上来看，你必须在自己能够顺利地做出爱的承诺并且与他人分享你的生活之前，了解你是谁以及你扮演的角色。

有心理学家意识到了当代年轻人经历的成年期与先前几代人所经历的成年期之间的差异，于是提出了一个从青春期到成年期的过渡阶段，称为"成年初期"。成年初期是个体在各种领域进行探索与尝试的时期，20岁左右的年轻人一直尝试不同类型的工作，探索可能的生活方式与世界观，以及确定自己适合与哪种人建立亲密关系，在完成这些事件的过程中，个体比他们在人生中其他任何时间做的更加难以预测，如自己在教育上的追求，对定居的选择，以及其经济能力会达到何种程度等。几乎有一半成年人在这一时段会搬离父母的房子，然后再搬回来。与先前的几代人相比，如今的大学毕业生中会有更多人选择继续读研究生。在成年初期，年轻人同样比自己在人生中的其他任何时期（包括青春期）更加喜欢冒险。酒精成瘾与物质滥用、莽撞驾驶以及没有防护措施的性行为等现象发生的频率在这一时期达到顶峰，这种行为模式可能是个体缺乏角色定位、责任感以及父母监督不力所致。

2. 成年中期

研究发现，成年中期是个体在许多方面发展的高峰期。从认知层面来看，在这一年龄阶段，许多成年人都已经形成了整合多种思维方式的重要认知能力，包括反省、分析以及辩证推理等。这些能力使得个体应对应急事件时，更加深思熟虑，勤于反省。这些能力结合起来，有助于处于成年中期的个体妥善处理各种兴趣活动，而且忙碌复杂的生活方式是如今健康中年个体的特征。

繁衍是成年中期的主要发展任务。对于那些顺利完成早期统一性与亲密性挑战的个体而言，繁衍为他们提供了一个很好的机会，借此机会他们可以为家庭、社会或者后代做出重要且长远的贡献。因此，处于这一人生阶段的个体，往往会拓宽自己的关注点，不再仅限于自我和伴侣，而是会抚养孩子，在社区服务团体中做志愿者，或者用其他方式来培育下一代。相比之下，那些未能解决早期同一性与亲密性危机的个体，可能会经历中年危机，这些个体会质疑自己过去的选择，变得愤世嫉俗，停滞不前，甚至走向另一个极端，自我放纵，不计后果。

大多数成年人在中年时期会经历一次转变，涉及个体对自己人生角色的重新定义或转换。成年生活的特征就是充满一系列转变。顺利的转变通常会包含一个自我反省的时期，期间个体需要完成对于目前角色的重新评价，对能够提供新的生命意义感的可能性进行探索，以及对于放弃进入角色并投入新角色的决定。转变可能包含一些预期实践，如结婚生子或退休，还包含一些突发事件，如突然生病、分手，或失去工作和爱人。另外一些没有发生的预期时间也可以促进转变的到来，比如个体一直很想要孩子，却终身未育。总而言之，转变可以是一个平缓的过程，随着时间推移，一段关系或者一份工作变得不再能满足个体自我实现的需要，或者个体变得愈发自信，无论如何，个体一定会在某个时间点意识到某种关键性的不同，由此推动他们开始转变。

3. 成年晚期

随着我们逐渐衰老，我们可以预料到我们的脸上会起皱纹，我们的头发会变得灰白稀疏，我们的身高也会减少三到五厘米，我们的心肺功能不再高效运作，体力也随之下降。我们同样也可以预料到自己的某些感觉会变得迟钝。不过，尽管生理各方面功能都在衰退，但是现代生活中，很多老年人都会控制自己的身体状况，以减轻退化。

老年人通常会恐惧他们的心理能力会不可避免地伴随着衰老而失去，例如，个体到七八十岁时，获取信息的速度会变得很慢。然而，正如体育锻炼会延长身体健康的时间一样，心理训练同样也会促进正在老去的大脑更加有效地运作。例如，音乐家即使到了90岁，其熟练演奏的水平依然会继续提高。此外，老年人的词汇能力一般会更好，他们的社交能力也是如此。研究结果一致表明，体育锻炼会改善老年个体的学习、记忆以及其他认知功能，即老年人越活跃，他们的认知能力、生理健康状况就越好。

随着个体年龄的增长，人们倾向进行选择性社交，即只会为了保持对自己最有利的关系而投入生理和情感的精力。此外，老年人在看待自己的经历时会更理性。对于幸福感，我们发现，无论男性还是女性，都会依据自己与他人的关系来定义幸福感。他们会努力成为关心他人、富有同情心的个体，而且很看重自己是否拥有良好的社会支持网络。幸福感的关键因素在于接受、改变、享受生活以及培养幽默感，在所有水平（生理、智力与社会）上保持活跃和投入是健康变老最关键的因素。

第三节　个体心理

一、感觉与知觉

如果你从此再也看不见色彩，只能看见黑色、白色和灰色，你能想象自己的世界将变成什么样吗？这种离奇的经历就发生在乔纳森身上。一场车祸导致乔纳森大脑中处理彩色信息的区域受损。起初，乔纳森连英文字母都遗忘了，在他看来，大脑只是没有意义的符号。但是五天后，乔纳森恢复了阅读能力。不过，他的色觉却永远缺失了，这叫作"皮质性色盲"。乔纳森是一名画家，他的工作就是用生动的色彩展现他眼中的世界。如今，对他而言，整个世界的色彩都消失了，所有事物都是单调的黑白。但乔纳森没有放弃，他变成了一个夜行人，在晚上外出旅游和工作。他还意识到，他的视觉剩余部分非常出色，让他能够在晚上看清四个街区以外的汽车牌号，他不再受颜色的干扰，更加关注作品的形状、形式和内容，最后，他转为创作黑白作品，还变成了一名雕塑家。

（一）感觉

1. 刺激变成感觉

感觉被简单地定义为一种被激活的感受器（如眼睛和耳朵）创造某种神经信息模式的过程，这种模式在脑中反应相应的外部刺激，并且能够启动这些外部刺激的初级体验。感觉过程设计将刺激（如针刺、声音和闪光）转变为大脑可以理解的形式（神经信号），就像移动电话将电子信号转变为你能够听到的声波一样。

感觉还有其他适应性功能，引导我们寻求某些刺激，以帮助我们生存，例如美味的食物往往能够给我们提供营养。除此之外，感觉还能帮我们锁定配偶、寻找藏身之处、辨识朋友，让我们在音乐、运动、食物之中找到快乐。

感觉是如何做到这些的呢？我们对世界的感观印象涉及对刺激的神经表征，而不是真实刺激本身。大脑从来没有直接从外部世界接受过刺激，如大脑不能通过落日感受到阳光，也不能亲自接触天鹅绒或吸入玫瑰花香，大脑必须依赖于作为介质的感觉系统的二手信息，而感觉系统只传送经过编码的神经信息，大脑必须利用这些信息来创造自己的体验，如果没有电话机把电子信号转化为你所能听到的声音，你就无法接收电话信息。类似的，你的大脑也需要感觉系统将外部世界的刺激转化为它能够理解的神经信号（见图2-10）。

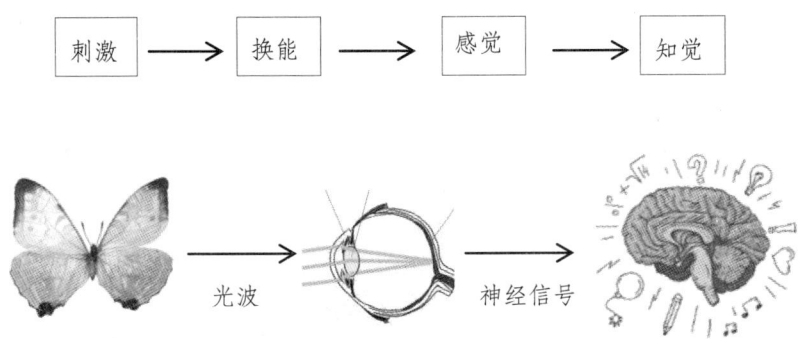

图 2-10　外界刺激转变成神经信号的过程

视觉刺激在变成有意义的知觉的过程中，必须经历几次变化。首先，眼睛对于物体刺激（从苹果反射出来的光波）进行换能，在这一过程中，有关光的波长和强度的信息被编码为神经信号；然后，神经信号被传送到大脑的感觉皮层。信号在那里被转换为对色彩、亮度、形状和运动的感觉；最后，知觉过程通过将这些感觉与大脑其他部分的记忆、期望、情绪和动机联系起来，对这些感觉信息进行解释。对于其他感觉信息的处理也是相似的。

心理学家用换能这一术语来指将物理刺激如光波或声波传送的信息转化为神经信息的感觉过程。换能是从感觉神经元探索的物理刺激（如震动的吉他琴弦产生的声波）开始的，当恰当的刺激到达感觉器官的时候，叫作感受器的特殊神经元会被激活，感受器会将激活状态转变为神经信号。这一过程可以类比条形码读码器（读码器就是一个电子感受器）。将速冻比萨盒上的一系列条形码转变为使计算机能将其与特定价格匹配的电子信号的过程。在我们的神经系统中，感觉事件的编码是由神经冲动以能够被大脑进一步处理的形式进行传送的。

知识链接

感觉剥夺实验

第一个以人为对象的感觉剥夺实验是由贝克斯顿（Bexton）、赫伦（Heron）、斯科特（Scott）于1954年在加拿大的一所大学的实验室进行的。被试是自愿报名的大学生。实验的内容是这样的：为了营造出极端的感觉剥夺状态，实验者把被测学生关在有隔音装置的小房间里，让他们戴上半透明的保护镜以尽量减少视觉刺激。接着，又让他们戴上木棉手套，并在其袖口处套了一个长长的圆筒。为了限制各种触觉刺激，又在其头部垫了一个气泡胶枕，同时用空气调节器的单调嗡嗡声限制他们的听觉。除了进餐和排泄以外的其他时间，实验者都要求被测学生躺在床上。可以说，这就等于是一个所有感觉都被剥夺的状态。几乎没有人能在这项感觉剥夺实验中忍耐三天以上。最初的 8 个小时好歹还能撑住，之后，被测学生有的吹起了口哨，有的自言自语，显得有点烦躁不安。对于那些 8 小时后结束实验的被测学生，实验结束后，即使让他们做一些简单的事情也会频频出错，精神也集中不起来了。实验持续数日后，人会产生一些幻觉，其中大多数是视幻觉，也有被试有听幻觉或触幻觉。视幻觉大多在感觉剥夺的第三天出现，如光的闪烁，没有形状，常常出现于视野的边缘，又例如看到大堆老鼠行进的情景。听幻觉包括狗的狂吠声、警钟声、打字声、警笛声、滴水声等。触幻觉的例子有，感到冰冷的钢块压在前额和面颊，感到有人从身体下面把床垫抽走。当实验进行到第 4 天时，被测学生出现了双手发抖、不能笔直走路、应答速度迟缓以及对疼痛敏感等症状。

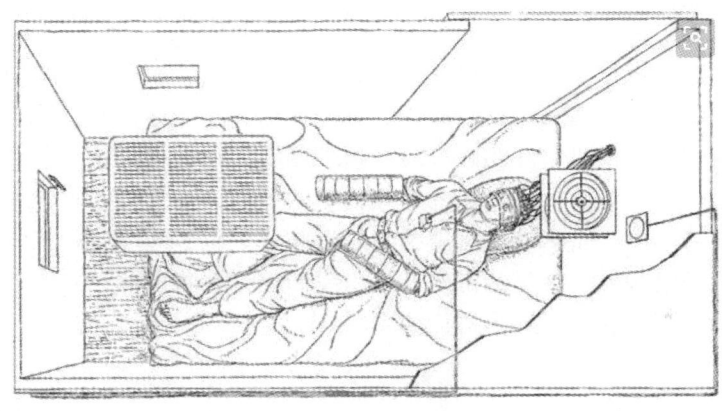

图 2-11　感觉剥夺实验

2. 不同的感觉

生物体能够探索到的最小刺激是什么？光要昏暗到什么程度我们才能看不见？音乐要轻到什么程度我们才听不见？在心理物理学中，心理学家对人的感觉域限进行了研究。下表展现了一些我们熟悉的自然刺激的一般绝对阈限（见表 2-6）。

表 2-6　各种感觉的域限

感觉	探测界限
视觉	晴朗、漆黑的夜晚，48 千米外的烛光
听觉	安静的房间里，6 米外的机械手表的滴答声
嗅觉	扩散到三居室公寓的一滴香水
味觉	7.5 升水中的一茶匙糖
触觉	从 1 厘米高处掉落到你面颊上的蜜蜂翅膀

从某种角度来讲，视觉、听觉、嗅觉、味觉、触觉疼痛感和体位感都是一样的。他们将刺激能量转化为神经冲动；与恒定的刺激相比，他们都对变化的刺激更加敏感，而且他们都为我们提供了有关世界的具有生存价值的信息。但是他们有哪些不同呢？除了疼痛感以外，每一种感觉探测的刺激能量不同，而且每一种感觉信息在大脑中传送的目的地也不同。最终，因为大脑的不同区域被激活而产生了不同的感觉。

请想象一下，如果你失去了听觉，你的世界将会变成怎样？你立刻就会意识到，听觉和视觉一样，能让你对空间里的物体进行定位。比如确定呼唤你名字的声音从何而来。其实，就帮助我们确定远处物体的方位而言，听觉甚至比视觉更加重要。我们经常在看见声源之前就能听见，例如我们背后的脚步声。听觉还能让我们知道那些看不见的事物，包括话语、声音或从后方逼近的汽车。

我们是如何听见声波的？与视觉的产生非常相似，声音这种心理感觉的产生也需要将声波变为神经冲动，并将这些神经冲动传递到大脑。这个过程有四个步骤：

（1）空气中的声波必须被接力传递到内耳。
（2）耳蜗将震动聚集在基底膜上。
（3）基底膜将振动转化为神经信息。
（4）神经信息被传递到大脑的听觉皮层。

在我们所有的感觉之中，人们对视觉和听觉的研究是最多的，但是我们的生存和幸福还要依靠其他感觉。每一种感觉都为我们提供了有关内部和外部环境的不同方面的信息，但是每一种感觉的产生原则是相似的。他们都会将物理刺激转化为神经冲动，而且都是对变化的刺激，而不是恒定的刺激更加敏感。和视觉与听觉的差别一样，其他感觉的差异也在于它们各自提取的信息类型不同，而且处理每种感觉的大脑区域也不同。各种感觉经常一起行动。比如，当我们看到闪电时，也会听到雷声。或当我们在讨论味道时，实际上涉及了食物的味道、气味、外观和口感的混合。具体特征如下：

表 2-7　各种人类感觉的基本特征汇总

感觉	刺激	感觉器官	感受器	具体感觉
视觉	光波	眼	视网膜上的视杆细胞和视锥细胞	色彩、亮度、形状、运动、材质
听觉	声波	耳	基底膜上的毛细胞	音调、响度、音色
皮肤觉	外部接触	皮肤	皮肤中的神经末梢	触觉、温觉、冷觉
嗅觉	挥发性物质	鼻	嗅觉上皮的毛细胞	气味
味觉	可溶性物质	舌	舌上的味蕾	味道
疼痛	许多强烈的或极端的刺激；温度、化学物质和机械刺激等	周身的疼痛纤维网	专门的疼痛感受器，过于兴奋或不正常的神经元	剧烈疼痛、持续性疼痛
运动觉和前庭觉	身体位置、运动和平衡	骨骼肌、关节、肌腱	与骨骼肌、关节和肌腱相连的神经元	身体各部分的空间位置

值得一提的是，并不是每个人感觉色彩的方式都是相同的，因为一些人天生就具有色觉缺陷，这一缺陷的发生率在不同人群间存在差异。总的来说，男性出现色盲的概率大于女性。在极端情况下，全色盲患者根本无法辨认不同色彩，更多的情况下，人们只是患有色弱，这让他们在分辨色彩的时候会碰到一些小问题，特别是在光线比较昏暗的时候。有一种色弱会让人无法分辨浅色，如粉色和茶色。然而，大多数的色弱或色盲会让人在分辨红色和绿色的时候出现问题，尤其是当色彩饱和度低的时候。混淆黄色和蓝色的人并不多，大约每1000人中有一到两个。色盲分为全色盲和部分色盲（红色盲、绿色盲、蓝黄色盲等）。色弱包括全色弱和部分色弱（红色弱、绿色弱、蓝黄色弱等）。

（1）全色盲。

属于完全性视锥细胞功能障碍，与夜盲（视杆细胞功能障碍）恰好相反，患者尤喜暗、畏光，表现为昼盲。仅有明暗之分，而无颜色差别，而且所见红色发暗、蓝色光亮。此外，还有视力差、弱视、中心性暗点、摆动性眼球震颤等症状。它是色觉障碍中最严重的一种，较少见。

（2）红色盲。

又称"第一色盲"。患者主要是不能分辨红色，对红色与深绿色、蓝色与紫红色以及紫色不能分辨。常把绿色视为黄色，把紫色看成蓝色，将绿色和蓝色相混为白色。

（3）绿色盲。

又称"第二色盲"。患者不能分辨淡绿色与深红色、紫色与青蓝色、紫红色与灰色，把绿色视为灰色或暗黑色。临床上把红色盲与绿色盲统称为"红绿色盲"，较常见。平常说的色盲一般就是指红绿色盲。

（4）蓝黄色盲。

又称"第三色盲"。患者将蓝黄色混淆，对红、绿色可辨，较少见。

（二）知觉

我们已经介绍了感觉信号经过换能和传输到大脑的特定区域，并被进一步加工成视觉图像、疼痛、气味和其他感觉的过程。接下来又会发生什么呢？为了理解感觉信息的意义，我们必须了解大脑的知觉机制。苦味是否意味着有毒？红色是否意味着危险？微笑是否表示友好？知觉的任务就是从环境中提取感觉信息，然后将其组织为稳定而有意义的知觉物。

1. 知觉的两种加工方式

形成知觉物的过程看上去就像把一个模式加到感觉上，这包括了两个互补的过程，心理学家将之称为"自上而下的加工"和"自下而上的加工"（见图2-12）。

（1）自上而下的加工（概念驱动性加工）。

自上而下的加工会让人在对事物或事件进行解读时，受到感知者的目标、过去经历、知识预期、记忆、动机和文化背景的影响。尝试在一间杂乱的屋子里找到你的车钥匙就需要自上而下的加工。

（2）自下而上的加工（刺激驱动型加工）。

自下而上的加工使得刺激的特征（而不是自己脑海中的概念）对我们的知觉产生强烈的影响，其强烈依赖于大脑中用于感觉这些刺激的特征感受器：是否移动？是什么颜色的？是刺鼻的？甜的？疼的？好闻的？湿的？热的？当你在水族馆中注意到一条移动的鱼或在炒菜中吃到辣椒，又或者是在夜晚注意到吵闹声，说明你正在进行自下而上的加工。

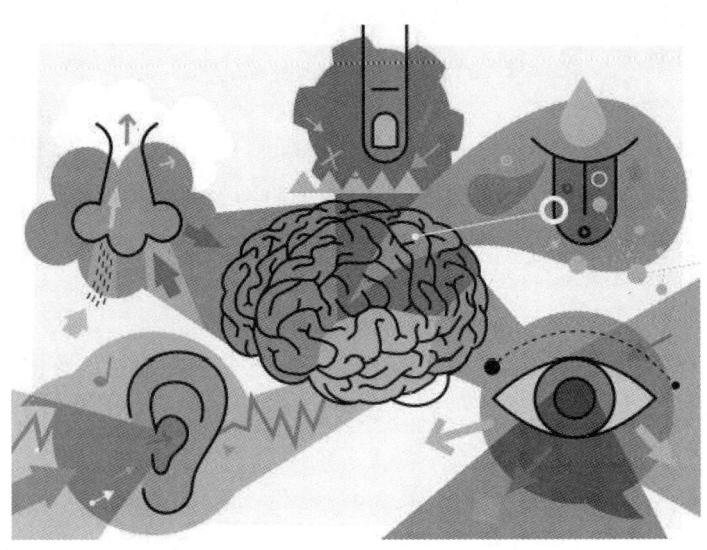

图 2-12　知觉的形成

概括地说，自下而上的加工将感觉数据从感受器传到系统中，并向上传送到大脑皮层进行技术分析。该分析过程首先需要有特征感受器确定刺激特征，因为最终得出的知觉物是由刺激特征确定的。相比之下，自上而下的加工的方向相反，由皮层大脑的顶级区域的一些概念驱动直觉，这种思维过程依赖于知觉者自己思想中的概念。

2. 知觉的恒常性

我们用一个自上而下加工的例子来展示知觉的另一方面。假如你正看着一扇门，如图 2-13 所示，因为你没有正对着门，所以门在你的感觉系统中的图像被扭曲了。但是即便如此，你还是知道这扇门是长方形的，你的大脑自动修正了被扭曲的感觉。知觉的恒常性表现为当距离、角度或光线的明暗在一定范围内发生变化时，根据对事物特征所获得的知觉经验、知觉印象仍然保持相对的不变。图中因观察的距离和角度不同时依然认为物体的形状保持不变的能力是知觉恒常性的一个例子。实际上，知觉恒常性有许多不同的种类，有色彩恒常性：虽然在夕阳的红光下和正午的白光下，同一朵花的色彩看似不同，但我们还是会认为花的色彩没有发生变化；有大小恒常性：虽然同一物体在不同距离观察时大小看似不同，但我们还是认为其大小没有发生变化；有形状恒常性：虽然图中的三扇门，因为开启角度不同而看似形状不同，但是我们认为其形状都是长方形。这些恒常性共同帮助我们在变化的世界中辨别和跟踪物体。

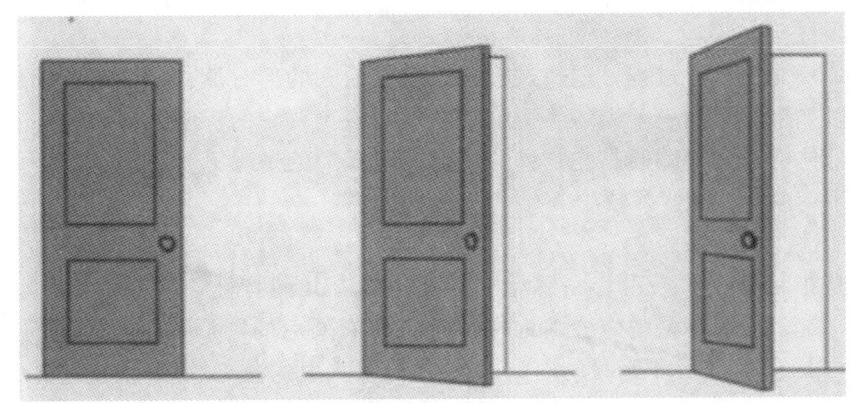

图 2-13 知觉的恒常性

3. 知觉组织：格式塔理论

大约 100 年前，一群德国心理学家被知觉的现象所吸引，他们认为大脑天生就不仅仅知觉刺激，还知觉刺激的模式。他们把这种模式叫作"格式塔"，即德语中的"知觉模式"或"构造"。由此，大脑用刺激的原材料组成了大于各个感觉局部简单总和的知觉整体，这种观点变成为人们所知的格式塔心理学。

格式塔理论强调，我们大脑的先天结构会如何影响我们将刺激信息解释为有意义的知觉。格式塔心理学家认为，我们总是将感觉信息组织成有意义的模式，而这些模式最基本的要素在我们出生时就已经存在于我们的头脑之中了。

（1）相对性。

当面对众多客体时，常常把知觉对象优先从背景中区分出来的特性。格式塔心理学家发现，知觉过程中最基本的一个要素是将知觉体验分为图形和背景。图形是吸引我们注意力的一个简单的模式，而除图形外的其他东西则都成为背景，我们在此之上知觉图形。比如一段旋律便成为在复杂和弦背景之上的图形；一块美味的意大利香肠比萨饼则成为奶酪、馅料及面饼所构成的背景之上的图形。在图中的花瓶/人脸图形中，花瓶和人脸交替显现的时候，图形和背景进行了换位如图 2-14（a）所示。

（a） （b）

图 2-14 知觉的相对性与封闭性

（2）封闭性。

封闭性是知觉的整合过程。这一过程通过提供缺失的部分填补空虚以及推测潜藏的物体来完成。所以如果你看到一个人将半个脑袋从前后探出，你的头脑会自动填补这个人的脸及藏在前后的身体。总之，即便是在物体的局部有所缺失的情况下，人类也天生具有将刺激知觉为完整、平衡的倾向（见图2-14b）。

（3）相似性。

相似性是指将外表（或声音、感觉）相似，具有共同特性（如颜色、运动方向等）的事物组合在一起。所以在图中你会因为相似性将相同颜色的圆形归为若干列而不是若干行。与之相同，当你在观看足球比赛的时候，你会利用队服的色彩将场上球员分为两个队。因为即便场上球员在比赛时混杂在一起，每一队球员的队服都是相似的。有一句谚语，叫作"物以类聚，人与群分"。这句谚语不但总结了人类和动物的行为规律，而且总结了我们进行知觉分类的假设。任何因为事物具有共同特征而且其归为一类的倾向都体现了相似性（见图2-15）。

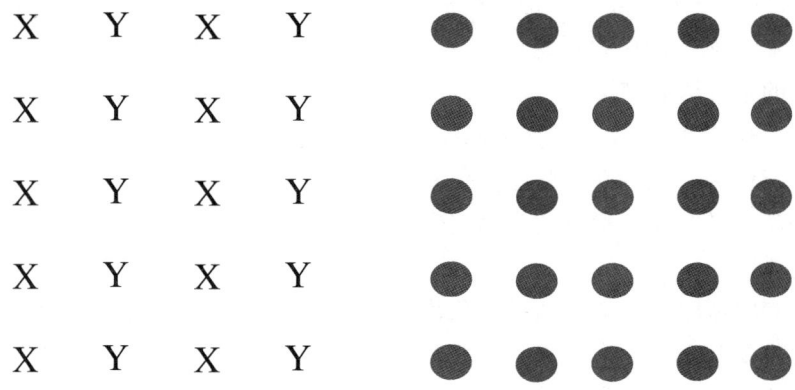

图2-15 知觉的相似性

（4）接近性。

两个或多个视觉元素越接近，它们被看成一组、一种图形或者一个整体的可能性就越大，即我们会将彼此临近的事物归在一起。假设有一天早上，你起床后觉得非常困倦，结果把两只颜色不同的袜子套在脚上，因为它们被摆放在一起，于是你假设它们是一双。同样，在有关人的知觉层次，当你的朋友提醒你别人会根据你的朋友来判断你的时候了，他们就运用了接近律（见图2-16①）。

（5）连续性。

中断次数最少的视觉元素最容易被视为一个整体（见图2-16②）。图中的直线虽然多次被曲线切断，但是我们还是会将其视为一条连续的直线，总之，连续性说明，我们更喜欢平滑连接的和连续的图像，而非脱节的或分开的图像。连续律在对人的社会知觉中也同样发挥着作用。对那些我们很久没有见过的人，我们通常会假设他们的人格没有发生变化，跟以前是连续的，所以即便我们与那个人的联系已经中断多时，但是我们依然会预期，他还是以前那个我们认识的人。

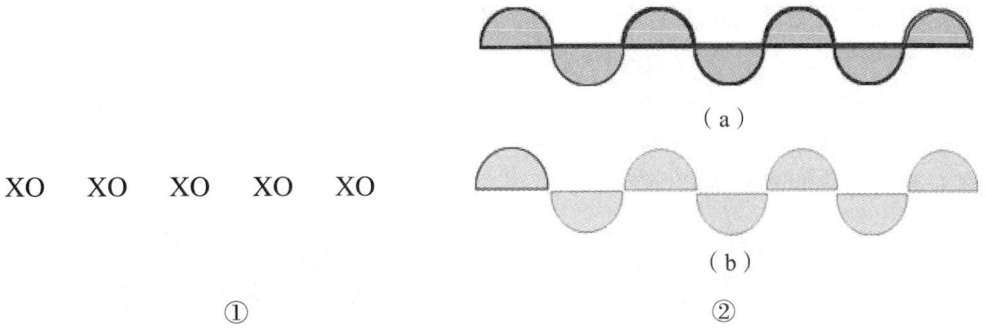

① ②

图 2-16　知觉的接近性与连续性

（6）完形性。

我们会尽可能地知觉最简单的模式，即消耗最小认知努力的知觉物。

（三）错觉

知觉的一个主要目标就是对世界形成准确的看法，准确地辨识朋友和敌人、机遇和危险。生存有时依赖对环境的准确感知，但是环境却不是那么容易被解读的。当你的大脑用不正确的方式来解释某种刺激，进而欺骗你的时候，你就会体验到错觉。这样的错觉能够帮助我们理解感觉和直觉的一些基本属性，特别是我们知觉和外部现实间的差距。

让我们先来检验一下发生在感觉层面的自上而下的显著错觉——赫尔曼黑白网格，如图 2-17（A）所示。当你注视网格中间的时候，请注意，网格白条的交叉点出现了模糊的灰点。但是，当你注视一个交叉点的时候，这个交叉点上的灰点就会消失。这是为什么呢？这是由你视觉通路中的感受细胞交互作用的方式造成的。黑白边界敏感的特定细胞在触发时会抑制相邻细胞的活动，而这些被抑制的细胞能够敏锐地探测黑白线条。这一抑制过程让你在观察视线焦点以外的交叉点时，看到灰色的区域。即便你知道赫尔曼网格中的方块是黑色的，线条是白色的，自上而下依然无法克服你的错觉，因为错觉是在更加基本的感觉层次发生的。如图 2-17（B）图形所示，它是一个产生角度、方向错视的图形，你所看到的好像是个螺旋，但其实它是一系列完好的同心圆。

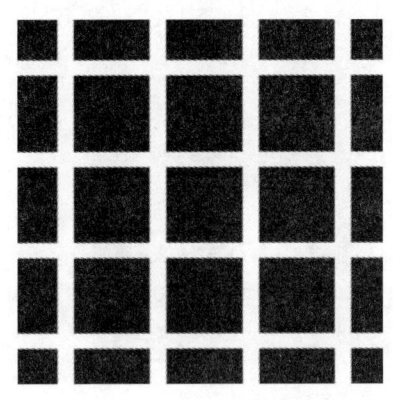　　

（A）赫尔曼网格图　　　　　　　　（B）弗雷泽螺旋

图 2-17　错觉（1）

为了研究知觉层面的错觉，心理学家要利用两可图形，这是一种自上而下加工中可以用两种或更多种方式进行解释的刺激模式。无论是花瓶人脸图，还是内克尔立方体，都可以用来混淆你的解释，而不只是你的感觉。每一图形都有两种解释，一旦你看出了这两种意义，在你看图形的时候就会在这两种意义之间不断切换。研究显示，这种解释的不断切换与知觉控制在左脑右脑之间进行的切换有关（见图 2-18）。

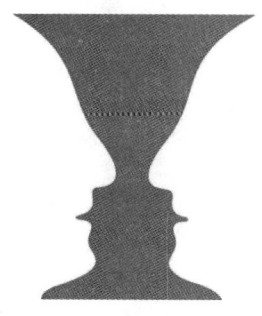
（A）花瓶人脸图

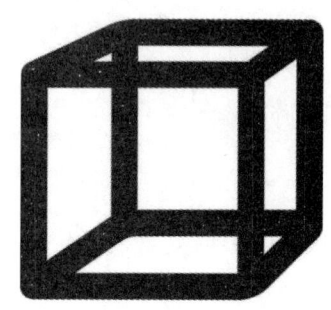
（B）内克尔立方体

图 2-18　错觉（2）

图 2-19 展示了几种主要在知觉层面发生的错觉。所有这些都很吸引人，但颇具争议，特别是缪勒莱耶错觉，心理学家已经为这种错觉着迷 100 多年了。在不考虑镜头的情况下，图中的两条线段哪一条更长呢，如果你用尺子量一量，就会发现两条线段实际上一样长，那么这个现象到底应该怎样解释呢？一种流行的理论将自上而下和自下而上的加工因素结合在一起，并获得了一些支持，这一理论认为我们潜意识地把缪勒莱耶图解读为三维物体，所以那些箭头在我们看来并不是箭头，而是内凹或外凸的角，就好像屋子的墙角一样。那凹的角好像向远处凹陷下去，而外出的角好像朝我们凸起，因此我们判断外凸的角离我们更近，线段也更短。为什么呢？如果这两个物体在视网膜上所形成的像大小相同，而同时我们判断一个物体比另一个物体更远，那么我们会认为更远的那个物体更大。

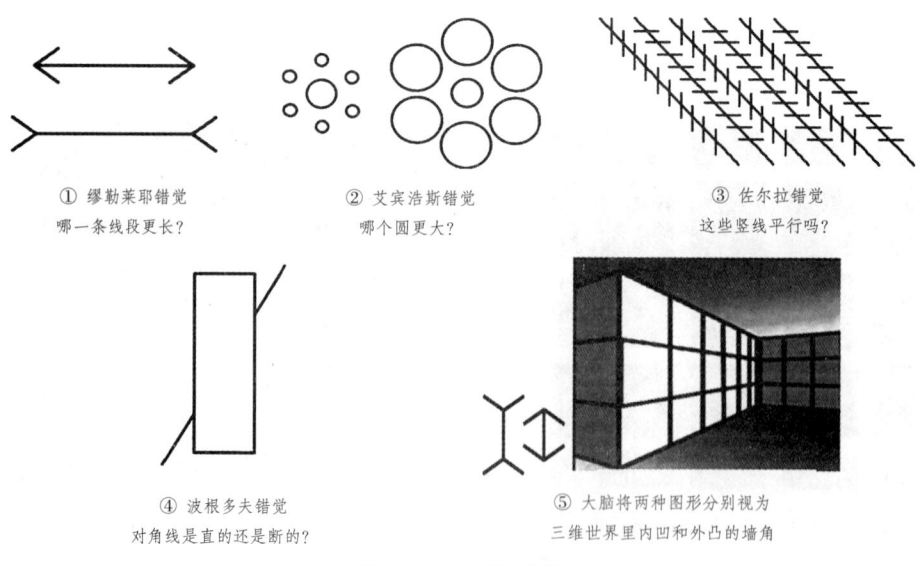

图 2-19　各种错觉

知识链接

谈错觉的巧妙运用

据《三国演义》记载：为了抵抗曹操，蜀、吴建立了联盟。但周瑜非常嫉妒诸葛亮的才能，便想方设法要除掉他。在一次军事会议上，周瑜提出要诸葛亮三天之内造出十万支狼牙箭。诸葛亮胸有成竹，当即与周瑜立了军令状。事后两天，诸葛亮像没事一样毫无行动。到了第三天夜晚，大雾弥天，江面上雾气更浓，以致对面很难辨别眉目。四更时分，诸葛亮命令将二十多只船装满稻草，并裹以布幔，用绳索把船连接起来，向江北进发。待船近曹营水寨，诸葛亮下令将船东西摆开，让士兵擂鼓呐喊。曹营水兵听到呐喊声，以为敌军来袭，慌忙飞报曹操。曹操望着浓雾弥漫的江面喊道："重雾弥江，敌军来袭，必有埋伏，切不可轻举妄动，给我用箭射。"随即一万名弓弩手向江中射箭。诸葛亮一面命令船只逼近水寨受箭，另一面要士兵起劲擂鼓喊叫。曹军以为大军来袭，便拼命地放箭，箭飞如蝗，不一会儿，二十多只船上收满了密密麻的狼牙箭。诸葛亮见时机已到，急令收兵。临走，士兵齐喊："谢丞相箭。"曹操大叫中计，想追已经晚了。诸葛亮仅凭二十多只草船，不费一兵一卒，轻而易举地拿到十万支狼牙箭，周瑜也不得不从内心佩服诸葛亮的"神"才。

诸葛亮面对老谋深算的曹操和曹营强大的兵力，凭什么"借箭"成功呢？其实很简单，他的根据是人们普遍存在的错觉心理。"草船借箭"可谓是巧妙运用错觉的范例。

错觉会扰乱人类正常的生活秩序，给人们带来危害，但是如果能恰当而正确地利用错觉，它也能够为人们的实践服务。像舞台美术、商品装潢、服装打扮、环境布置、建筑设计、课堂教学等方面，利用人们的错觉现象，往往会收到意想不到的效果。例如，在花布设计中，即便是一些相当简单的图案，像方块、三角形等，只要相邻两个面积相等图形采用强烈对比的色调，在对比错觉作用下，也会产生面积不同的错觉，从而避免了图案的单调感。

正如人瘦不要穿黑色衣服，人胖不要穿白色衣裳；脚长的女人一定要穿黑色鞋子，短脚就一定要穿白色鞋子；人瘦要穿横格子的衣服，人胖要穿竖条纹衣服。在军事方面，可以创造条件，故意令敌方产生错觉，补救自己的劣势，增强自己的优势，从而达到伪装、隐蔽的目的，最终打击敌人。"草船借箭"就是诸葛亮巧妙地利用大雾做掩护，用擂鼓呐喊令曹军产生错觉。

诸葛亮具有丰富的实践经验，又掌握了天时地利，经过精心准备，达到了自己的目的，可谓知己知彼。浓雾弥江和虚张声势，使曹操误以为大军来袭，于是做出不轻举妄动、只用箭射的错误判断，最终上当受骗。又如，在战术上常用的声东击西也是错觉的运用。历史上有名的官渡之战，就是曹操利用声东击西的战术迷惑袁绍，结果以少胜多的著名战役。再如在白马一战中，曹操为夺取白马，就佯装偷袭袁绍后营重地延津。曹操率主力直接向延津进发，袁绍果然中计，之后，曹操立即调头回师，率劲旅直逼白马。待袁绍清醒过来，为时已晚。曹操从而取得了官渡战役前哨战的胜利。这种"声言击东，其实击西"的战术就是运用错觉，扰乱对方的耳目，从而克敌制胜。

可见，研究错觉现象及其产生的原因，正确地识别错觉和运用错觉，在实践方面具有非常重要的意义。

（四）知觉与学习

赫尔曼·冯·亥姆霍兹提出了学习在知觉过程中的作用。他的基于学习的推理理论强调人们如何利用先前的学习来解释新的感觉信息。基于经验，观察者对感觉的意义进行推理（猜测和预期）。这一理论解释了为何在看到插着蜡烛的蛋糕时，你会推理正在进行一个生日聚会，因为你已经学习过将蛋糕、蜡烛与生日联系在一起。

在一般情况下，这些直觉是比较准确的，但是混乱的感觉和含糊的排列会导致知觉错觉，从而让人做出错误的结论。实际上，我们的直觉解释是对感觉的假设。比如，即使是婴儿，也有人脸的五官会以固定的排列出现的预期（一双眼睛在鼻子之上，嘴在鼻子之下）。我们对五官正常排列的预期根深蒂固，以致无法看出违反我们预期的面部特征，特别是当面部以一种我们不熟悉的朝向出现时（见图 2-20）。

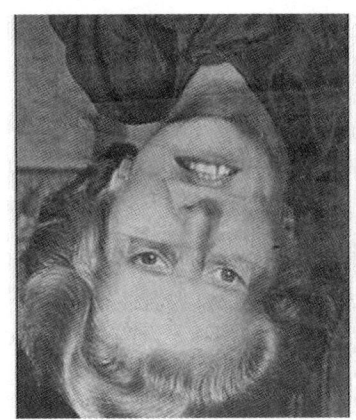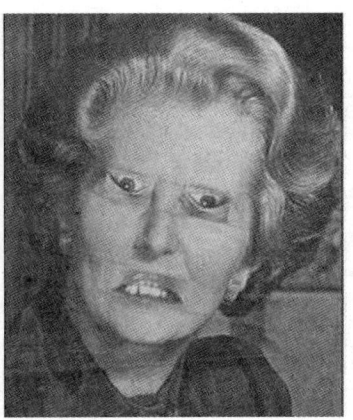

图 2-20　翻转的人像

根据基于学习的推理理论，到底是什么决定了我们能否成功形成准确的知觉呢？

1. 背景和预期

一旦你确定了一个背景，你就会对可能碰到的人、事或货物形成预期，如能够更加深入理解背景对于预期的影响呢？让我们来看一下图 2-21。

图中写着的"THE CAT"对吗？现在请你再看一下，分别位于这两个单词中的两个字母，从形状上来讲，这两个字母是完全一样的，但是你不会把第一个单词中的字母看成是"A"，而把第二个单词中的字母看作是"H"，这是为什么呢？显然你的直觉受到了你的英语单词知识的影响。"T　E"所提供的背景让中间出现 H 的可能性更大，而在"C　T"背景下出现"A"可能性更大。下面是一个现实生活中的例子，当一个你认识的人出现在你并没有预想他会出现的场合，如在不同的城市或新的社会群体中时，你很可能不太容易认出他来，当然，问题并不在于他们看起来不同了，而是因为背景不寻常，你没有预料到他们会出现在这里。所以，知觉不仅仅依赖于事物的物理特征，而且还依赖于背景和预期。

TAE　CAT

图 2-21　图中的字母是什么？

2. 文化

研究表明，美国人倾向根据抽象类型将事物进行归纳，而中国人倾向根据功能或关系对事物进行归纳。研究还发现，亚洲人更多地注意细节和背景，并能在事后回忆起更多这类内容。

作为背景和预期对知觉产生影响的平台，学习与知觉定势有关。在知觉定势的影响下，我们更容易注意到特定的刺激线索，并对其做出反应，就好像长跑运动员，聚精会神等待发令枪响一样。总之，知觉定势让你在特定背景下对特定刺激提高警惕，比如初为人母者对婴儿的啼哭声就很敏感。知觉定势通常会引导你将模糊的刺激转变为你所期待的模式。下面让我们来做一个测试。

请让你的一个朋友仔细观察标有年轻女人的图 2-22A，让你的另一个朋友仔细观察标有老婆婆的图 2-22B，当他们分别观察图片的时候，将其他的图片遮住，然后让他们同时看图 2-22C，他们看出什么了呢？他们很可能看出不同的景象，虽然刺激是完全一样的，事先看过标有特定标签的图片，通常会影响一个人对于两可图片的直觉。

A. 年轻女人

B. 老婆婆

C. 你看到了什么？

图 2-22　图片中的女人

二、记忆与思维

（一）记忆

记忆是否会准确无误地记录我们的过去，又或许就如同沙地上的脚印一般，随着时间和情境的推移而改变。事实上关于记忆的事实真相包含了这种极端情况。记忆的可塑性很强，但我们多数的记忆还是相当准确的。然而，人类记忆与计算机记忆的不同之处在于，我们的认知记忆系统会从感觉中选择性地提取信息,并将其转变为有意义的模式进行存储,以备日后需要时使用。

人类的记忆,其实是一个解释性的系统。就像一名艺术家一样接收信息,先抛弃细枝末节的部分,然后将剩余的部分组织成有意义的模式,因此,我们的记忆并不会准确或客观地呈现事件本身,而是会呈现出我们对于事件独一无二的认知。我们并不会严格按照事实来提取记忆,我们会重构记忆。我们是从记忆片段开始重构记忆的,它们就像拼图玩具的碎片一样,我们在重构事件时,会利用这些片段来填补自己的空白,就好像我们确实记得它一样,而不是根据事件本身的实际情况。

1. 记忆的形成

心理学家发现,一般而言,我们会对下列记忆做出最完整与准确的记录:我们注意到的信息,比如在存在其他对话的背景下注意到朋友的话语;我们感兴趣的信息,比如自己最喜欢的电影中的情节;让我们产生情绪唤起的信息,比如一次特别愉快或特别痛苦的经历;现在精力有所联系的信息,比如关于某位音乐家的一个新闻标题,而你上周正好去听过他的音乐会;我们复述过的信息,比如在考试前复习过的资料。

如果你在一场讲座中获得的信息要成为你永久记忆的一部分,那么它必须经过三个连续的阶段,首先是感觉记忆,其次是工作记忆,最后是长时记忆(见图2-23)。这三个阶段像一个配置流水线一样,将源源不断输送信息转变为你能够存储并且之后可以重构的有效模式。

(1)感觉记忆。

感觉记忆作为三个阶段中最短暂的阶段,通常只能将视觉、信息、声音、味觉以及其他的感觉印象保持最多几秒钟的时间。尽管感觉记忆通常在无意识层面运作,但当你看到移动的闪光灯产生的光束痕迹逐渐消退时,其实你正在体验感觉记忆。你也可以在聆听一段旋律时,感受到一个音符融入另一个音符的过程,由此体会到逐渐衰退的感觉记忆产生的效果。

(2)工作记忆。

工作记忆为信息工作的第二阶段,负责将信息选择性地从感觉记忆中提取出来,并与已经存储在长时记忆中的信息进行联系,我们说"这听起来很熟悉"所表达的意思就是这种联系。工作记忆能够将信息保持20~30秒,这对于临时记住一个刚才听过的名字或遵循某人刚才给你的提示而言是一种有效的缓冲。

(3)长时记忆。

长时记忆作为信息加工的最后阶段,接收来自工作记忆的信息并将其长期存储,有时这种存储能够维持一生。长时间记忆中的信息,包括所有我们对世界的认识,从母亲的面孔到最后喜欢的歌曲歌词。

图2-23 记忆的三个阶段

2. 记忆存在偏差

我们会忘记约会和纪念日。在一场测验中你会记不起自己前一天晚上学过的术语。或者，一个熟悉的名字，似乎刚好超出你思考所及的范围。然而讽刺的是，我们有时却无法摆脱自己对不愉快事件的记忆。记忆迫使我们记住自己宁愿忘记的事情，却让我们忘记自己想要记住的事情，为什么会这样？记忆还有哪些缺点呢？

（1）短暂性。

你在一年前选修的一门课程，现在要进行一次严格的测试，你会怎么办？我们认为不用的记忆会随着时间推移而逐渐减弱，尽管没有人曾经直接观察到人类的记忆痕迹逐渐消退直至消失，但是大量的间接证据都支持这种长时记忆的短暂性。

在记忆短暂性的研究中，心理学家赫尔曼·艾宾浩斯通过学习无意义音节列表，并尝试在不同的时间间隔之后进行回忆的方式来研究记忆。这种方式在短时间几天内是有效的，但是在几周或几个月的长期延迟之后，艾宾浩斯再次测量记忆发现，自己完全无法回忆起那些无意义音节。因此，他不得不发明另一种方法测量，重新学习原始列表所需的重复次数。一般而言，由于重新学习一个列表所需的时间会比学习原始列表的时间要少，因此两者之间节省的时间长，便可以作为记忆效果的测量。例如，如果原始学习需要重复 10 次才能记住列表上的无意义音节，而重新学习只需要 7 次，那么对应的记忆存留就是 30%。通过运用节省法，艾宾浩斯就能够探查很长一段时间内的记忆痕迹。通过实验，艾宾浩斯发现：对于相对无意义的材料而言，我们一开始的遗忘速度很快，之后遗忘速度会逐渐减慢（见图 2-24）。后续的研究表明，遗忘曲线反映了记忆短暂性的运作模式，这也是我们忘记大部分自己学过的语言材料的运作模式，但并不是所有的记忆都会遵循经典的遗忘曲线，例如我们通常会保持那些常用的运动机能，实际上他们会在程序性记忆中完整地保留许多年，甚至不需要练习，就像骑自行车一样，习得一门外语之后，即便长期不使用与之相关的记忆同样会在长达 50 年的时间内保持相对完整。

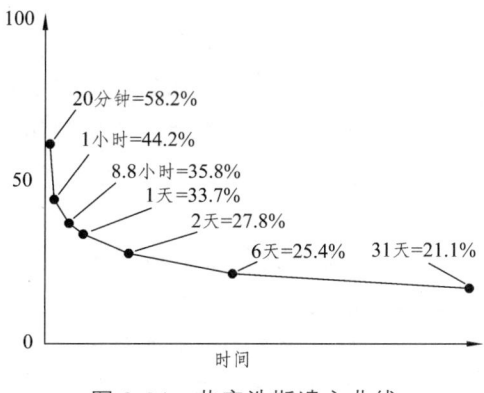

图 2-24 艾宾浩斯遗忘曲线

知识链接

记忆方法

1. 转盘子记忆法

学习后就弃之不理，信息便会随时间流逝而快速遗忘。因此，就像马戏团小丑同时在好几根竹竿上转盘子,在盘子快要停止时再推它一把,就能维持旋转动力一样,时时温习,便能让记忆黏贴在脑海里。

方法:在学习后 10~15 分钟,进行第一次复习,接着实施"1 的法则",在 1 小时、1 天、1 周、1 个月、1 季这 5 个时间点,重新检视记忆的状态。

2. 螺旋记忆法

有些人一拿到书,习惯就从第一页读到最后一页,好不容易看完了,前面的内容却也忘得差不多了,事后沮丧地抱怨:"花了那么多时间,为什么还是记不住?"可以有针对性地阅读,有选择性地复习记忆。

方法:与其一次投入大量时间从头到尾硬拼,不如缩短时间,将资讯切块,然后再回圈式地、由浅入深地反复记忆,不仅能加快记忆速度,也能加深理解程度。

记忆短暂性的一个常见原因就是干扰,即一个事物妨碍我们对另一个事物形成牢固的记忆,这种现象通常出现在你尝试连续学习两个相互冲突的事物时。

① 前摄干扰。

旧的记忆扰乱对新信息的学习与记忆,在前摄干扰中,最后的记忆会在时间上向前发生作用,阻碍你尝试学习和记忆信息。

② 倒摄干扰。

新信息阻碍个体记忆旧的信息,相对较新的材料会进入你的记忆系统并将旧的材料排除在外。在计算机操作方面,如果你保存一个新建的文档来替代旧的文档,那么这就是倒摄干扰的体现。

③ 系列位置效应。

你是否曾经注意到一首词或一个词汇表的开头和末尾通常比中间的部分更容易学习和记忆?

一般来说,首因效应是指一个序列中记忆开头的项目相对而言更加容易的现象,而近因效应是指个体对于最近出现的项目记忆效果最佳的现象,这两个效应与中间部分有所减弱的记忆合并起来,就是系列位置效应。因此,当你被连续介绍给几个人时,有可能会记得自己最初和最后认识的人的名字,而不是在此之间认识的人。

(2)注意松懈。

当你将车钥匙放错地方,你的注意力松懈了,这并不是记忆从你的大脑回路中消失了,而是由于你的注意转移导致了信息提取失败。对于忘记车钥匙,你的注意力转移可能出现在最初编码过程中。当时你并没有注意自己将车钥匙放在哪里了,这种形式的心不在焉现象通常发生在一边听音乐(看电视)一边学习的情况下。

知识链接

一般注意力测试

测试说明:下面的 100 个数字是打乱顺序后排列的。请你按照顺序在里面找出 15 个数字来，例如从 1~15、2~16、30~44 等，记录下你找到这 15 个连续数字所花的时间。

```
12 33 40 97 94 57 22 19 49 60
27 98 79 8 70 13 61 6 80 99
5 41 95 14 76 81 59 48 93 28
20 96 34 62 50 3 68 16 78 39
86 7 42 11 82 85 38 87 24 47
63 32 77 51 71 21 52 4 9 69
35 58 18 43 26 75 30 67 46 88
17 46 53 1 72 15 54 10 37 23
83 73 84 90 44 89 66 91 74 92
25 36 55 65 31 0 45 29 56 2
```

> 1. 如果你在 30~40 秒就找到了 15 个顺序数字，那你在集中注意力时的记忆程度就属于"优等"了，大约只有 5%的人有这样的能力；
> 2. 如果你用了 40~90 秒，那只能算是"一般"；
> 3. 如果你花了 2~3 分钟才找到，那你注意力就不太集中了。

（3）错误背景。

我们有时能够提取记忆，但却会将他们与错误的时间、地点和人物联系起来，这是由于长时间记忆具有重构的性质所致。这一机制为错误归因创造了条件，使信息与那些看似清晰实则错误的背景连接在一起，从而产生记忆错误。下面是一个错误归因的例子，心理学家唐纳德·汤普森被一名受害者指控犯了强奸罪。这名受害者详细地描述了攻击自己的人，认定攻击者就是汤普森。值得庆幸的是，汤普森有充分的不在场证据。案发当时他正在电视上接受有关记忆扭曲的直播采访。事实证明，受害者在被侵犯之前刚好在看这个电视采访。在这段应激经历的影响下，她回想起了当时在电视上看到的汤普森的面孔，而不是攻击者的面孔，从而错误地认为汤普森是攻击者。

（4）外部线索扭曲或创造记忆。

暗示同样会扭曲，甚至创造记忆，这是法庭审判特别担心的一种可能性。律师或执法人员在与目击者交流的过程中，可能会有意无意地做出暗示，这会"改变"目击者的记忆。心理学家做过一个实验。他们先是联系了一群大学生的父母，并收集了这些大学生在童年时期经历过的事情列表，然后询问他们是否记得这些事，然而，研究者在列表中插入了一些看似真实却从未发生的事件，比如在大型购物中心走丢，在婚礼上打翻酒杯，在生日聚会上有小丑登门拜访。在几天的时间内反复尝试回忆这些事件之后，大约有四分之一的学生声称自己记得这些伪造的事件。

知识链接

编造的记忆

著名的发展心理学家让·皮亚杰描述了对自己儿童早期的一次创伤性事件的生动记忆：

如果没有记错的话，我最早的记忆之一是在出生后的第二年。我到现在还能清楚地看到以下场景：我坐在婴儿车里，保姆推着婴儿车在巴黎香榭丽舍大街上走，这时一名男子试图绑架我。我被绳子固定在婴儿车上，与此同时，保姆勇敢地挡在我和绑匪之间。她被绑匪抓伤了多处，我依然能够在她脸上看到模糊的疤痕印记。

15 岁前，我一直都相信这段记忆是真实的。皮亚杰的保姆生动详细地描述了这场所谓的攻击，并且从他的父母那里得到了一块名贵的手表作为感谢。然而多年后，之前的保姆给皮亚杰写了一封信，承认自己编造了整个故事，并归还了手表。由此，皮亚杰总结道：我一定是在小时候听过这个让我的父母坚信不疑的故事，并将其以视觉记忆的形式投射到了过去的记忆中。

（二）思维

解一道数学题，决定周五晚上做什么，或是沉浸在自己的幻想之中，所有这些活动都需要思维。我们可以将思维看成是脑中复杂的认知过程，即信息加工活动。通过这些活动，我们得以处理自己的想法、情感、欲望和经验所构成的世界。思维所处理和使用的信息可以来自内部，也可以来自外部，但无论怎样，总会涉及某种形式的心理表征。

思维是一个认知过程，在这一过程中，我们的大脑运用从感觉、情绪、记忆方面获得的信息来创造和操控诸如概念、表象、图式和脚本这样的心理表征。这些心理表征是认知的基本构建单位，思维会依据意义对它们进行组织，最终形成我们称为"推理""想象""判断""决策""问题解决""专家技能""创造力"以及有时被叫作"天赋"的更高级的思维过程。

1. 思维活动

思维活动有一定的过程，主要由以下几个环节构成：

（1）分析与综合。

分析与综合是思维过程的基本环节。分析是把事物的整体分解为部分，或从整体中区分出个别特性和个别方面。综合是把事物的各个部分或不同特性、不同方面联合起来。对整体的分析是为了更深入、更精确地认识整体。对于一种新事物，起初只有模糊的认识，通过从各个方面对它进行分析，逐步清楚各个部分、特性及其关系，最后将分析的各个部分全部联系起来，这时对事物的整体就有了深刻的认识。分析与综合是相互依存的，在分析的过程中也在进行综合，综合的过程中也在进行分析。

（2）比较、概括和系统化。

比较是指确定被比较的事物的共同点和不同点。同类的或某些相似的事物才能进行比较，完全不同的事物无法进行比较。比较总是和分析与综合相互联系，比较的过程就是分析的过程，将比较的各种因素结合起来研究也就是综合。概括是一种特殊的综合形式，是关于事物共同点的综合。为了把事物的共同特性、因素等综合起来，首先要把特性、因素等从个别事物中划分出来，因而概括活动也是和分析活动密切联系的。当把事物的共同本质特性抽取出来，并把具有这种本质特性的事物联合起来，以区别于具有另一种本质特性的事物时，也就是在进行分类，这是一个系统化的过程。

（3）抽象和具体化。

人在对客观事物进行概括，从中分出本质特征时，也在思想上舍弃非本质的特性。这种分出本质特性而舍弃非本质特性的过程就是抽象。抽象与概括密切联系，概括的程度越高，舍弃的次要、非本质的特性就越多，思维就愈加离开具体事物，就愈抽象。和抽象过程相反的是具体化。具体化是把概括的知识用于具体的、个别的场合。具体化使一般的、抽象的东西和直观的、感性的、熟悉的东西联系起来,从而变得容易理解。各种思维活动经常结合着进行,不同的思维任务要求思维过程的不同组合,合理地组织和运用各种思维过程是顺利完成思维任务的保证。

2. 文化、概念和思维

概念是构建思维的基本单位,因为它可以帮助我们将知识组织起来。概念可以对物体(诸如"椅子"或"实物")、生物体(诸如"鸟"或"水牛")或者事件(诸如"生日聚会")的各个种类进行表征。同时概念还能对属性(比如"红"或者"大"),抽象事物(比如"真理"或者"爱"),关系(比如"小于"),程序(比如"怎样系鞋带")或者意向(比如"打断对话的意向")进行表征。

在不同的文化中,概念所蕴含的意义是千差万别的。与此同时,各国人在处理不一致观念和矛盾的方式上也存在差异。

3. 直觉与推理

心理学家很早就知道,在进行决策(无论买房还是择偶)时,人们不仅依靠理性,有时还会依靠感觉来进行快速判断。与其他许多复杂的认知任务一样,思维的情绪成分是由前额叶皮层负责的。通过这一脑区的活动,我们的决策在无意识情况下受到了基于过往相关情境中的奖惩经历而形成的情绪性直觉因素的影响。这一脑区受损的个体很少表现出情绪反应,同时他们的直觉功能也受到了损伤,不经过有意识的推理就无法做出判断。因此,当他们面对决策时,常会做出不明智的选择。但有时快速的知觉判断也会出人意料地切中要害。对于某一事物来说,直觉判断的准确性取决于具体背景。除此之外,在情景复杂且时间有限时,我们也会倾向依赖直觉做出可靠判断。这种情况下,我们依赖于工作记忆的意识加工机能可能会无法应付这种复杂性,或者说难以快速对大量因素做出权衡。

推理是从已知的判断推出新判断的思维过程。一个推理由两个部分组成:前提和结论,进行推理时所根据的依据判断叫作前提,从前提推出的新判断叫作结论。推理最主要的形式有两种,即归纳推理和演绎推理。归纳推理是从特殊原理到一般原理的推理,演绎推理是从一般原理到特殊原理的推理。推理与概念、判断一起,作为我们的思维形式,为我们服务。

4. 思维的种类

根据不同的标准划分思维的种类,主要有以下几类:

(1)直观动作思维、具体形象思维和语言逻辑思维。

直观动作思维又称"实践思维",是通过实际操作解决直观而具体的问题的思维过程。它面临的思维任务具有直观的形式,解决问题的方式依赖于实际的动作。如儿童将玩具拆开,又重新拼装起来。

具体形象思维是指人们利用头脑中的具体形象来解决问题。例如,去某个地方,事先在头脑中出现各种可能的道路,然后运用头脑中的形象进行分析和比较,最后选择一条最短、最方便的路线。

语言逻辑思维是人们面对理论性质的任务时，运用抽象的概念、理论知识来解决问题。它是思维的典型形式。

上述三种思维形式是相互联系、共同发挥作用的。在个体发展中，由于语言的发生和发展较晚，所以直观动作思维和具体形象思维出现得早些，语言逻辑思维出现得晚些。

（2）经验思维和理论思维。

经验思维是人们凭借日常生活经验进行的思维活动。例如，根据经验，鸟是会飞的动物，可能会让人认为带翅膀的动物都能飞。由于知识经验的不足，这种思维具有片面性。

理论思维是根据科学的概念和论断，判断某一事物，解决某个问题。这种思维活动能够抓住事物的本质、关键，使问题得到正确的解决。

（3）直觉思维和分析思维。

直觉思维是人们在面临新的问题、新的事物和现象时，能迅速理解并做出判断的思维活动。如科学家对某些突然出现的现象，提出猜想和假说。

分析思维是遵循严密的逻辑规律，逐步推导，最后得出合乎逻辑的正确答案或做出合理结论。

（4）辐合思维和发散思维。

辐合思维是指人们根据已知的信息，利用熟悉的规则解决问题，也就是从给定的信息中，产生逻辑的结论。它是一种有方向、有范围、有条理的思维方式。例如，从甲>乙，乙>丙，可以推断出甲>丙。

发散思维是从给定的信息中，产生众多的信息，人们沿不同的方向思考，重新组织眼前信息和记忆系统中存储的信息，产生大量独特的新思想。

（5）常规思维和创造思维。

常规思维是指人们运用已获得的知识经验，按现成的程序直接解决问题，它对原有的知识不需要进行明显的改组，没有创造出新的思维成果。

创造思维是重新组织已有的知识经验，提出新的方案或程序，创造出新的思维成果。创造思维是多种思维的综合表现。

（6）逆推思维。

一些问题头绪太多，让我们不知从何下手。解决这类问题最好的办法就是从问题的重点开始逆推。逆推策略可以消除许多在试错的过程中走入死胡同的可能。对于目标明确的某些问题，如迷宫或数学证明题，逆推是一个有效解决问题的策略。

三、情绪

"情绪是理智的对立面"是对人类心理最常见的误解之一。让我们来看一下埃利奥特的案例：他曾是一名模范雇员，但是他的工作效率越来越低，以致最终丢掉了饭碗。他的个人生活也支离破碎，他离婚后又结了婚，但很快又再次离婚，屡次创业，但每次都做出错误的决策，耗尽全部储蓄。但令人惊讶的是，他在大多数方面并没有什么不正常。他有令人愉快的性格，也有吸引人的幽默感。他显然很聪明，清楚地知道哪些事情、人物和日期是重要的，也了解每天的政治动向。实际上，检查显示，他的运动机能、记忆、感知能力、语言能力、智力和学习能力都正常。然而，埃利奥特经常感觉头痛，脑扫描显示，一个橘子般大小的肿瘤正在压迫他眼睛上方的额叶区域。肿瘤切掉后，他的额叶区域受到了损伤，他的推理能力完好无损，但额叶回路的损伤让他无法利用情绪对生活中的物品、事件和人建立优先顺序。

1. 情绪的构成

简单而言，每种情绪都由四种成分构成：生理唤起、认知解释、主观感受和行为表达。我们可以举一个更加直接的例子来说明这四种成分。假设你买彩票中了5000万美元。你很可能会欢呼雀跃，心跳加速，大脑被欢乐席卷。恭喜你，你在这时获得了一种情绪。警报信号同时贯穿你的自主神经系统和内分泌系统，造成生理唤起，引发包括心跳加速在内的大范围内脏反应。

情绪的第二个成分是对事件与感觉的认知解释，包括对情境的有意识识别与解读。无疑，你会把你彩票中奖的消息解释为好运气。对于那些让人不快的经历，你也有着同样的认知解释过程，这个过程可能是有意识的也可能是无意识的。

想象一下你正在被饥饿的熊追赶，你的恐惧情绪的主观感受成分可能有着若干种来源。其中一种是大脑对身体当下的唤起状态的觉知，另一种来源于对过去相似情境中的身体状态的记忆。大脑中储存有一种情绪化的"身体表象"，安东尼奥·达马西奥称其为"躯体标记"。在对饥饿的熊做出反应时，你的大脑就会提取出以往遭遇险境时的身体表象记忆，包括心跳加速、冒冷汗以及想要逃跑的感觉。

最近发现的镜像神经元系统是情绪感受的另一种来源。当你看见别人处于情绪状态之中时（比如观看悲剧电影），你的这部分脑回路就会得到激活，让你也感受到情绪的躯体标记。在熊的例子中，你的镜像神经元也许反映出了比你先看见熊的同伴的情绪。多项研究结果支持了这个推测，其中最有趣的一项研究是关于热恋情侣的积极情绪。研究者同时扫描情侣双方的大脑，发现当其中一人有不愉快经历时，另一人的情绪相关脑区也会出现大体一致的变化。最后，情绪的第四种成分在行为上对情绪进行表达。所以，当你得知你的彩票中奖了可能会欢呼，还可能把这个消息告诉同伴。而当你看到饥饿的熊时，则可能会激起"战斗或逃跑"反应，面部表情与喊叫声充满恐惧，会哭泣、吼叫、面部扭曲。

2. 情绪的表达

情绪有多少种类？卡罗尔·伊扎德认为存在六种基本情绪：兴趣、快乐、悲伤、愤怒、厌恶和恐惧。保罗·埃克曼研究了可以被普遍识别的面部表情，据此提出了七种基本情绪：愤怒、厌恶、恐惧、快乐、悲伤、轻蔑和惊奇。而罗伯特·普拉特切克则让人们对大量情绪词条进行评分，对评分结果的分析表明存在八种基本情绪。最近有研究显示，普拉特切克的基本情绪清单可以再次扩充，增加骄傲情绪。虽然理论家以不同的方法试图解决这一问题，但是他们之间的差异并不太大。我们的基本情绪数目有限，但是次级情绪的数目很大，这个重要观点意味着基本情绪能够复合产生新的情绪。

你总是能从朋友的表情或动作中看出她是高兴还是生气，这可以帮助你决定周五晚上是否和她一起去看电影。更广泛地说，借助情绪表达进行交流有助于我们开展社会互动。保罗·埃克曼认为全世界的人都能运用和理解相同的基本"面部语言"。埃克曼的团队已经证明，人类共享着一套固有的情绪表达模式，而这也证实人类有着共同的基因传承。比如在很多国家或地区，微笑通常表示高兴，皱眉则代表难过，埃克曼及其同事认为，所有的人都能识别出至少七种基本情绪：悲伤、恐惧、愤怒、厌恶、轻蔑、快乐和惊奇。但是，由于所谓的情绪表达法则，不同文化中情绪表达的背景和强度都有着巨大差异。比如，在许多亚洲国家，大人教育孩子要控制情绪（尤其是消极情绪），而在一些欧美国家，小孩则被鼓励更加开放地表达自己的感受。

本章小结

1. 心理学主要包括：生物学、认知、行为主义、全人、发展和社会文化视角六个主要视角，每个视角都发展出了有关心理和行为的全新概念。其中，生物学视角探索心理过程的身体基础；认知心理学强调认知或心理活动，比如知觉、解释、期望、信念和记忆；行为主义视角强调被测量和观察的行为的重要性；全人视角强调人格特征与个体差异的特质与气质；发展角度认为心理的改变源自基因与环境的相互作用；社会文化视角将社会影响考虑在内，探究喜欢、爱、偏见、攻击、服从与从众的影响。

2. 基因既会影响我们的生理特征，也会影响我们的心理特征。除了遗传因素外，我们的行为与心理过程还受环境的影响。

3. 我们的情绪、愿望和想法都来自大脑，大脑包括边缘系统、脑干及其邻居、大脑皮层三个层次，协调神经系统与内分泌系统，维持各项身体活动。

4. 从传统管理到现代管理，西方管理心理学家对人性做了四种假设，即经济人、社会人、自我实现人、复杂人。人的需要是一种主观状态，是在内外条件的作用下产生，并为自己所感受和体验到的一种内心状态，其代表性的理论有马斯洛需要层次理论。

5. 人格由生物环境与心理过程的合力塑造而成，这些因素共同扎根于社会文化与发展环境之中。心理动力学、人本主义与社会认知理论都试图解释塑造人格的内在过程与社会互动。在人生发展的过程中，个体在可预见的范围内成长与变化，遗传与环境在这些变化中起到了重要作用。

6. 人的心理现象是复杂的。一般而言，任何心理现象都有其产生、发展和完成的过程。这一过程包括认识过程、情绪情感过程，涉及感觉、知觉、记忆、思维、情绪等心理学基础内容。感觉被简单地定义为一种被激活的感受器（如眼睛和耳朵）创造某种神经信息模式的过程，这种模式在脑中反应相应的外部刺激，并且能够启动这些外部刺激的初级体验。每种感觉都有其固定的域限，都为我们提供了有关内部和外部环境的不同方面的信息，他们都会将物理刺激转化为神经冲动。知觉的任务就是从环境中提取感觉信息，然后将其组织为稳定而有意义的知觉物。当你的大脑用不正确的方式来解释某种刺激，进而欺骗你的时候，你就会体验到错觉。人类的记忆是一个解释性的系统，它抛弃细枝末节的部分，将剩余的部分组织成有意义的模式。由于记忆的短暂性，人们在记忆时注意松懈或在错位的背景下记忆等原因，记忆会出现偏差。

思维是一个认知过程，由分析与综合，比较、概括和系统化，抽象和具体化等环节组成。情绪由生理唤起、认知解释、主观感受和行为表达四种成分组成，人们的基本情绪数目有限，但是次级情绪的数目很大，使得情绪能够复合产生新的情绪，不同环境文化下的人们对于情绪的表达也会存在共性及个性差异。

课后思考题

1. 生物学的视角有哪些？
2. 简述马斯洛需要层次理论。
3. 简述环境对人成长的影响。
4. 错觉是怎样产生的？
5. 简述情绪与情感的区别与联系。

第三章　旅行心理活动与服务

【导语】

随着社会经济的发展和人民文化生活水平的提高，人们乘车旅行的需要不断增长。乘车旅行的目的有多种，例如公出、旅游、探亲等，不同的旅行目的伴随不同的心理活动。旅行的目的能否顺利实现，很大程度上取决于运输企业所提供的运输工具及服务水平。为了满足旅客对运输服务的安全、迅速、方便、舒适等方面的要求，旅客运输部门需要在运输工具状况及客运服务质量等方面入手，树立运输企业的形象，提供全方位的优质服务。

第一节　消费偏好、态度及决策

一、消费偏好

态度能够间接地预测人们的消费决策和行为，直接地预测消费偏好，而消费偏好与消费决策之间有着直接的紧密关系。这就是我们为什么还要探讨消费偏好的原因。消费偏好是指顾客对特定商品、品牌或服务场所产生特殊信任，反复、习惯地前往一定的商店，或重复、习惯地购买同一商标或品牌的商品，以获得效用上的最大满足，是对商品或劳务优劣性所产生的主观的感受或评价。偏好受消费审美取向、消费价值观、社会文化环境等多种因素的影响。

（一）影响消费偏好的因素

1. 消费审美取向

消费审美取向是指人们对消费对象的欣赏和情趣的感受，它是文化环境与人的心理交互作用的衍生物，文化的民族性和国度性在消费者的审美取向上都有反映，这造成消费者的求美消费行为具有文化的选择性。研究发现，同种文化中的消费者的审美标准和审美情趣具有高度的趋同特征，它作为一种消费需求反映在市场活动中构成了同质市场。从这个意义上说，文化因素对消费者审美取向的制约和选择是我们区分市场性质的隐性标准之一，忽视了这一点，就是缺乏对市场的深刻考察，必然对其营销活动产生不利的影响。

2. 消费价值观

消费价值观是消费群体对消费对象整体化的评价或价值取向，是消费者心理结构的核心。

它反映着消费主体所处的文化环境和文化传统对其心理的制约与影响，这种作用集中体现在消费者对商品的使用价值、社会价值和文化价值的评价上，同时也规定着消费行为的基本特点。不同的国家、民族和地区的消费者由于所处的文化背景不一样，导致了他们价值评估和取向的差异性，形成了不同的消费行为特征。这说明消费价值观念是和各民族的传统价值文化理念紧密地联系在一起的，它们之间具有深厚的认识基础。消费者对所购商品的享用，一方面是为了获取它的使用价值，另一方面则是为了追求商品的文化价值，只有当企业提供的商品所蕴含的价值取向与消费者的价值取向产生共鸣时，消费者才会为实现对这种取向的认同而进入购买过程。

3. 社会文化环境

长期生活在一种文化中的人们，在其性格塑造过程中必定会打上文化的烙印。文化对人的性格的制约，一是规范人们基本生活态度和基本观点；二是调控人们行为的基本倾向。最能反映文化对性格形成作用的、在大多数民族成员身上都体现出来的典型特征构成了民族性格。不同的文化形成不同的民族性格，不同的民族性格造成了消费行为倾向的差别。例如有的人在消费中不善于直接表达自己的喜怒哀乐等各种情绪，喜欢隐而不现的消费风格，商家时常感到对消费者的心理揣摩不透；而有的人总喜欢直截了当地表达自己的消费愿望，营销人员在推销产品时成功概率会增加。相较而言，营销人员面对前者时，要更多地"察言观色"，通过提高工作艺术去降低由于消费者性格内向而给营销工作带来的难度，为自己创造更多的成交机会。

由于自然环境、物质生活条件、经济发展水平和历史的作用，不同的国家和民族都有自己独特的、习惯化的生活方式，在生活的各个方面都形成了一些有别于其他国家和民族的传统风俗习惯，这些民风民俗等文化因素对消费者的心理和行为影响颇大。

第一，它促使人们形成了不同的消费偏好，各民族成员对自己民族的风俗习惯都十分尊崇，它明显地反映在衣食住行等各种消费活动中，以市场需求的方式形成了不同的消费导向。

第二，民族文化对某些方面的禁止导致了消费禁忌的形成。

第三，不同的宗教有着不同的文化偏好和禁忌，制约其信徒的消费行为。

第四，节日是人类文化中非常典型的象征，这对人们的生活具有重要的象征意义，能激发人们的情感，并有一套习惯化、程式化的消费模式。

（二）促进消费偏好形成

消费偏好是人们趋向于某一消费目标的心理倾向。从服务企业角度来说，应尽量使顾客的态度变消极为积极，进而促使消费偏好的形成。偏好的形成依赖于顾客对态度对象的认识，通过消费促销，向顾客传送新的知识和新的信息，有助于消费态度的改变和消费偏好的形成。

因此，在消费宣传和促销过程中，要做到全方位宣传，运用正反面材料，做到宣传有针对性，逐步提高要求。

1. 要进行全方位的宣传

以日本人在进行海外服务宣传活动中的做法为例：

（1）广告、专栏报道。

（2）举办服务讲座。

（3）邀请外国服务商和国外信息联络员进行合作。

（4）进行民族艺术表演。

（5）派遣服务代表团出国作访问宣传。

（6）发行精美的服务宣传手册，并配备地图、文字、照片等进行说明，用风景纪录片来宣传。

（7）加入国际服务组织并配合宣传。

2. 优化宣传的内容

对于某个具体的宣传材料来说，其内容的组织方式也是非常重要的。比如，对于一个服务项目，宣传者手中有正反两方面的材料。那么这正反两方面的材料如何向被宣传者提供呢？这就要视具体情况而定。首先是客观情况。如果顾客不知道反面材料，那么最好只提供正面材料，这有利于形成并加强肯定的态度。如果顾客本来就知道反面材料，就应该主动提供正反两方面的材料，并同时强调正面材料，削弱或否定反面材料的真实性与可行性。这有利于增加正面材料的可信度，改变模糊的态度并形成肯定态度，这时最好根据顾客的态度和受教育程度，进行有针对性的宣传。如果顾客一开始就对正面材料持肯定态度，这时最好只提供正面材料，这有助于加深和巩固肯定的态度。如果顾客对正面材料持怀疑或反对的态度，则应该同时向其提供正反两方面的材料，这有助于削弱他的防卫心理，消除怀疑，改变否定态度。受教育程度高的人分析、判断问题的能力较强，应该向他们提供正反两方面的材料，而对受教育程度较低的人则最好只提供正面材料。

通过说服宣传来改变顾客的态度时，如果要求其改变的态度与原来的态度差别过大，则应逐步提出要求，不断缩小差距，最后达到完全改变。否则，一下提出过高要求，不但难以改变顾客原来的态度，反而会使其产生逆反心理而更加坚持原来的态度。因此，宣传者想要改变顾客的态度，应该从不断缩小态度差距着手，才能使顾客接受宣传者的态度，而改变原来的态度，逐步引导人们积极参与服务活动。

知识链接

商品的打折问题

估计大家都喜欢去买打折的商品，因为感觉能便宜很多。其实打折是很多商家的一种变相的赚钱方式。一般都是打7~8折，5折就很少见了。但是，今天要说的却是关于打1折的故事。据悉日本东京有个银座绅士西装店，这里就是首创"打1折"销售的商店，曾经轰动了东京。当时销售的商品是"日本GOOD"。他们是这么实行的：首先定出打折销售的时间，第一天打9折，第二天打8折，第三天第四天打7折，第五天第六天打6折，第七天第八天打5折，第九天第十天打4折，第十一天第十二天打3折，第十三天第十四天打2折，最后两天打1折。看起来好像最后两天买东西是最优惠的，是吗?商家的预测是：由于是让人吃惊的销售策略，所以，前期的舆论宣传效果会很好。抱着猎奇的心态，顾客们将蜂拥而至。当然，顾客可以在打折销售期间随意选定购物的日子，如果你想要以最便宜的价钱购买，那么你在最后的那两天去买就行了，但是，你想买的东西不一定会留到最后那两天。实际情况是：

第一天前来的客人并不多,如果前来也只是看看,一会儿就走了。从第三天就开始一群一群地光临,第五天打 6 折时客人就像洪水般涌来开始抢购,之后就连日客人爆满,等不到打 1 折,商品就全部卖完了。那么,商家赔本了吗?顾客纷纷急于购买到自己喜爱的商品,就会引起抢购的连锁反应。商家运用独特的创意,把自己的商品在打 5、6 折时就已经全部推销出去。"打 1 折"只是一种心理战术而已。

二、消费态度

态度是一种复杂的心理现象,态度对人的行为有着很大的影响作用。人们评论某人时往往说其态度好或不好,发生争执时又会说:"你这是什么态度!"那么,态度究竟是什么?它又是如何形成与变化的呢?

(一)态度的构成

态度是指个人对某一对象所持有的评价与行为倾向。人们对一个对象会做出赞成或反对、肯定或否定的评价,同时还会表现出一种反应的倾向性。这种倾向性就为人们的心理活动提供了准备状态。一个人的态度不同,会影响到他的行为取向。态度的心理结构主要包括认知、情感和意向三种因素。

1. 认知因素

认知因素是指对人对事的认识、理解和评价,也就是平时所说的印象。认知因素是构成态度的基础。比如,某游客认为杭州是个好地方,环境整洁优美,有秀丽的西湖、悠久的历史,气候湿润宜人,这就是这位游客对杭州的印象。

2. 情感因素

情感因素是指人对事的情感判断。这种判断有好与不好两种,诸如喜欢与厌恶、亲近与疏远等。情感因素是构成态度的核心,在态度中起着调节作用。比如,当上述的这位游客进一步认为"杭州是个美丽、可爱的城市",这就有了积极的情感成分。

3. 意向因素

意向因素指肯定或否定的反应倾向,它是外显的,制约着人们对某一事物的行为方向。意向因素构成了态度的准备状态。比如,该游客对杭州产生了积极肯定的情绪情感后,他就会有向周围的人推荐的意向,或自己在心理上积极地做各种准备,一旦外部条件成熟就可能去杭州接受各种旅游服务。

态度的三种因素是缺一不可的,三者协调程度越高则态度越稳定,反之则不稳定。

态度这种内在的心理体验不能直接被观察,只能通过人们的语言、表情、动作等进行判断。比如,顾客对酒店的服务感到满意,常常表现为温和、友好、礼貌、称赞等;如果顾客不满意就可能表现出烦躁、易怒,容易制造事端,所以在服务中如果发生顾客投诉或产生矛盾、冲突,我们在寻找原因时,不能仅仅把眼光放在当前具体事件上,很可能这个过程是顾客不满意态度的一种表现。

（二）态度的形成

人的态度是在一定的社会环境中形成的。刚出生的婴儿无所谓态度，在其发育成长过程中不断接触周围事物，从而在大脑中形成了各种印象、看法，获得了相应的情绪体验，就逐渐形成了对事物的态度。这里我们着重介绍心理学家H.C.凯尔曼关于态度形成的三阶段说。

1. 服从阶段

服从的含义是指人为了获得物质与精神的报酬或避免惩罚而采取的表面顺从行为。服从阶段的行为不是个体真心愿意的行为，而是一时的顺应环境要求的行为。其目的在于获得奖赏、赞扬、被他人承认，或者为了避免处罚、受到损失等。当环境中奖励或惩罚的可能性消失时，服从阶段的行为和态度就会马上消失。

服从阶段的态度在日常生活中普遍存在。比如，刚入学的大学生对于学校规定的出早操的要求，有些学生由于没有早起的习惯，刚开始觉得非常别扭，甚至觉得学校真是多此一举。可是学校的规定必须执行，否则就要受到惩罚，无奈只能出早操。这种不愿早起又不得不早起的行为，就是服从行为。

服从阶段是态度形成的关键阶段，对孩子的教育具有重要的意义。良好的性格、习惯和品德的形成，往往是在服从阶段时打下了良好的基础。在多数情况下，服从阶段是不可逾越的，尤其是对孩子。

2. 同化阶段

同化阶段与服从阶段的不同之处，就是同化阶段不是在环境的压力下形成或转变的，而是出于个体的自觉或自愿。它的特点是个体不是被迫而是自愿地接受他人的观点、信念，使自己的态度与他人的要求相一致。以大学生出早操为例，某学生坚持了一段时间以后，由于出早操给他的身体和精神都带来了好处，即使不出操不会受到任何惩罚，他也会主动遵守学校的这一规定。又如一个人想加入某个有吸引力的社会团体，他就会承认该团体的章程，愿意以该团体的规范约束自己的行为，接受团体对他的要求和指导，并以该团体一分子的态度对待。

3. 内化阶段

内化阶段是指人们从内心深处真正相信并接受他人的观点而彻底转变自己的态度，并自觉地指导自己的思想和行动，在这一阶段，个体把那些新思想、新观点纳入了自己的价值体系，以新态度取代旧态度。一个人的态度只有到内化阶段，才是稳固的，才真正成为个人内在心理特征。态度的形成从服从阶段到同化阶段再到内化阶段，这是一个复杂的心理过程，并不是所有的人对所有事物的态度都要完成这个过程。人们对一些事物的态度的形成可能完成了整个过程，但对另一些事物可能只停留在服从阶段或同化阶段。

（三）态度的特点

人们的态度常带有以下几个方面的特征：

1. 相对稳定性

人们的态度在结构上、因果关系上有一定的规律性，表现出一定的稳定性。比如，顾客在某酒店接受了良好的服务后，感觉很好，从而形成了对这家酒店的肯定的态度，以后当他再有这种需要时，很可能还会选择这家酒店。这也就是人们常说的"回头客"。回头客的多少，既反映了酒店服务质量的高低，也反映出了顾客态度的稳定性。

2. 价值性

价值观是态度的核心。价值是指作为态度的对象对人所具有的意义。

事物对人的价值大小取决于事物本身和主观因素两个方面。就事物本身来看，比如，顾客对某酒店的态度，主要取决于该酒店能为顾客提供什么，如社会价值、实用价值等。就主观因素来看，受人的需要、兴趣、爱好、动机、性格、信念等因素所制约。所以，同样一件事物，由于人们的价值观不同，因而产生不同的态度。为此，能满足个人需要、迎合人的兴趣爱好、与人的价值观念相符的事，人们会产生正面的态度；反之，则产生消极的态度。

3. 内隐性

态度是一种内在结构。一个人究竟具有什么样的态度，只能通过外显的行为加以推测。

态度的稳定性是相对的，由于主观和客观因素的多变性，态度是可以改变的。态度的可变性功能有助于人们更好地适应环境，保持一致性。对服务人员来说，有助于在心理上适应新的或困难的处境，使自己不必亲身经历或付出代价而达到态度的改变。在服务活动中最常见的就是人们根据他人或社会的奖惩来调整或改变其态度。例如，某人准备到某旅游胜地去度假，当其同事或朋友表示了不同的看法，或看到有游客在此地受到不公正对待的报道后，他就很可能改变原来的态度，或取消这次旅游计划，或改变旅游目的地。

此外，态度还具有对象性、社会性的特点。态度总是针对某一对象而产生。人们做任何事，都会形成某种态度，在谈到某一态度时，就会提到态度的对象；态度不是先天决定的，而是后天学习来的。态度不是本能行为，虽然本能行为也有倾向性，但那是无师自通的。比如，顾客对某酒店的态度，或者是他自己在接受服务的过程中通过亲身观察得来的，或者是通过广告宣传、他人的评价等形成的。

（四）顾客态度的转变

顾客态度的改变有两种情况：一种是方向的改变；另一种是强度的改变。比如原来不喜欢某种产品，后来变得喜欢，这是方向的变化；原来对某服务项目有犹豫不决的态度，后来表示坚定不移地要去或不去，这是强度的变化。顾客态度的改变主要受以下几个方面因素的影响：

1. 自身影响

（1）智力。从智力水平上看，就一般而言，智力水平高的人，由于具有较强的判断能力，能准确分析各种观点，不容易受他人左右；反之，智力水平低的人，难以判断是非，常常人云亦云，因而容易改变态度。其他如受教育程度高和社会地位高的人要想改变他们的态度也比较难。

（2）需要。态度的改变与顾客当时的需要密切相关，如果能最大限度地满足顾客当时的需要，则容易使其改变态度。

（3）自尊心。从自尊心上看，自尊心强的人，心理防卫能力较强，不容易接受他人的劝告，因而态度改变也比较难；反之，自尊心弱的人则敏感易变。

（4）兴趣。兴趣是人们力求认识某种事物和从事某种活动的意识倾向。它表现为人们对某种事物、某项活动的选择性态度和积极的情绪反应，是在需要的基础上，通过社会实践而形成和发展起来的。人的需要多种多样，因人而异，因而人的兴趣也是多种多样，各不相同。爱打扮的姑娘对服装感兴趣；爱看球的小伙对球赛感兴趣。人的需要改变了，兴趣也随之改变，但需要并不一定表现为兴趣，人有睡眠的需要，这不等于人对睡眠有兴趣。

兴趣是产生态度的前提，是认知过程的保证，分为有趣、乐趣、志趣三种。有趣常常是稍纵即逝，一笑了之；乐趣总有些"乘兴而来，兴尽而返"，靠客观事物的趣味性诱发而来；志趣则带有目的性和方向性，是最高级的形态，它可以使人如痴如醉，废寝忘食，持之以恒地攀登成功的阶梯。兴趣的特点包括：兴趣的指向性，即兴趣总是指向于一定的事物，并且因人而异，在一定程度上反映出一个人的需要、知识水平、信念和世界观；持久，即兴趣维持时间的长短；兴趣的效能，即人的兴趣对活动所产生的效果大小。

（5）气质。气质是表现在心理活动的强度、速度、灵活性与指向性等方面的一种稳定的心理特征。人的气质差异是先天形成的，受神经系统活动过程的特性所制约。孩子刚一出生，最先表现出来的差异就是气质差异，有的孩子爱哭好动，有的孩子平稳安静。

气质是人的天性，无好坏之分。它只给人们的言行涂上某种色彩，但不能决定人的社会价值，也不直接具有社会道德评价含义。一个人活泼与稳重不能决定他为人处世的方向，任何一种气质类型的人既可以成为品德高尚、有益社会的人，也可以成为道德败坏、有害社会的人。

（6）人格。根据弗洛伊德的"本我""自我""超我"理论，在任何情况下，人的行为都受这三种人格状态或其中之一的支配，即儿童自我状态、成人自我状态和父母自我状态。其中，儿童自我状态是一个人的人格中感受挫折、无依靠、欢乐等情感时那一部分，也是好奇心、想象力、创造性、自发性、冲动性和新发现引起的激动等。儿童自我状态是人格中主管情绪情感的部分，同时人们的欲求、需要和欲望大部分也由它掌管。可见，儿童自我状态表现出的大多是原始的，具有动机或动力性的方面。成人自我状态是人格中支配理性思维和信息的客观处理部分。它掌管理性的、非感情用事的、较客观的行为。当一个人成人自我状态起主导时，往往表现为冷静、谨慎、尊重别人，喜欢探究为什么、怎么样等。父母自我状态是人们通过模仿自己的父母或其他在其心目中具有父母一样的权威人物而获得的态度和行为方式。父母自我状态提供一个人有关观点的对错、怎么办等方面的信息。父母自我状态以权威、优越感为标志，是一个"照章办事"的行为决策者。通常以居高临下的方式表现出来，并具有两面性：一方面是慈母式如同情、安慰；另一方面是严父式的批评、命令。

2. 外界条件对态度的影响

除服务人员和态度本身的特点影响态度的改变外，还有以下一些外界条件也能改变顾客的态度。

（1）服务产品的影响。

服务产品是顾客在接受服务过程中所购买的各种有形产品和无形服务的总和。服务产品的改变包括产品或服务的形式、质量、价格等方面的改变。它是影响顾客态度改变的重要因素，必须运用好服务产品改变的心理策略。从某种意义上讲，根据顾客的需要不断地更新服务产品、提高产品的质量、降低成本、增加服务目标的吸引力是改变顾客态度的最基本的有效方法。

从我国服务业的现状看，存在的主要问题是服务产品种类少、结构简单、产业观念相对滞后。因而，顾客对服务过程中许多方面常常产生不满情绪，在有些时候消费变成了花钱买罪受。比如，在旅游服务中，由于交通"瓶颈"现象的存在，人们外出旅游时最头疼的就是买票难问题，特别是旅游旺季，火车票难买，许多人便退出了旅游者队伍。另外，有些旅游点的人文景观也难以让顾客满意。

从服务业角度来看，为满足顾客的需要，提供的服务产品和服务应具备什么特色才能激发人的服务动机呢？其一，服务产品必须具有吸引力；其二，服务产品必须具有满足顾客需要的能力，服务产品必须有质量。一定的数量和齐全的品类也是满足人们需要的保证。人们外出消费，都希望能得到他所希望的一切，如果其他服务产品有限，主产品虽具有相当大的吸引力，假如用不好，则会使人们失望。或产品品类单一，不能满足不同层次、不同水平、不同类型人的需要，该产品也不会对顾客的动机起激励作用。鉴于这种情况，为了改变顾客的态度并促进服务业本身的持续发展，必须更新服务产品，不断提高服务产品的质量。

A. 运用价格策略。对一般人来说，服务项目的价格是一个比较突出、比较敏感的问题。因此，适当地运用价格策略，可以使顾客产生"公平合理"的感觉。例如，在物价上涨的情况下，降低一些产品的价格或保持价格不动，但增加服务的品种和项目，可以收到较好的效果。此外，也可以改变服务的手段和策略，如预订车船票、代办金融信贷等业务，这些都可以改变顾客的态度。

B. 改善服务基础设施的建设。服务基础设施包括交通、通信、金融、文化娱乐、宾馆饭店等，设施的建设要跟上时代发展的脚步，要适应日益繁荣的经济环境的要求，运用先进技术，提高服务水平。

C. 对服务从业人员进行业务训练，来提高人际交往的能力。比如，美国航空公司对所有雇员进行了"业务分析"的训练，提高一线员工的人际交往能力和技巧。

D. 运用先进的科学技术，可以简化服务过程，这既节省了时间，又方便了服务人员，有助于顾客形成更加肯定的态度或变消极的态度为积极的态度。

（2）其他信息的影响。

从某种意义上说，顾客的态度是他们在接受各种信息的基础上形成或改变的。

A. 信息作用的一致性。顾客在行动前，会主动搜集各种有关的信息。各种信息间的一致性越强，形成的态度越稳固，因而越不容易改变。

B. 顾客之间的相互感染。态度具有相互影响的特点。这在顾客之间表现得尤为明显。因为顾客之间的意见交流不会被认为是出于个人的某种利益，也不会被认为是因劝说其改变态度的目的，因而不存在戒备心理。此外由于顾客之间角色身份、目的和利益相同或相似，彼此的意见也容易被接受。事实证明，当一个人认为某种意见是来自与他自己利益一致的一方时，人们就乐于接受这种意见，有时甚至主动征询他人的意见，作为参考。

三、消费决策

消费决策是指消费者谨慎地评价某一产品、品牌或服务的属性并进行选择、购买能满足某一特定需要的产品的过程。广义的消费决策是指消费者为了满足某种需求，在一定的购买动机的支配下，在可供选择的两个或者两个以上的购买方案中，经过分析、评价、选择并且实施最佳的购买方案，以及购后评价的活动过程。

（一）顾客消费决策的特点

由于影响决策的因素不是一成不变的，而是随着时间、地点、环境的变化不断发生变化。因此，同一个消费者的消费决策具有明显的情景性，其具体决策方式因所处情景不同而不同。由于不同消费者的收入水平、购买传统、消费心理、家庭环境等影响因素存在着差异性，因此，不同的消费者对于同一种商品的购买决策也可能存在着差异。

消费决策具有复杂性体现在以下几个方面。

（1）心理活动和购买决策过程的复杂性。决策是人大脑复杂思维活动的产物。消费者在做决策时不仅要开展感觉、知觉、注意、记忆等一系列心理活动，还必须进行分析、推理、判断等一系列思维活动，并且要计算费用支出与可能带来的各种利益。因此，消费者的购买决策过程一般是比较复杂的。消费者通过分析，确定在何时、何地，以何种方式、何种价格购买何种品牌商品等一系列复杂的购买决策内容。

（2）购买决策影响因素的复杂性。消费者的购买决策受到多方面因素的影响和制约，具体包括消费者个人的性格、气质、兴趣、生活习惯与收入水平等与主体相关的因素；消费者所处空间环境、社会文化环境和经济环境等各种刺激因素，如产品本身的属性、价格、企业的信誉和服务水平，以及各种促销形式等。这些因素之间存在着复杂的交互作用，它们会不同程度地影响消费的决策内容、方式及结果。此外，消费决策还具有目的性、过程性、消费主体的个性需求等特点。

消费者进行决策，就是要促进一个或若干消费目标的实现，这本身就带有目的性。在决策过程中，要围绕目标进行筹划、选择、实施，就是实现活动的目的性。指消费者在受到内、外部因素刺激，产生需求，形成购买动机，抉择和实施购买方案，购买后又会反馈影响下一次的消费者购买决策，从而形成一个完整的循环过程。购买商品行为是消费者主观需求、意愿的外在体现，受许多客观因素的影响，除集体消费之外，个体消费者的购买决策一般都是由消费者个人单独进行的。随着消费者支付水平的提高，购买行为中独立决策特点将越来越明显。

知识链接

商场的楼层布置

我们去逛商场，不难发现商品在楼层分布上惊人的相似。负一层一般是超市；一楼主要是化妆品、珠宝首饰和鞋类专柜；二楼是少女装；三楼是成熟女装；四楼是男装；而五楼销售运动服装、床上用品；六楼则为儿童服饰和玩具，如果有七八楼，通常是销售电器或餐厅等。

不难发现百货公司一楼多是被化妆品、珠宝及奢侈品占据。一般而言，商场拥有高端品牌进驻的数量是界定商场档次的一个主要标杆。进店的顾客或是过路的市民，一眼就能借此了解商场的档次和定位。化妆品的展柜一般都很干净，设计精美，让人视觉上有轻松感，这也是被放在一楼的主要原因。百货商场一层所陈列的几乎都是需求弹性较大，利润又高的产品，将其设在人流量较大的地方，会增加购买概率。商家有能力并愿意为商场黄金位置支付高昂的租金。二、三、四楼适宜销售购买时选择时间较长、价格较高而出售量最大的商品，多布置为男女品牌服装，是因为服装对于百货公司而言绝对是销售主力，一般百货公司50%的销售额都来自服装区。男装和运动服装区设置在女装区楼上，主要是因为女人爱逛街，且女装属于时尚性商品，需要通过精心地展示和宣传才能吸引消费者购买，而男士一般很少逛街，购物目的性强，品牌忠诚度高，并且衣服的流行程度和变换不如女装快，所以放在偏上位置，而童装、玩具、电器、床上用品放在高层，则是因为购买群体固定，高层的租金更便宜。影院、餐厅与娱乐场所多设在顶楼，目的是在顾客休息过后，可以有更多的时间浏览其他商品，刺激顾客需求，产生喷洒效应，很多商城内扶梯之所以反向设计，也是为了增加顾客在店内的逗留时间，刺激消费。不少商场还在负一楼设置了超市，以吸引周边客流及获得政策上的扶持。

（二）购买决策的模式

人类行为的一般模式是 S—O—R 模式，即"刺激—个体生理、心理—反应"（S-stimulus 刺激，O-Organism 有机体，R-Response 反应）。该模式表明消费者的购买行为是由刺激所引起的，这种刺激即来自消费者身体内部的生理、心理因素和外部的环境。消费者在各种因素的刺激下产生动机，在动机的驱使下做出购买商品或接受的决策，实施消费行为，最后还会对购买的商品及服务做出评价，这样就完成了一次完整的消费决策过程。

1. 科特勒行为选择模型

菲利普·科特勒提出一个强调社会两方面的消费行为的简单模式（见图3-1）。该模式阐述消费者购买行为不仅受到营销的影响，还受到外部因素的影响，而不同特征的消费者会产生不同的心理活动的过程，通过消费者的决策过程，导致了一定的购买决定，最终形成了消费者对产品、品牌、经销商、购买时机、购买数量的选择。

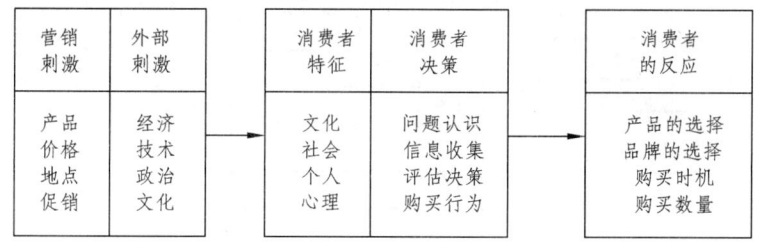

图 3-1　科特勒行为选择模型

2. 尼科西亚模式

尼科西亚在1966年在《消费者决策程序》一书中提出一种购买决策的模式（见图3-2）。该模式由四大部分组成：第一部分，从信息源到消费者态度，包括企业和消费者两个方面的态度；第二部分，消费者对商品进行调查和评价，并且形成购买动机的输出；第三部分，消费者采取有效的决策行为；第四部分，消费者购买行动的结果被大脑记忆、储存起来，供消费者以后的购买参考或反馈给企业。

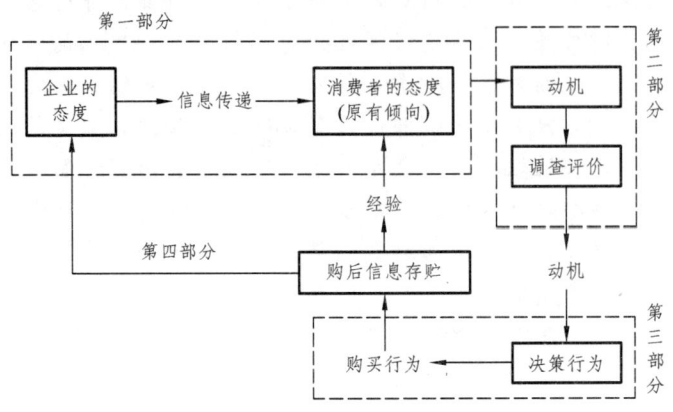

图 3-2　尼科西亚模式

3. 恩格尔模式（EBK 模式）

恩格尔和克莱布威尔在 1968 年提出"恩格尔模式"，其重点是从购买决策过程去分析。整个模式分为四个部分：中枢控制系统，即消费者的心理活动过程；信息加工；决策过程；环境（见图 3-3）。

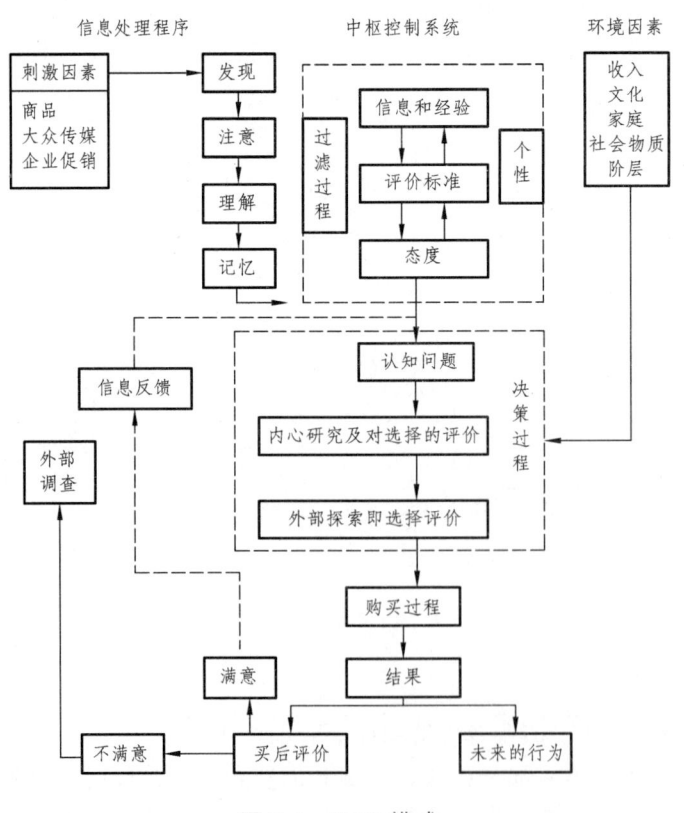

图 3-3　EBK 模式

恩格尔模式认为，外界信息在有形因素和无形因素的作用下，输入中枢控制系统，即对大脑引起、发现、注意、理解、记忆与大脑存储的个人经验、评价标准、态度、个性等进行过滤加工，构成了信息处理程序，并在内心进行研究评估选择，对外部探索即选择评估，产生了决策方案。整个决策、研究、评估、选择的过程同样要受到环境因素，如收入、文化、家庭、社会阶层等影响。最后产生购买过程，并对购买的商品进行消费体验，得出满意与否的结论。此结论通过反馈又进入了中枢控制系统，形成信息与经验，影响未来的购买行为。

4. 霍华德—谢思模式

该模式是 20 世纪 60 年代末霍华德与谢思在他们合作出版的《购买行为理论》一书中提出的。其重点是把消费者购买行为通过四大因素来反映：刺激或投入因素（输入变量）；外在因素；内在因素（内在过程）；反应或者产出因素（见图 3-4）。

霍华德—谢思模式认为投入因素和外界因素是购买的刺激物，它通过唤起和形成动机，提供各种选择方案信息，影响购买者的心理活动（内在因素）。消费者受刺激物和以往购买经验的影响，开始接收信息并产生各种动机，对可选择产品产生一系列反应，形成一系列购买决策的中介因素，如选择评价标准、意向等，在动机、购买方案和中介因素的相互作用下，便产生某种倾向和态度。这种倾向或者态度与其他因素，如购买行为的限制因素结合后，便产生购买结果。购买结果形成的感受信息也会反馈给消费者，影响消费者的心理和下一次的购买行为。

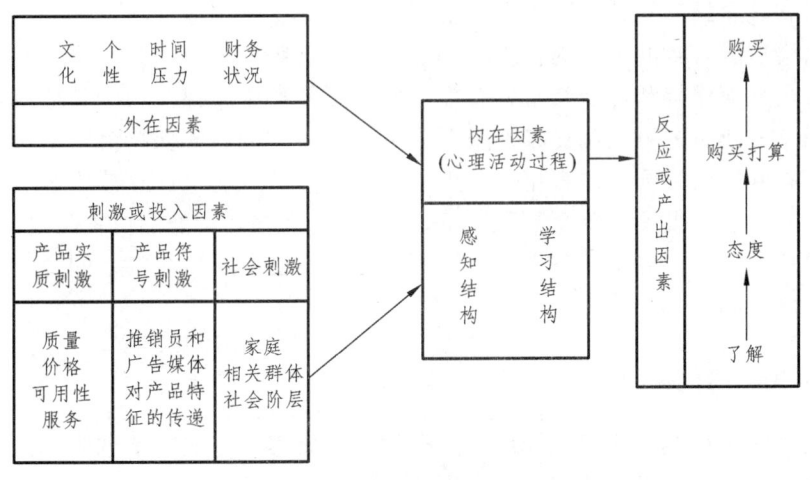

图 3-4 霍华德—谢思模式

总结多种消费决策模式可以看出，顾客是决策者，其消费决策形成的心理步骤如下：人们的某些内在需要在一定的外部条件的作用下产生消费动机；在具备消费动机的前提下，人们面对某些具体的服务产品，会产生消费兴趣（即认识倾向）；在消费兴趣的作用下，通过对消费产品的认识、评价构成服务态度；消费态度在一定外界信息的作用下，得到强化或消退，积极、肯定的消费态度会产生消费偏好（即行为倾向）；有了消费偏好，只要时机恰当就会形成消费决策。

第二节　旅客的群体心理与服务

旅客乘车旅行的心理活动贯穿了从他产生旅行的需要开始，到他到达目的地结束旅行为止的整个过程。

旅客旅行的共性心理是指所有旅客在乘车旅行的过程中从开始买票到旅行终了，经过各个环节，遇到各种情况，所具有的相同的心理活动。一般来讲，人们出门旅行首先要考虑选择乘坐何种交通工具，其共性的心理主要表现为要对交通工具的安全、经济、迅速、方便等方面进行比较，然后再对舒适程度、服务质量等方面进行比较，分析哪种交通工具旅行条件优越，最后选定交通工具。旅客在旅行中的共性心理是相当复杂的。

一、旅客群体

旅客在旅客运输服务部门内停留的时间多则几十个小时，少则十几分钟，流动性比较大，人与人之间很少有思想交流，即使有一些交流，也只是一般的聊天，不涉及思想深处的感受。因此，旅客群体有其独特的特点。

（一）松散大群体

旅客群体是松散大群体，没有形成统一的规范制约人的行为。在这一群体中，人们受社会舆论、道德和观念的制约，起作用的是公平感、正义感，当遇到涉及部分或全体旅客利益的事情时，才会形成一致的统一的行为。例如，当客运服务人员与某一旅客发生摩擦时，如果客运服务人员一直保持和蔼、礼貌的态度，周围不知产生摩擦原因的其他旅客，有的可能站在该旅客的一方，有的可能站在客运服务人员一方，有的可能保持沉默不表态；但如果客运服务人员的态度比较强硬，语言粗鲁，则周围的大多数旅客会站在该旅客一方，联合起来对该客运服务人员进行批评、指责。因为，这时他们把该旅客所处的位置与自己进行了调换，即如果自己是那位旅客，客运服务人员这样的态度是自己所不希望的，同情心及正义感使其他旅客团结在了一起。

（二）紧密小群体

在旅客大群体中存在一些相识或结伴同行的几个旅客所组成的小群体，尤其是一些旅行团体在一起旅行。由于相识，他们在日常生活之中有一定的思想交流，在旅行中，他们之间的感情要比与不相识的旅客之间的感情深得多。因此，在旅行中，他们成为行为一致的群体，尤其是他们其中的某位与其他旅客或与客运服务人员发生摩擦时，他们更加表现出态度与行为的一致性。

对待松散大群体要亲切、和蔼、礼貌。由于大群体的一致行为往往是在旅客与旅客之间或旅客与客运服务人员之间发生冲突时产生，因此，亲切、和蔼、礼貌的态度可以为旅客营造一个轻松、愉快的乘车旅行气氛，可以避免一些冲突的发生。客运服务人员一定要加强自身的修养，避免与旅客发生冲突。对旅客大群体的服务，要从旅客共性心理需要和旅客个性心理需要两方面提供相应的服务。在解决旅客中的问题时，最好的办法是利用旅客群体内部的相互制约关系。例如，某位旅客吸烟，客运服务人员去制止。在语言的运用上，不是我让你做什么，而是你的行为会影响其他旅客的健康。这样就能将旅客和客运服务人员之间的关系转变为旅客之间的关系，会起到约束作用，也有利于问题的解决。

加强对紧密小群体的管理。由于相同的旅行目的，紧密小群体内的各成员具有相同的言行，他们同行、同食。因此，加强团体售票、团体候车、团体上车的工作，尽量使小群体成员在一起；避免与小群体内部人员发生争执，当他们中有人提出不合理的要求时，尽可能和蔼、礼貌地给予解释和说明；在遇到严重问题且必须解决时，应公正地、严肃地处理。当列车上有旅客"闹事"，如果车上不能解决，则到车站解决；如果车站内有旅客"闹事"，尽量把情绪激动的旅客与其他旅客分开，一方面可以避免对其他旅客产生负面影响，另一方面，可以削减他们的"气势"，使问题得以有效处理。

知识链接

巴纳姆效应

心理学家福勒对被试学生进行一项人格测验，并根据测验结果分析。实验后学生对测验结果与本身特质的契合度评分，0分最低，5分最高。事实上，所有学生得到的"个人分析"都是相同的："你祈求受到他人喜爱却对自己吹毛求疵。虽然人格有些缺陷，大体而言你都有办法弥补。你拥有可观的未开发潜能尚未就你的长处发挥。看似强硬、严格自律的外在掩盖着不安与忧虑的内心。许多时候，你质疑自己是否做了对的事情或正确的决定。你喜欢一定程度的变动并在受限时感到不满。你为自己是独立思想者自豪并且不会接受没有充分证据的言论。但你认为对他人过度坦率是不明智的。有些时候你外向、亲和、充满社会性，有些时候你却内向、谨慎而沉默。你的一些抱负是不切实际的。"结果平均评分为 4.26，在评分之后才揭晓，福勒是从星座与人格关系的描述中搜集这些内容的。从分析报告的描述可见，很多语句是适用于任何人，每个人都会很容易相信一个笼统的、一般性的人格描述特别适合他。即使这种描述十分空洞，仍然认为反映了自己的人格面貌，哪怕自己根本不是这种人。

羊群效应

一位石油大亨到天堂去参加会议，一进会议室发现已经座无虚席，没有地方落座，于是他灵机一动，喊了一声："地狱里发现石油了！"这一喊不要紧，天堂里的石油大亨们纷纷向地狱跑去，很快，天堂里就只剩下那位后来的了。这时，这位大亨心想，大家都跑了过去，莫非地狱里真的发现石油了？于是，他也急匆匆地向地狱跑去。羊群是一种很散乱的组织，平时在一起也是盲目地左冲右撞，但一旦有一只头羊动起来，其他的羊也会不假思索地一哄而上，全然不顾旁边可能有狼和不远处更好的草。羊群效应就是比喻人都有一种从众心理，从众心理很容易导致盲从，而盲从往往会使人陷入骗局或遭到失败。

破窗效应

美国斯坦福大学心理学家菲利普·津巴多进行了一项实验，他找来两辆一模一样的汽车，把其中的一辆停在加州帕洛阿尔托的中产阶级社区，而另一辆停在相对杂乱的纽约布朗克斯区。停在布朗克斯的那辆，他把车牌摘掉，把顶棚打开，结果当天就被偷走了。而放在帕洛阿尔托的那一辆，一个星期也无人理睬。后来，津巴多用锤子把那辆车的玻璃敲了个大洞。结果呢，仅仅过了几个小时，它就不见了。政治学家威尔逊和犯罪学家凯琳提出了一个"破窗效应"理论，认为：如果有人打坏了一幢建筑物的窗户玻璃，而这扇窗户又得不到及时的维修，别人就可能受到某些示范性的纵容去打烂更多的窗户。久而久之，这些破窗户就给人造成一种无序的感觉，结果在这种公众麻木不仁的氛围中，犯罪就会滋生、猖獗。

二、共性心理需求

下面对旅客共性心理活动进行一般性的分析。共性心理需要可划分为总体方面的需要和各旅行阶段的需要。

（一）旅客旅行总体方面需要的表现

总体方面的需要是每一个旅客在整个旅行过程中（包括旅行的准备工作及乘车旅行）一直存在的需要，主要表现为以下几个方面。

1. 安全心理

旅客乘车旅行最根本的需要就是安全的需要，它包括人身安全和物品安全两个方面。为保证旅行安全，旅客常综合考察自然环境状况、社会治安情况和运输工具的安全性等内容，再做出是否旅行的决定。

当亲友出门旅行时，我们祝福他"一路平安"，这代表了出门旅行者最普通、最基本的共性心理要求。既然是"一路平安"，就是指旅客从离开家门，一直到目的地，包括旅行的全过程都平平安安。"平安"就是不发生任何危及人身安全和财物安全的意外事故，也就是不会发生人身碰挤伤、摔伤、烫伤等伤害情况，旅行中所携带的财物、文件资料保持完整，不会发生任何丢失或损坏的事情。

在旅客运输服务过程中，努力实现旅客旅行安全心理要求，这是所有客运服务人员的首要工作。要求铁路运输部门加强社会、铁路沿线、车站和列车的治安管理，从技术装备上提高运输载体的安全性，从安全管理上提高客运服务人员对不安全因素的预测和及时处理等方面努力。

2. 顺畅心理

送亲友出门旅行时，除了祝福他"一路平安"外，常说的另一句话是"一路顺风"，讲的是旅行中的顺利、愉快问题，这也是出门旅行者的一个共性心理要求。

旅客到车站购票，能够顺利地买到自己需要的车票；上车时，人虽然多，但能够顺利地找到座位；在用餐时间，车站或列车上能够提供经济、卫生、可口的食品；食用自带食品时，车站或列车能够随时提供开水；列车在运行途中，因某些原因，如铁路线路施工、意外运行事故等耽搁，在这种情况下，列车能正点到达终点站；准备换车时，有充裕的时间赶上接续换乘的列车等，这些都是旅客出门旅行的顺畅心理要求。

要满足每位旅客的顺畅心理要求，做到时时顺畅、事事顺畅是不现实的，但是，从旅客运输服务管理角度，应尽最大的努力满足旅客的需要。在为满足旅客需要而做工作的同时，还要做好宣传工作。对旅客要有良好的服务态度，遇到不能满足旅客要求的事情，要进行耐心解释，使旅客明白为什么需求没有得到满足。在旅客旅行的过程中，由于运输部门的原因而发生延误的，影响到旅客旅行的顺利进行，旅客有权了解发生的原因，运输服务人员必须把事情的真相通告给旅客，让旅客心里有数，使其能够对自己下步的行为预先进行计划。

3. 快捷心理

随着社会的发展，人们的时间观念发生了重大的变化，"快捷"成为旅客一个主要要求。缩短旅行时间，迅速到达目的地，可以节约时间，同时减少旅行疲劳。

4. 方便心理

方便的需要表现在购票、进出站、上下车以及中转乘车等方面的便捷性。"方便"要求减少旅行中的各种中间环节，达到"快捷"的目的。法国巴黎的地铁公司曾经提出从城市的任何一个地点到地铁车站的距离不超过 500m 的口号，这是从最方便市民乘坐地铁的角度考虑的。虽然目前巴黎的地铁还没有达到口号中的程度，但这种思想是值得赞许的。

旅客出门旅行，希望处处方便，这是一种很普遍的共性心理。为了适应旅客的方便心理，需要采取一些措施，如售票处多开售票窗口，延长售票时间；旅客进、出站妥善安排检票口和检票人员；站内通道设置引导牌；列车上随时办理补票手续；及时通告到站站名；餐车将盒饭送到每节车厢和保证开水及时供应；保证厕所开放，随时提供洗漱用水。除此之外，还有其他希望旅客运输服务部门提供的服务项目，例如代办住宿登记、提供旅行用品等。从质量上，旅客希望运输服务部门提高办事效率，简化手续，改善服务态度等。

满足旅客的方便心理要求，其要点是使旅客感到处处、事事、时时方便，节省时间，能够使事情顺利办成。

5. 经济心理

经济心理表现在旅行需要的满足程度与所付出的费用和时间相比较，希望在一定的需要满足程度之下，所付出的费用和时间最少，但旅客在乘车旅行中对经济性的考虑，一般是将两个因素结合在一起：一是花钱的多少；二是由谁出钱，是自己还是他人。

6. 舒适心理

随经济的发展，人们生活水平的提高，旅客对旅行的舒适性的要求提到重要日程，对乘车环境、文化娱乐、饮食、休息睡眠等内容的要求相应提高。这种需要的强度和水平受多种因素影响，旅行时间的长短往往是起决定作用的因素。

7. 安静心理

旅客出门旅行，离开家或工作场所，来到站、车，与其他旅客一起，共同旅行，一直处于动荡状态中。在嘈杂的环境中，尽量保持安宁，减少喧哗，动中求静，这是人之常情，是大多数旅客的共同心理要求，尤其是在人较多的候车室和车厢内，要求更为迫切。

要保持旅客旅行中的安静环境，一方面，旅客本身要约束自己，不要大声说话，喝酒划拳，来回走动等；另一方面，客运服务人员有责任加强对乘车环境的管理，避免旅客大声喧哗、吵闹，更要避免与旅客发生口角、争吵，影响旅客休息。安静与否，在一定程度上取决于人对环境的感受,一个井然有序的环境,可以使人心平气和。因此,要求加强对环境有序性的管理。

这种有序性包括两个方面:一是物的有序性,二是人的有序性。另外,保持站、车公共场所的清洁、卫生也是有序性的一种表现。清洁、卫生的环境使人心情愉快;脏、乱、异味弥漫的旅行环境,会使人心情郁闷、心里烦躁而不能平静。

(二)旅客旅行各阶段心理需要的表现

在旅客旅行过程中,不同的阶段存在不同的心理活动和需要内容。因此,需要对每一阶段的心理活动进行分析,实施有针对性的服务,以保证旅客的要求得到满足。旅客乘车旅行的心理活动过程可划分为以下八个阶段。

1. 旅行动机的产生

任何一种旅行都有它的动机,主要表现在出差、旅游或探亲等方面。在做出旅行决定时,旅客常常对旅行的各种情况进行综合分析,存在一定程度的旅行顾虑。

2. 旅行工具的选择

旅行工具有铁路、公路、民航、水运等,对旅行工具的选择受旅行动机、旅行者身份、旅行时间、旅行费用,以及旅行工具的安全性、舒适性、服务质量等方面的影响。

3. 购票

购票心理主要表现在两个方面:

(1)购票前的心理,反映在对乘车路线、车次及始发终到时间、购票时间、地点、购票手续、车票情况等旅行信息的了解方面。

(2)购票时的心理,反映在对旅行信息的进一步了解和掌握上。希望售票窗口按时售票,有良好的秩序,不需排队,售票人员热情,售票正确无误,能买到符合个人要求的乘车日期、车次、到站、席别的车票。希望提供预订、电话预约、送票等多种服务。

4. 接驳方式

去车站要考虑从住地到车站的时间以及对市内交通工具的选择。旅客常常担心赶不上车,所以总要提前一段时间到达车站。

5. 进入车站及上车

在车站等候上车的心理活动表现为多种形式,主要反映为:

(1)能否顺利进入车站。

(2)希望办理物品托运的手续简单,迅速准确,在一个地方能够办完,不必增加搬运次数。还有人希望运输部门提供接送业务。

(3)寻找指定的候车位置,担心候车位置不正确;希望检票地点明显,候车场所清洁、温度适宜、空气清新、照明充足,各种揭示牌简明,广播及时清楚,夏日在室外有遮日光、避风雨的休息条件,候车时间长的旅客希望有专门的休息地点。还希望有适宜的用餐、购物和娱乐的场所等。

（4）信息不清楚时希望一次得到清楚正确的回答，担心服务人员态度生硬，回答时态度不耐烦，不清楚。

（5）提前到达时，有消磨时间的途径。

（6）候车旅客多时，担心进站台拥挤及车上无放物品之处；希望能按时、有秩序地检票，有序上车。

（7）需要寄存随身携带物品时，希望手续简单、寄存可靠、不发生物品损坏，希望寄存费用低廉。

（8）漏乘时对车次的变更及退票的处理不太麻烦。

图 3-5　客运站主要设备：候车室、站台、站前广场

6. 车上旅行

在列车上，旅客的需要表现在物品及人身安全、环境舒适、饮食方便、旅行中的消遣、对目的地基本情况的预先了解等方面。对长距离旅行的旅客来讲，这些需要表现得更为明显。

（1）在硬座车厢内乘车，希望能够迅速找到座位，放置好物品。希望车内卫生、整洁，不拥挤、饮水、饮食方便，服务人员热情，能够提前通报到站站名，有一定的娱乐设施。

（2）在卧车内乘车，希望乘车环境清洁、安静、舒适，旅行途中不被干扰。

（3）在餐车用餐，希望用餐方便，卫生可口，质量好，价格适宜，也希望能够送饮食到车厢或买到其他经济食品。

（4）在沿途大站站台上购物，希望能够买到当地土特产品和风味食品。列车到站前，能够得到这方面的信息。

7. 到站下车及出站

旅客到达目的地车站后，考虑到托运物品的提取、城市交通工具的选择、饮食、住宿等方面。希望能够有秩序、迅速出站；有亲友接站的旅客，希望能够很快见到迎接的亲友。

8. 继续乘车旅行

如果旅客在到站做短暂的停留之后继续乘车旅行，需要解决中转签字或重新购票，以及在停留地的住宿、饮食等方面的问题。

知识链接

铁路客运站作业包括以下三个方面：

1. 客运服务作业：包括组织旅客上下车、候车、问询、小件寄存，以及对旅客文化生活、餐饮、卫生方面的服务等。

2. 客运业务：包括客票发售，行包的承运、装卸、保管和交付等。

3. 技术作业：包括旅客列车接发、机车摘挂、技术检查、车底取送、客车洗刷、检修、上水、餐料供应等。

客运管理工作包括以下四个方面：

1. 旅客运输组织，包括售票组织、行包组织、乘务组织、餐饮管理、涉外运输、卫生整容。

2. 旅客旅行安全工作，包括行车安全管理及站车秩序管理。

3. 客运设备和客运设施管理，使其有效地为旅客运输生产服务。

4. 客运服务人员管理与培训，提高客运服务人员素质。

（三）旅客旅行心理需要的规律性表现

旅客旅行需要，无论是在总体的表现，还是在各阶段的表现，都呈现一定的规律性，概括为以下三点。

1. 需要的档次性

对于旅客来讲，在把乘车旅行的需要转变为行动前，总是先把需要水平定在一定的程度基础上。这样，在其行动时，就会出现两种情况：

（1）需要水平定得太高，旅行条件不允许，需要不能实现。如果出现这种情况，旅客的旅行受到挫折，旅客可能会产生两种反应，一是中止旅行，二是将需要水平降低，然后再看旅行条件是否允许。

（2）旅行条件能够满足需要水平的实现，这样旅客旅行的行为能够进行下去，但旅行能够进行下去的同时，旅客的下一步需要水平也会相应地提高。因此，需要的满足，经历了由简单到复杂、低级到高级、物质到精神的发展过程，相互联系又呈现阶梯式上升。

例如：旅客在对旅行条件分析的基础上，将车票需要水平定为硬座票，如果到售票处很容易地买到了车票，这时他就可能想到如能买到硬卧票多好；如果硬座票没有买到，而他又必须旅行，这时就会想到有张无座号票也行。

2. 需要的强度性

旅行需要的强度受多种因素影响和制约，尤其是在旅行的目的、距离、时间以及服务人员的服务态度和质量等方面。

3. 需要的主次性

在旅客旅行的过程中，心理活动反映出的需要不是单一的，而是有许多种。各种需要之间又不是并列的、不分主次的关系。在旅行的每一阶段总有一种或两种需要处于主导地位，其他需要处于从属地位。例如：乘车前，购票需要是第一位的，车票买不到，其他旅行的所有需要都不能实现；买到车票后，有关乘车安全、生理等方面的需要则成为主要需要。

所以，要掌握旅客心理活动规律性变化，为深入细致地做好服务工作创造条件。

三、满足旅客旅行共性心理需要的心理服务措施

为满足旅客旅行心理需要，提出围绕全方位的心理进行服务的思想。这种思想就是将旅客旅行整个过程中产生的所有心理活动综合在一起考虑，使旅客的需要得到全方位满足的一种服务思想。实施全方位心理服务可从以下三方面入手。

（一）延伸性服务

延伸性服务包括旅客进入车站前，及出车站后的所有方面。主要服务项目包括：

（1）加强旅客运输服务信息的宣传与信息的咨询。根据旅客旅行的需要预先或随时提供旅客所需要的各种信息，旅客可利用电话、传真、网络、手机等通信方式进入铁路客运服务中心，依托铁路各类业务技术支持系统和网络系统，通过人工受理、自动语音、互联网服务等方式，24小时不间断地为旅客提供各种服务，其主要功能包括：业务咨询、业务查询、业务办理等。

（2）做好与其他交通运输工具的协调配合，满足旅客集结、疏散、中转乘车的需要，加强旅客列车发生晚点等异常运行情况时对旅客的解释、劝导和组织等工作。以高速铁路为中心、向四周辐射的公共交通网络，按照高速铁路快速和高频率的特点，组织开行密度高、速度快、停站少、直达率高的公交车，使旅客随到随走，以满足高速铁路旅客"快"的需求。

（3）加强旅馆、餐饮业的组织和管理，满足旅客住宿、饮食方面的需要。

图 3-6　福田站

（二）车站服务

车站服务项目需要从软件（即管理）和硬件（即设备设施）两方面入手（见图3-7）。

（1）加强客运服务人员的职业培训与管理，提高客运服务人员的管理水平、业务能力和职业道德水平，提供周到、热情、使旅客满意的服务，保证对旅客的进出站、上下车的有效组织。提高中转签证、补票、退票及漏乘等方面的服务质量。

（2）改进铁路车站的设计，例如改进车站的进出口，使其有利于旅客的进出；增加购物、餐饮、卫生间、娱乐、休息等服务设施。

（3）采用先进的技术设备，如客票预售系统、旅客自动引导显示系统、列车到发微机通

告系统、旅客信息咨询系统、广播系统、行包托运管理系统等，满足旅客对旅行信息、购票、上下车等方面的要求。

（a）自动检票闸机

（b）人脸识别系统

（c）自助购票机

（d）自助服务

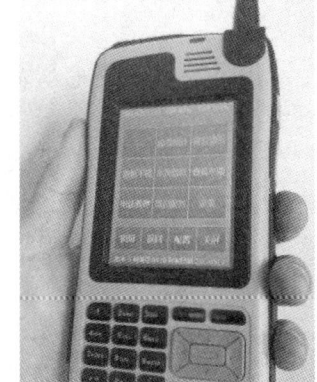
（e）站车无线交互系统

图 3-7　先进的设备

（三）列车服务

提高列车服务质量同样需要从软件和硬件两方面考虑（见图 3-8）。

（1）加强对列车工作人员的技能培训，提高列车工作人员的素质和服务水平，做到随时根据旅客的需要，提供满意的服务，从应对"万一"出发，把各种可能发生的问题想在前面，把可能采取的各项措施做在前面，当突然事件发生后，能够立即拿出一套现成的、已经演练过的方案来应对，不至于手足无措。同时，要在旅客中做好宣传工作，如向旅客发送宣传手册等。

（2）改进列车的饮食供应，提供物美价廉的食品和饮料。

（3）从旅客列车车体的设计和运用方面考虑，提高车体的座位的舒适性，加强车厢内的通风、温度调节，增加车厢内的娱乐、广播电视设施；提高旅客列车运行速度，缩短旅客旅行时间。

对旅客共性心理需要的研究是旅客运输部门加强旅客运输管理，采取各种服务措施的基础。在旅客运输市场竞争不断趋于激烈的情况之下，提高客运服务质量，努力树立旅客运输企业的形象，是提高旅客运输企业竞争力的重要措施。客运服务质量提高的标准，就是从根本上满足旅客的需要。为旅客提供全方位的服务，需要对旅客心理活动进行系统的分析，了解旅客的需要，采取措施，这样会更为有效地解决旅客运输中存在的问题。

图 3-8　列车服务

知识链接

动车组服务质量规范（节选）

动车组列车是为了适应市场需求，满足旅客出行需要而推出的全新的旅客运输产品。动车组列车的服务理念是"以人为本、旅客至上"。铁路运输应采用先进的管理方法，保证优质的服务质量，树立动车组安全、快速、便捷、优质的品牌。

职业道德：

1. 勤恳敬业：做到工作勤奋，业务熟练。
2. 廉洁奉公：做到公道正派，不徇私情。
3. 顾全大局：做到团结协作，密切配合。
4. 遵章守纪：做到服从命令，执行标准。
5. 优质服务：做到主动热情，细心周到。
6. 礼貌待客：做到行为端庄，举止文明。
7. 爱护行包：做到文明装卸，认真负责。

道德修养：

1. 热爱祖国、热爱铁路事业、热爱本职工作。
2. 遵守国家法律、法规和铁路行业管理规章制度，自觉维护旅客和企业合法权益。
3. 尊重旅客的民族习俗和宗教信仰，对不同种族、国籍、民族的旅客一视同仁。
4. 有高度的工作责任心，诚实守信，敬业爱岗，忠于职守。
5. 爱护站车设备设施，不占有、浪费服务备品和餐饮供应品，廉洁自律，公私分明。
6. 尊老爱幼，谦虚谨慎，真诚热情，努力树立动车组站车客运人员良好形象。

职业风貌：

1. 听从指挥，团结协作，工作认真，有严谨的工作作风。
2. 精神饱满，仪容整洁，行为端庄，举止文明，有健康向上的风貌。
3. 服务主动，细致周到，表情亲切，言语和蔼，有亲和力。
4. 遵章守纪，落实标准，有严于律己的自觉性。

职业素质：

1. 勤奋学习，钻研业务，有较高的文化素养和较全面的专业知识。
2. 能运用普通话，熟练掌握常用英语会话，具备良好的语言表达和文字写作能力。
3. 了解旅客的不同需求及心理特点，掌握相应的服务技巧。
4. 熟知作业程序和标准，熟练使用服务设备设施，能为旅客提供及时、准确的服务。
5. 熟知安全措施和应急预案，熟练使用安全设备设施，具备妥善处理突发事件的应急、应变能力。

第三节　旅客的个体心理与服务

人们在旅行过程中的共性心理是大多数旅客在旅行时普遍的、通常的心理要求，但对于每个旅客来说，由于自身条件、旅行条件、个人性格、爱好、观念的不同，又必然会有不同的心理要求，这就是旅客旅行的个性心理需要。例如，学生的旅行心理，有的学生是好动不好静，有的学生却是好静不好动；买卧铺票的旅客有的希望买到下铺，而有的旅客却愿意睡中铺，甚至上铺。可见在旅客的共性心理需要中包含着个性心理需要，普遍规律中蕴藏着特殊性。

旅客在旅行过程中，当旅行条件发生变化时，心理要求也会随着变化。旅行者的心理活动除受自身条件制约以外，还受客观事物多变的影响。所以，旅客的个性心理与共性心理相比较，是十分复杂的。客运服务人员在服务工作中，既要掌握旅客旅行的共性心理，又要探索和理解旅客的个性心理，才能避免服务工作的片面性和盲目性，才能做到更加主动、更有针对性地实现文明服务、礼貌待客。

广大旅客的个性心理复杂多变，客运服务人员要全部了解、掌握是极困难的，而且也无这种必要，但我们应该注意掌握一些普遍的、典型的、具有代表性的个性心理，以便在日常服务中提供有针对性的服务。社会上的每一个人，都有可能成为旅客运输业的服务对象，从乘车旅行的角度，适当将市场细分，从研究每一类旅客的心理需要来了解这一类旅客旅行的个性心理需要，是有效地解决问题的出发点。

一、旅客的划分

下面用七种分类标准对旅客进行分类，分析每一类旅客的旅行心理。从某种意义上讲，这种通过分类获得的某一类旅客的心理，相对于全体旅客来讲，它属于个性心理；但对该类旅客讲，它属于共性心理。

（一）根据旅客气质划分

旅客的气质在整个旅行活动过程中会通过他们的言行表现出来。深入细致地观察旅客的言行，可以了解旅客的气质类型，从而有针对性地提供服务。

1. 急躁型旅客

急躁型相当于胆汁质。急躁型旅客对人热情、感情外露，说话直率且快，言谈中表现自信，这种类型的旅客容易激动，通常喜欢与人争论问题，而且力求能赢。他们对服务的评价易走极端。他们在旅行中常常显得粗心，经常丢失东西。在服务工作中，对急躁型旅客，言谈注意谦让，不要激怒他们，不要计较他们有时不顾后果的冲动言语，一旦出现矛盾，应当尽量回避。随时提醒他们别乱扔、乱放和丢失东西。

2. 活泼型旅客

活泼型相当于多血质。活泼型旅客表现活泼好动，他们反应快，理解力强，显得聪明伶俐。他们动作敏捷、灵活、多变。旅行中他们对人热情大方，喜欢与人交往和聊天，喜欢打听各种消息。他们情感外露，并且变化多端，经常处于愉快的心境之中。在与活泼型旅客交谈过程中，不要过多重复，以免对方不耐烦。旅行中服务人员应主动向他们介绍车站设施及娱乐场所，以及各地风光和特产，以满足他们喜欢活动的心理。

3. 稳重型旅客

稳重型相当于黏液质。稳重型旅客平时表现安静，喜欢清静的环境。他们很少主动与人交往，交谈时很少滔滔不绝和大声说笑，情绪不外露，使人猜不透他们想什么或需要什么。但稳重型旅客自制能力很强，做事总是不慌不忙，力求稳妥，生活有固定的规律，很少打扰别人。他们反应慢，希望别人讲话慢些或重复几次，自己讲话也慢条斯理，显得深思熟虑。他们的注意力比较集中，对新环境不易适应，但一旦适应了又对乘坐过的列车或打过交道的服务人员产生留恋之感。在服务工作中，对稳重型旅客介绍或交代事情时，应当注意讲话的速度，重点适当重复一下。一般情况下，不要过多地与他们交谈；如有交谈，尽量简单明了，不要滔滔不绝，以免他们反感。

4. 忧郁型旅客

忧郁型相当于抑郁质。忧郁型旅客感情很少向外流露，心里有事一般不愿对别人讲，宁愿自己想。旅行中表现性情孤僻、不合群、沉默寡言，不喜欢在公共场合与人交往和聊天。

这类旅客对事情体验深刻，自尊心强，很敏感，好猜疑，想象力丰富。他们在遇到困难或挫折时，会表现得非常痛苦，如丢失东西，身体有病或与人发生纠纷后会长时间不能平静。他们讲话慢，有时又显得话很多，怕别人听不清楚产生误会，他们行动迟缓、反应慢。在服务工作中，对忧郁型旅客应当十分尊重，对他们讲话要清楚明了，和蔼可亲。尽量少在他们面前谈话，绝对不要与他们开玩笑，以免他们产生误会和猜疑。当他们遗失物品、生病时，应当特别关心和给予帮助，想办法安慰他们，使之感到温暖。

（二）根据旅客职业划分

人们在社会生活中，因职业、所处社会阶层和生活方式的不同，从而形成不同的心理特点和旅行需要。这种不同的心理特点反映在乘车旅行生活中，便会对旅客运输服务工作产生不同的要求。因此，可以根据职业对旅客进行分类，分析从事不同职业的旅客的心理，从而了解不同职业旅客的心理活动，有针对性地做好服务工作。根据职业的划分，不同职业的旅客旅行中的心理表现也不同。

1. 工人

工人组织性、纪律性较强，在旅行时对旅行条件一般要求不高，比较关心旅行费用。工人旅客在旅行中一般都能自觉地遵守铁路方面的有关规定，维护站、车秩序，并能积极协助和支持客运服务人员工作。

2. 农民

随着经济的发展，农村改革与农民生活水平的提高，以及思想观念的变化，农民乘车旅行的次数和人数逐渐增多。农民出门乘车旅行比较突出的特点主要表现在三个方面：

（1）出门携带物品较多。
（2）在旅行中很少提出要求。
（3）强调乘车的经济性，尽量减少旅途费用。

有些年龄较大的农民旅客听不懂站、车广播，听不清广播术语，不明白揭示的内容。所以，客运服务人员应多掌握和体贴农民旅客的个性心理，主动、热情地为他们服务。

3. 军人

一般来讲，现役军人具有较强的纪律性、自觉性和组织性，能够主动维护站、车秩序，支持服务人员的工作。单独旅行时希望能买到预想的车票，能有一个候车的地方。较注重文化生活，希望能听到新闻广播，看书阅报。

4. 学生

学生旅客主要指大、中专学生。他们处于青少年时期，精力充沛，思想活跃。在乘车旅行中，急于想到达目的地，总是尽量减少在车站的滞留及等待乘车的时间。旅行中的心理行为表现在喜欢聚集成群，好奇、好动；喜欢说笑、热闹；爱看书、串座、串车厢；到站喜欢下车散步买东西；饮食不讲究，经济实惠即可。客运服务人员应礼貌地多提示他们，以免影响别人。

5. 自由职业者

随着经济的发展，行业种类不断增多，为人们提供了多种可选择的职业。在旅客运输中，自由职业者人数不断增加，这部分旅客给运输服务业提出了新的要求。自由职业者大体上分为三种。

（1）经济条件优越，旅行常识比较丰富的自由职业者。
（2）从事长途贩运的自由职业者。
（3）去外地做工的自由职业者。

（三）根据旅行目的划分

旅客出门旅行，虽然有些人职业相同，但因旅行目的不同，其心理状态也会存在差异。同时，虽然职业不同，但旅行目的相同，也会有相同的心理活动表现。

1. 公出

公出旅客共同的个性心理要求是旅行条件能好些，希望能够买到卧铺；乘坐较快、较好的列车；换乘车次受公出的目的制约；时间性强，怕晚点；饮食要求经济实惠；在旅途中喜欢站车清洁、有序；爱看书、听广播、聊天；比较关心旅客运输服务工作的改进和工作人员服务态度等方面的变化。

2．旅游

随着人民生活水平的提高，以出门旅游为目的的旅客越来越多。他们的共同的个性心理是盼望旅行顺畅、便利，能够玩得愉快、高兴，但长途和短途旅游的旅客又有不同的心理状态。

（1）长途旅游旅客。

因旅行距离长，对旅行条件要求较高，希望能够购买到预想的车次、车票种类，在站、车上休息好，希望能够多看沿途的风光，多听介绍，了解旅游景点的信息等。

（2）短途旅游旅客。

多数利用双休日、节假日到近郊名胜、海滨、集市等去做一两天的短距离旅游，所以时间观念强，乘车要求条件不高，只要能够上车，车内拥挤一些也可以，希望夜行晨到，早行晚归，不超过计划旅行的时间安排。

3．探亲访友

这部分旅客从事各种职业，在全部旅客中占有一定的比例，尤其是在重要节日或假日期间，这类旅客人数较多。探亲访友旅客共同的个性心理表现在旅客出门最基本的平安、顺畅、便利、安静等方面。

4．治病就医

乘车到外地就医，患者和陪同的家属心情都很沉重，一般有以下三种情况：

（1）重病患者。

因存在生命危险，希望旅客运输部门给予方便、照顾。病人不离开担架，且担架放置平稳，陪护人员能够在病人身边，随时照顾病人。到站后能够迅速出站，前往医院等。

（2）病情不严重者。

病情不严重者，有的有人陪同，有的无人陪同，一般能够自己照顾自己，但存在行动困难，希望得到照顾，能有一个坐、卧的地方，有餐、茶水供应，万一病情严重，能够得到应急处理。

（3）行动不便的残疾人。

残疾人外出，往往希望在进出站、上下车时得到牵引扶持，在车站内、列车中能坐、卧，在饮食方面能够获得多方照顾。

5．通勤通学

这部分旅客每天要多次乘坐交通工具，乘车经验丰富，对车站、列车到开时间非常了解，时间观念强，往往按点上车，到站又急于下车；有些人常自认为情况熟、环境熟，有应变能力，图方便，存在侥幸心理，忽略站、车的规定，违章违纪。客运服务人员要理解他们长期通勤通学，早出晚归的困难，对他们积极诱导，多同情、少强制，多服务、少指责，尽量为他们创造一些方便的旅行条件。旅客运输部门还可以和厂矿、学校签订协议，共同对通勤、通学人员的乘车问题进行管理，一起维护站、车秩序。

6. 旅行结婚

随着经济的发展，人民生活水平的提高，生活观念也发生了变化，越来越多的年轻人愿意选择旅行结婚的方式。结婚是一件令人愉快、高兴的事，常常图吉利、求顺畅。在旅行中，新婚青年一般追求安静、舒适的乘车环境，不希望有人干扰或影响他们正常、安静的旅行生活。对此，礼貌、适当的服务显得很必要。如果他们出现过分的亲昵动作，有碍观瞻时，客运服务人员要正确理解，婉言相劝，不要进行不礼貌的干涉。

7. 其他

除上述旅行目的以外，还有疗养、参加体育活动、奔丧等多种旅行目的。其共性的心理和相近目的的旅行者大致相同。

（四）根据旅行行程和旅行性质划分

1. 根据旅行行程划分

旅客因旅行行程不同，存在心理需要的差异。前面对长、短途旅游旅客的心理状态进行了分析，下面从铁路运输部门按照旅行行程对旅客的分类分析旅客所具有的个性心理。

（1）长途旅客。

指乘车时间在 12 小时以上的旅客。长途旅客一般要求能够买到直通车票、卧铺票，希望用餐、饮水供应方便，喜欢看书报、聊天或进行一些娱乐活动消磨乘车时间，以解除长途旅行中的疲劳和寂寞。

（2）短途旅客。

因乘车距离较近，旅行条件较差也能够克服。短途旅客大部分在中间站上、下车，进出站的共同心理是图方便，一些人喜欢横越线路，甚至在站内任意通行。因此，客运服务人员应对短途旅客的旅行安全或无票乘车现象多加注意，需要从车站进、出口设置，旅客进出站组织、引导等方面入手，加强管控工作。

（3）市郊旅客。

市郊旅客是来往于城市近郊或邻近城镇的旅客，通勤通学是市郊旅客中的一种。这部分旅客乘坐火车，就如同乘坐市内其他交通工具一样，希望随时买票，随时上车；没有座位也没关系，乘车时习惯站在车门处，到站时急于出站，越方便越好。他们来去匆匆，没有什么要求。客运服务人员提供服务时，说话礼貌就可以使他们满意。

2. 根据旅行性质划分

（1）本地旅客。

铁路运输部门称其为"发送旅客"。发送旅客按不同职业、不同旅行目的以及不同旅行行程，表现为不同的心理需要。前面已经进行了说明。

（2）换车旅客。

换车旅客又称为"中转旅客"。换车中转产生的原因主要有三种：

第一，无直达列车，必须在某一车站换乘。

第二，为了在中途的某一站办事或基于缩短旅行时间着想，而在某站换乘。

第三，购买不到直达车票，只能换乘。

中转换乘比较麻烦，因此中转旅客共同的个性心理表现在：从始发站就能够买到直达目的地的车票；在换乘站有合适的接续车次；换乘手续简单，可以随时办理。

（3）铁路职工旅客。

铁路职工旅客既属于内部职工，又同其他旅客一样，是旅客运输部门的服务对象。

铁路职工乘车旅行时，因对旅客运输服务非常了解，熟悉有关客运管理的各种规定，在客运部门熟人多，在旅行中相对一般旅客具有一定的优越感。在旅行过程中，大多数人能够维持列车秩序，但也有少部分人，不遵守客运管理的规定，随意进出车站；不走通道，横越线路，只图自己方便，并且在车站内、列车上，喜欢找熟人、拉关系、走后门，好让客运服务人员为他们提供额外方便。

（五）根据旅客自身条件划分

旅客的自身条件是指旅客的年龄、性别、体质、籍贯等方面而言。

1. 不同年龄旅客

（1）老年旅客。

老年旅客都有安静心理，因行动不灵活，体力差，喜静不喜动。旅行要求不高，不爱给客运服务人员添麻烦；在旅途中遇到困难，比较沉着。老年旅客是客运服务人员的重点服务对象，在服务中要多为他们提供方便，多给予照顾。

（2）中年旅客。

中年旅客占旅客流量的较大比重。中年旅客比老年旅客行动灵活，比青年旅客稳重。客运服务人员在满足中年旅客乘车需要的同时，应虚心向他们请教，接受他们对客运工作提出的意见和建议，据此改进服务方式，提高服务质量。

（3）青年旅客。

青年旅客是指青少年、儿童旅客，他们好奇心强，喜动不喜静，非常活跃。

2. 不同性别旅客

（1）男性旅客。

一般来讲，男性旅客在旅行时比较好动、喜欢说笑、遇事不愿迁就，尤其是有女性、少年儿童、老年人同行时，要求较多、好强；但又表现为比较随便、慷慨，办事马虎、粗心。有些人喜欢在旅途中吸烟、喝酒、吃东西，喜欢娱乐活动等。

（2）女性旅客。

相比之下，女性旅客比男性旅客旅行要求少，只希望顺畅到站。带小孩的旅客更是宁可自己受累，也不愿小孩受苦，也不愿麻烦他人；而且怕小孩吵闹影响其他旅客休息。她们经济观念较强，多数在旅行途中省吃俭用。

3. 不同体质旅客

根据体质状况，大体可将旅客划分为正常健康型、体质较差或有一般疾病型、重病患者型三种。对不同体质旅客共同的个性心理,参照其他类型旅客的心理分析。

4. 不同籍贯旅客

根据籍贯不同,可将旅客划分为两类,即当地旅客和外地旅客。
(1)当地旅客。
对乘车环境和当地情况比较熟悉,心理上没有顾虑,旅行的问题少。
(2)外地旅客。
对乘车环境和地域情况不熟悉,心理上顾虑较多,甚至听不懂地方口音,怕出差错。这部分旅客是客运服务人员重点服务对象,服务要热情、主动。

(六)根据旅行中的旅行情况划分

1. 没有买到车票,却又想乘车的旅客

这些旅客想方设法争取上车。客运服务人员应理解他们的心情,了解这些旅客急于上车的原因,如确有急事,应灵活机动,允许先上车后补票。

2. 上错车、坐过站、下错车、中途漏乘等旅客

旅客在旅行中发生这方面的失误,旅客本身有一定的责任。但从另一方面,也反映旅客运输服务中出现的一些问题,服务做得不周到、不细致。在发生此类情况后,旅客心情焦急、慌乱,希望客运服务人员帮助妥善安排。客运服务人员应一边安慰、稳定其情绪,一边积极想办法帮助其解决,防止发生其他意外。

3. 超负荷列车中的旅客

在列车超负荷情况下会产生许多问题。例如车厢内拥挤,旅客无座席,空气不流通、闷热、有异味等。这种情况下,旅客有怨气、心情烦躁,旅行时间越长表现越严重。对有座位的旅客而言,如果在其身边有长时间站立的旅客,他会感到不舒服,休息不好。这时,应注意站车内的环境,尤其是保持适当的通风和适宜的温度;做好对旅客的组织,使站、车内有序。

4. 携带"三品"进站上车的旅客

携带"三品"进站上车,有以下两种情形:
(1)不知自己所携带物品为"三品",误带上车,看到、听到严禁旅客携带"三品"进站上车的宣传后,犹豫不决,不知如何处理。
(2)少部分旅客有意携带"三品"上车,他们担心被查出,害怕面对客运服务人员。
客运服务人员对那些在乘车时表现犹豫、徘徊、坐立不安的旅客,应主动观察和询问,既可以查出"三品",防止意外事故发生,又可以了解到其他情况,提供适当的服务。

5. 丢失物品的旅客

旅客丢失物品之后,表现出着急、焦虑、埋怨、后悔、心情沉重、不知所措等心理活动

和行为。客运服务人员要对丢失物品旅客进行安慰，注意旅客的动态，防止发生意外；同时积极配合公安人员寻找、破案。

6. 无票乘车或携带物品超重的旅客

在旅客中，常会出现买短途车票乘坐长途车、买站台票乘车、不买票乘车、借用公用乘车证乘车、越席乘车、持无效票乘车、携带超重物品乘车等情况。对待存在上述问题的旅客，要分析问题产生的原因，判断是属于有意识还是无意识的行为。如果属于有意识行为，这些旅客常表现为惶恐不安，怕被发现。客运服务人员应坚持原则，按章处理，但在处理中要注意态度。

7. 对旅行条件不满意的旅客

在旅客旅行过程中，总会出现一些对旅行条件不满意的事情，如未购买到预想的车票、未购买到卧铺车票、托运行包受到限制、餐车用餐时对饮食或服务不满意等。在这种情况下，常表现出埋怨、气愤、不满情绪。对此，客运服务人员一方面检查自己工作中存在的问题，采取适当的方法改进；另一方面应耐心解释，争取旅客的谅解。

8. 遇到意外事件的旅客

意外事件可能由两方面的原因造成：一是旅客原因造成的意外事件；二是旅客运输服务部门的原因造成的意外事件。对旅客运输服务部门造成的意外事件，如发生列车事故、遇到自然灾害等意外情况，会影响旅客正常旅行，甚至威胁旅客安全。这时，旅客焦虑不安、心情烦躁，希望运输部门尽快排除险情，恢复列车运行。客运服务人员应沉着、冷静，稳定旅客情绪，积极妥善处理。

9. 临时患病的旅客

旅行中旅客突发疾病或怀孕旅客突然分娩，当事人身心痛苦、着急、忧虑，急盼工作人员帮助，这时客运服务人员要为之寻医送药，妥善处置，有条件时允许在较大车站送医院处置。

10. 临时有急事的旅客

旅客临时有急事，心情沉重、忧虑、不安、慌乱，客运服务人员要认真观察，及时了解原因，帮助他们尽快解决问题。

11. 在严寒、酷暑的气温下乘车的旅客

适宜的温度下乘车旅行，会减少旅行疲劳，使旅行轻松、愉快。严寒或酷暑都会增加旅客的生理和心理负担，尤其是长途乘车旅行的旅客。

在严寒环境下，旅客希望站、车有供暖系统，使站、车温度高一些，能够不在室外候车、检票，卧铺车厢有足够的防寒卧具。

在酷暑环境下，希望站、车内有空气调节系统，如空调或风扇，降低站、车温度，提供充足的饮用水和洗脸用水，能够买到饮料以及其他防暑降温物品。

12. 遇到天气发生突然变化的旅客

旅客随身携带衣服少，乘车旅行中突然遇到变冷的天气，心里会后悔、不安。在发生暴风、雨、雪时，担心列车受阻，影响旅行的顺利进行，以及到站后不能及时换乘其他交通工具继续旅行。客运服务人员要说明情况，及时安慰。

13. 处在昼夜不同时间的旅客

在夜间，旅客希望安静，能够休息好而不被打扰；在清晨，希望有洗漱用水，吃好早点；午、晚餐及时供应；午餐后，能好好休息。客运服务人员应根据旅客在昼夜不同时间的要求，做好服务工作。

（七）根据旅客心理特征和行为表现划分

根据旅客心理特征和行为表现，概括以下旅客旅行的个性心理。

1. 逆向心理

这里指和旅客旅行共同的个性心理相反的心理现象。如有的老年旅客、妇女旅客特别爱动；有的长途、公出旅行旅客偏愿坐硬座，不买卧铺票等。

2. 掩饰心理

有的旅客在旅行过程中，因受某种因素影响，掩饰自己真正的心理状态，总是以一种假象心理出现。如无票乘车，或持过期票乘车，害怕被查票时发现，但又故作镇静；已经携带"三品"上车，在乘警检查旅客携带品时，故意嘻嘻哈哈，大谈检查"三品"的必要性。有些客运服务人员心细，警惕性高，察言观色，能识破这种假象。

3. 将就心理

有的旅客出门旅行怕惹是生非，只求平安到达就行。没有座位就站着；旅途喝不到开水也没关系；问事得不到回应时，虽有不满，但不发怨言。此时，客运服务人员应找出自己工作中的不足，改进服务质量。

4. 取巧和侥幸心理

少数旅客为省钱，或为个人方便，明知违反政策、违背规定的事，也办、也做，有一种等到被发现、被制止时再说的思想。如不买车票、携带品超重、站内任意穿越及走行、明知为"三品"仍然带上车等。对这类旅客，客运服务人员应特别注意。

5. 恐惧心理

少数旅客有意违反国家政策、法规和铁路方面的规定，如携带违禁品上车，罪犯伪装成普通旅客乘车潜逃等。他们在车上躲躲闪闪，精神紧张，客运服务人员应密切监视他们的动态，果断、机智处理。

6. 忧郁心理

有的旅客因种种原因，如疾病、负债，出门找工作心中没有底，探亲又不知亲友的具体地址等，在旅行中表现出沉默不语、愁眉苦脸等状态。发现这样的旅客，客运服务人员应主动关切、询问，尽力帮助解决。

7. 自卑心理

有的旅客初次出门，情况不熟；有的旅客在生理上有缺陷，存在自卑心理，遇到问题不好意思开口，不敢问。客运服务人员应主动、热情地为他们服务。

8. 急切心理

有的旅客因有急事要办，如探望患重病的亲友，赶乘其他交通工具等，急盼快些到达目的地，一旦火车晚点，就更加心急火燎，心慌意乱。发现这类旅客，服务人员要多加安慰，主动帮助他们安排好旅行事宜。

9. 好奇心理

不常出门的旅客，特别是青少年，好奇心强，喜欢串车、下车、问问题等；当列车行驶在沿线风景独特的地区时，一些旅客感到新鲜，常会东张西望。对这些旅客，客运服务人员应多向他们介绍一些情况，满足他们的好奇心。

10. 兴奋心理

有的旅客因有喜事，或在旅途中碰到高兴的事，兴高采烈，情绪激昂。客运服务人员对于过于兴奋的旅客，应婉言相劝，请其适当节制，以免兴奋过度而发生意外。

11. 其他心理

旅客的个性心理是多种多样的。除上述外，还有波动心理、强求心理、自尊心理、犹豫心理、喜悦心理、愤怒心理等。客运服务人员应在实际工作中细心探索，多加掌握，尽力满足旅客的心理要求，实现文明服务、礼貌待客。

二、掌握旅客心理的方法与服务水平的提高

旅客们在旅行过程中，所有复杂纷繁的心理活动，取决于旅客本人的年龄、性别、职业、体质和旅行目的等自身条件，他们的心理活动流露于外，往往表现于衣着、外貌、言行、举止和表情动态之中。客运服务人员置身于广大旅客之中，经常接触他们，只要具备一定的思想、文化基础与工作能力，并采用较好的工作方法，去努力探索与掌握旅客心理，就能更好地为旅客服务。

（一）掌握旅客心理活动的基础

每一名客运服务人员内心都真诚地希望为旅客提供最好的服务，满足旅客旅行需要，但愿望并不一定就能够变成现实。愿望需要一定的基础才能实现。一般来说，每一位客运服务人员在服务中需要的基础主要表现在以下五个方面。

1. 要有明确的思想基础

客运服务人员具备了全心全意为旅客服务的思想，有明确的服务观，有努力实现文明服务、礼貌待客的愿望，在实际工作中，就会自然而然地、主动地去探索和了解广大旅客的心理活动与需求，而不满足于一般化的服务。掌握旅客心理活动，目的是更好地为旅客服务，

这是一个最重要的前提，要求客运部门各级干部，包括班、组长以身作则。

2. 要有正确的分析和判断能力

客运服务人员在探索和了解一部分旅客的心理活动与需求之后，还需通过分析和判断，达到正确掌握的程度，才能实现有效的、良好的服务。因为，心理活动特别复杂，有规律性、特殊性、短期性、长期性、突发性等区别，需要经过分析和判断。所谓判断，是对各种心理的肯定与否定的思维形式。正确的判断来自丰富的知识、经验与敏捷的思路。客运服务人员对掌握的心理现象做出正确的判断，就能更好地满足旅客的需要。

3. 要细心、耐心，有耐力

掌握旅客心理，探索服务规律，还要细心观察。就是要下工夫、花力气，这样才能了解旅客的内心活动。对那些有掩饰心理，外表很镇静的旅客，还有那些想得到客运服务人员帮助，但又不好意思开口的旅客，不细心观察是难以发现的。

旅客的心理状态虽很复杂，但毕竟和各种旅行条件相关，一时没有了解到，就不能怕麻烦，要有耐心。如对无票旅客，一般在不查票时看不出来，一旦广播查票，或查票人员到车厢，才表现不安或有其他动作。只有细心和耐心，才能正确掌握旅客心理，更好地提供优质服务。

4. 要有迅速、果断的应变能力

探索、掌握旅客的心理活动，在时间允许时可以细心观察，耐心判断，但旅客运输是动态的，运输本身就意味着具有时间性，列车要按照规定时间运行，正点到、开。所以，这就要求客运服务人员具有迅速、果断的应变能力，在很短的时间内，分析、判断出某些旅客的旅行心理活动，从而根据实际情况，采取相应的行动，做好服务工作。

5. 要具备一定的科学知识

研究掌握旅客心理，要有较好的思想基础，具备一定的工作能力。但只有这些还不够，因为还需要具备许多科学知识，需要熟悉社会生活，要熟悉铁路客运业务知识，要懂得有关心理学、服务学、美学、语言学、政治经济学等学科的一些基本科学知识。所以，各级客运部门应高度重视，有计划、有目标地通过各种途径，努力提高职工素质，以适应提高服务水平的迫切需要。

客运服务人员应具备全心全意为他人服务的服务观。铁路部门对所有客运服务人员都严格要求，并进行思想教育和管理，个别客运服务人员会产生抵触情绪，使教育和管理效果大打折扣。因此，应具体情况具体分析，科学地帮助客运服务人员树立正确的服务观，做好实际的客运服务工作。

案例分析

案例一

××列车开行后，旅客张先生和他的妻子向列车员要了2杯咖啡，因为奔波劳顿，他们很快就睡着了。当列车员端着咖啡来到座位时，发现旅客已经睡着了，便将咖啡放在了餐桌上。当张先生和妻子醒来时，一不小心打翻了咖啡，弄脏了妻子的貂皮大衣，为此他们大发雷霆，并且要求经济赔偿。如果遇到这种情况，应该怎样处理？列车运行途中，旅客裤子不慎被座椅边缘突出的接片钩破，旅客称该裤子购于日本，价格在1000元左右，要求公司赔偿，应如何处理？

处理要点：（1）工作人员需配合投诉处理部门做好事件情况的如实记录，重点是细节的描述，协助投诉处理部门明确责任。（2）如铁路公司对旅客随身携带行李和物品损坏承担责任，应在第一时间安抚旅客，并根据随身物品受损情况采取相应措施进行弥补，使旅客受损的随身物品恢复原样，再无法弥补的情况下，应根据受损物品的购买价格、折旧情况等要素与旅客协商合理的赔偿金额。

案例二

2016年8月，一名八岁儿童在无成人陪伴下乘坐动车，在到达目的地南京后，由于乘务员工作疏忽，导致儿童自行下车，未与接站人员进行正常交接，且该儿童的随身证件袋遗失在车厢，内有户口簿和其父亲的驾驶证，旅客要求铁路公司处理此事件。

处理要点：由于乘务员工作失误导致未成年儿童自行下车且遗失贵重随身物品，铁路公司应承担相应赔偿责任。首先，乘务员应向旅客致歉，承认工作上的失误，询问儿童情况，争取延后处理时间，在取得旅客同意后，积极寻找失物，并亲自登门将食物和慰问礼品送到旅客手中，再次向旅客承诺，今后将杜绝此类事件发生，以表诚意。

（二）掌握旅客心理活动的具体方法

（1）从旅客的外表、服饰、携带品可以识别旅客的职业、民族和旅行目的。如军人穿军装、警察穿警服；公出人员携带公文包，外出务工人员携带大包；游客行李简单等。

（2）从旅客的外貌、形象和动作语言可以识别其性别、年龄、身体情况等。

（3）从旅客的车票面可以掌握是长途还是短程，是始发还是中转，是买票还是持公用乘车证等。

（4）通过观察旅客的表情、神态，分析判断其心理活动。如有急切心理的旅客坐立不安，心慌意乱；有忧郁心理的旅客，愁眉苦脸，闷闷不乐；有取巧心理的旅客，神色紧张，回避工作人员等。

（5）通过接触、交谈，可以听出旅客是什么地方的人；注意"听"出旅客的性格、情绪，对运输服务企业有哪些意见和要求；有掩饰心理的旅客，也可能回避一些话题或在言谈中给人以假象。

（三）服务方式的改进

服务方式的改进主要是指实现针对性服务，其实现的途径在于转变客运服务人员的服务观念，寻求服务新方式，不断开拓服务新领域，增添服务新内容，做到有的放矢，以满足不同旅客的不同需要。

1. 变体力型为智力型

为满足旅客旅行中物质和精神上的需要，客运服务人员不仅要付出大量的劳动，辛勤服务，同时，还须观察、了解旅客个性心理特征，分析、判断每个旅客的具体心理需要，并想办法满足,做到想旅客之所想,急旅客之所急,帮旅客之所需,使他们高兴而来,满意而去。这是一项创造性的工作,一种高层次的服务,必须运用、开发客运服务人员的智力,使客运服务人员成为智力型的服务人员。

2. 变单一型为综合型

旅客除了购票、托运行李以及对旅行安全及生理等物质方面的需要外,还有一种精神范畴的高级需要,即社交和文化需要。这种高层次的需要,随着经济发展与人民生活水平的逐步提高,正在不断升级。精神需要的服务,有着广泛的领域、极其丰富的内容,有待去开发,有关服务措施应尽快建立,使客运服务工作成为一体化的服务。

3. 变执行型为需要型

旅客的心理需要是发展变化的,并因人而异,越是高层次的服务,其差异性也越大。因此,单纯执行日常的客运服务作业过程和程序,或进行几项规定的服务就算完成任务显然是不够的。要实现优质服务,还必须从旅客的需要出发,根据旅客的不同需要,进行有针对性的服务,从执行型过渡到需要型。

4. 变传统型为科学型

客运服务工作有其规律性,与心理学、社会学、管理学、旅游学、历史学、地理学以及组织学等有着密切的关系。不言而喻,客运服务工作应建立在科学的基础上。由传统的服务方式向科学型转变,无疑是搞好针对性服务的一个重要方面。

5. 变物质型为精神型

满足旅客精神需要非常重要,这里讲一个具体事例。有一位顾客,他非常认可某饭店,称赞道:"这样的饭店,顾客花钱买到的已经不仅仅是食物,还有环境的愉悦、气氛的融洽、人与人之间的尊重和礼仪等诸多精神需求的满足。"这对客运服务部门来说不无启迪意义。

(四)掌握旅客心理活动应注意的问题

1. 掌握旅客旅行的主要心理

前面已经提到,广大旅客的旅行心理极为复杂,客运服务人员不可能,也无必要去一一掌握,只要能在各个旅行环节中,了解旅客的主要心理活动,并据此做好服务工作,就可以说是达到了掌握旅客心理的目的。

对于旅客旅行中的主要心理活动,首先要掌握的是与旅客旅行安全有关的心理活动;然后是与旅行公共秩序、卫生状况、饮食及饮用水供应、就寝就座、安静休息、上下车、检票、补票、站车设备、备品管理等问题有关的心理活动。

在诸问题中,要重点注意与集体有关的心理活动,同时掌握少数旅客、个别旅客的心理活动。在众多旅客中,首先要照顾好重点旅客,了解他们的主要心理活动和需求;对绝大多数不需要重点服务的一般旅客来说,他们的共性心理便是主要心理。例如到餐车就餐,旅客的共性心理是希望经济实惠,菜肴多样化可供选择,卫生可口,等候时间不长。餐车以此为服务标准,就是掌握了旅客的主要心理。俗话说"众口难调",餐车供应要满足全部旅客的个性心理意愿是不现实的。

2. 掌握旅客旅行的具体心理

人们的心理活动表现为抽象的和具体的两个方面，在一定条件下，两者又是相对的。如旅客们有的好静，有的好动，静和动没有截然的界线，既是具体的，也是抽象的。但客运服务人员为满足旅客的旅行心理要求，又必须掌握具体心理，才有生命力，才会达到满意的效果。如有三名旅客在车内来回走动，表现好"动"的特征，经了解是他们带了一瓶白酒，想买点花生米之类的下酒菜，列车员想法给办到了，他们三人非常满意。

要掌握旅客在旅行中的具体心理，要求客运服务人员的服务工作做深做细，甚至于需要提高警惕，增强责任心，才能无愧于自己的职责。

3. 掌握旅客心理，还必须注意从站、车的实际出发

每个车站和某次列车，经常吸引的客流都是具有规律性的。既然有规律，就有其客流特点，服务人员要按照客流特点，掌握旅客的心理活动。

4. 掌握旅客心理，既要注意重点，又要考虑一般

既要掌握旅客的主要心理、具体心理，又要从站、车实际情况出发，这都是为了要在有限的空间和时间内，把旅客运输服务工作尽力做得更具体些、更有实效些，并不是说要掌握重点，就可以不考虑一般；或者说要考虑全面，就难以再帮助重点了。

掌握重点和考虑全面是对立的统一。前者是从掌握旅客旅行心理的主要方法提出的，后者是从总体需要提出的，两者要同等重视，才能圆满地实现优质服务，达到满足旅客运输需求的目的。

本章小结

1. 消费偏好是指顾客对特定商品、品牌或服务场所产生特殊信任，反复、习惯地前往一定的商店，或重复、习惯地购买同一商标或品牌的商品，以获得效用上的最大满足，受消费审美取向、消费价值观、社会文化环境等多种因素的影响。偏好的形成依赖于顾客对态度对象的认识，态度的心理结构主要包括认知、情感和意向三种因素，主要受自身原因（智力、需要、自尊心、兴趣、气质、人格等）及外界环境（服务产品及其他信息）的影响。通过合理的宣传，向顾客传送新的知识和新的信息，有助于消费态度的改变和消费偏好的形成。

2. 消费决策是指消费者谨慎地评价某一产品、品牌或服务的属性并进行选择、购买能满足某一特定需要的产品的过程。科特勒行为选择模型论述购买行为不仅受到营销的影响，还受到外部因素的影响。尼科西亚决策模式由四大部分组成：从信息源到消费者态度；消费者对商品进行调查和评价；消费者采取有效的决策行为；消费者购买行动作为后期的购买参考。恩格尔模式认为，外界信息在有形因素和无形因素的作用下，输入中枢控制系统构成了信息处理程序，并对外部进行选择评估，产生了决策方案。霍华德—谢思模式认为消费者受刺激物和以往购买经验的影响，开始接收信息并产生各种动机，产生某种倾向和态度，与其他因素结合后，便产生购买结果。

3. 旅客旅行的共性心理是指所有旅客在乘车旅行的过程中从开始买票到旅行终了，经过各个环节，遇到各种情况，所具有的相同的心理活动。每一个旅客在整个旅行过程中（包括旅行的准备工作及乘车旅行）一直的需要主要表现为以下几个方面：安全、顺畅、快捷、方便、经济、舒适、安静。在旅客旅行过程中，可分为旅行动机的产生、工具的选择、购票、接驳方式、进站上车、车上旅行、下车出站、继续旅行八个阶段，对此，应当提供车站、列车及延伸等全方位的服务。

4. 与人们在旅行时的共性心理对应的，是由于自身条件、旅行条件、个人性格等方面的差异在旅行中产生的个性心理。从顾客气质、职业、旅行目的等角度出发将市场细分，研究每一类旅客的心理需要，提高服务质量。客运服务人员可以通过旅客的衣着、外貌、言行、举止和表情分析旅客的个性心理，结合自己的工作经验、分析和判断能力、应变能力等，不断改进服务方式，提高服务质量。

课后思考题

1. 影响消费偏好的因素有哪些？
2. 简述态度的三个阶段及决策的不同模式。
3. 简述旅客旅行的共性心理、个性心理及如何提供服务。
4. 案例分析：

（1）旅客五人持一张车票和四张站台票要求进站候车，现有以下四种情况：第一，持票旅客行动不便；第二，家长四人送孩子上学；第三，因乘车人的行李物品过多，一人不易拿上车，需要多人送行；第四，无特殊原因，乘客坚持多人送站。对于上述各种情况应如何处理？

（2）春运期间，旅客小刘要乘坐郑州开往上海的动车回家，由于堵车，小刘到车站检票口时已经停止检票，但是列车还未驶离车站。检票人员告知其错过检票时间，小刘情绪很激动，强烈要求进站上车。对于这种情况，应如何应对？是否能够放行，让旅客进站台上车？

（3）广州到深圳的动车上，两名旅客均持有九号车厢12C的车票，两人争执无法就座，车厢内旅客较多，造成过道拥挤，九号车厢多名旅客站在过道上。发生上述事件，乘务员应如何处理？

5. 设计服务质量调查问卷，对铁路站、车服务质量进行分析并提出改进措施。

第四章 消费行为、习俗与服务心理

【导语】

在日常生活中，可以说每个人都是消费者，人们为了满足自己吃、穿、用、住、行以及休闲娱乐的需要也发生了大量与之相关的消费行为和消费习惯，因此消费行为是客观存在的社会现象。在市场经济条件下，现代企业的营销活动是以消费者为中心的，因此了解顾客消费的行为偏好对于我国发展社会主义市场经济和企业开展营销活动都具有极为重要的理论与现实意义。

第一节 消费行为和消费决策

在市场竞争日益激烈的今天，如果不了解消费者，不了解消费行为，企业就无法获得利润，甚至可能无法生存。因此，研究消费者的行为，不仅事关企业的营销战略的实现，还直接关系到企业未来的生存与发展问题。

一、消费行为

如前所述，消费行为是一种客观存在的社会现象。在界定什么是消费行为之前，我们先了解一下与之相关的几个概念。

（一）消费的含义

人类的消费活动与人类的生产活动是相伴而来的，是人类赖以生存和发展的基础，也是人类社会进步与发展的基本前提。

人类的消费在广义上包括生产性消费和生活性消费。所谓生产性消费，是指在物质资料生产过程中，人类对各种工具、设备、原材料等生产资料以及劳动力的使用和耗费；所谓生活性消费，是指人们为了满足自身需要而消耗的各种物质产品、精神产品和劳动的行为和过程。

一般认为，消费是指人们为满足需要而消耗各种物质产品及非物质产品的行为和过程。我们在日常生活当中所说的消费，一般指的就是狭义的消费，也就是生活消费。

（二）消费者的行为

在了解消费的含义之后，我们再来看什么是消费者行为。所谓消费者行为，是指人们为满足需要和欲望而寻找、选择、购买、使用、评价及处置产品和服务时介入的活动和过程。

在日常生活中，消费者行为经常和消费者心理同时出现，有时二者甚至可以通用。这一方面说明了二者的侧重点有所不同，消费者心理注重与消费者内部心理过程的研究，而消费者行为主要是对消费者的外在活动或行为感兴趣；另一方面说明了它们之间的密切联系，消费者行为是消费者心理的具体表现，只有通过对消费者心理进行深入的分析，才能更透彻地分析和研究消费者的行为。

（三）研究消费者行为的意义

在现实生活中，我们每一个人都是消费者，对消费者行为进行研究具有非常重要的意义。具体来说，研究消费者行为有以下几个方面的意义。

（1）研究消费者行为可以引导消费者合理消费，从而保护消费者的权益。

第一，研究消费者行为可以引导消费者合理消费。

我们每个人都是消费者。一方面，我们希望企业能够在了解消费者行为的基础上生产出能满足我们需要的产品；另一方面，作为消费者的我们也希望通过对消费者行为这一学科相关知识的了解，能够使自己成为一个精明的消费者，不会上当受骗。通过对消费者行为的研究，可以引导消费者建立正确的消费观念和消费方式。例如，在计划经济时代，我国的社会生产力总体水平比较低，商品匮乏，人们的消费观念和消费方式比较单一，勤俭节约是当时的消费主流，人们崇尚的是"新三年，旧三年，缝缝补补又三年"的消费理念；改革开放以来，特别是近些年来，随着人们生活水平的提高，消费者消费观念发生了很大变化，追求时尚化、个性化的消费观念已为越来越多的人所接受。

第二，研究消费者行为可以更好地保护消费者权益。

在市场经济环境下，有一些企业会采用坑蒙拐骗的不法手段欺骗消费者，通过对消费者行为进行研究，可以发现甚至可以总结出消费者容易上当受骗的消费情境，从而对消费者未来的消费行为起到警示作用，从一定程度上可以保护消费者权益不受损害。与此同时，通过对消费者行为进行研究，也可以发现并分析消费者冲动性购买、不当消费以及其他一些导致不公平交易行为产生的原因，从而教育并警示消费者，进而保护消费者权益。

（2）研究消费者行为有利于企业赢得消费者信赖。

现代市场营销观念强调企业的营销活动必须以消费者为中心，企业要想获得最大利润就必须去了解和满足消费者的需要，只有满足了消费者的需要，企业才能使消费者满意。

对于消费者来说，企业营销活动的结果就是要满足自己的需要。消费者所购买的不论是有形的产品还是无形的服务，都是为了追求一定需要的满足。因此，判定企业成败的关键，便是赢得消费者的程度，即消费者的满意度。

营销实践表明，消费者的需要被满足得越充分，他们的满意度就越高，很多企业已经逐渐意识到，保持一个老客户比吸引一个新客户更容易，并且它的成本只有后者的1/5。因此，研究消费者行为不仅有利于企业更好地满足消费者的需要，也有利于企业更好地赢得消费者。

（3）研究消费者行为可以帮助企业制定有效的市场营销战略。

在现代市场经济条件下，随着社会生产力飞速发展，许多商品形成了供过于求的买方市场，在这种情况下，消费需求复杂多变，从而也使企业之间的竞争日益加剧。企业制定市场营销战略的目的主要是使企业在激烈的市场竞争中立于不败之地，这就要求企业必须调查消费需求的信息，研究消费者的行为及影响消费者行为的各种因素，有针对性地制定相应的市场营销战略，以不断提高企业的市场竞争力。

（4）研究消费者行为有利于国家宏观经济政策的制定和生态环境的保护。

从宏观层面来讲，研究消费者行为不仅有利于国家宏观经济政策的制定，而且对生态环境的保护也大有裨益。

第一，研究消费者行为有利于国家宏观经济政策的制定。

国家的经济政策是制约国民经济发展的决定因素，其制定必须以市场商品供应与消费需求的客观状况为依据。国家只有透彻地了解消费者的购买心理和行为规律，把握影响消费者购买行为的各项因素，准确地预测消费需求的变动趋势，才能制定正确的财政政策、金融政策、投资政策和各项法律法规，从而实现商品供应与商品需求的平衡，促进国民经济健康、持续、协调地发展。否则，就可能出现有效需求不足或过度消费、超前消费等现象，这将导致国民经济发展失衡，进而影响人民生活水平的提高。

第二，研究消费者行为有利于生态环境的保护。

科学技术和社会生产力的进步在促进社会经济发展的同时，可能又带来了生态环境的破坏。我国改革开放以来，一些企业缺乏生态环境保护意识，为了自身利益而在生产经营活动中肆意破坏生态环境，导致生态环境急剧恶化，甚至在有的地方，经济的发展是以牺牲环境为代价的。例如，城市汽车数量增加，在造成交通拥挤的同时，也加剧了空气污染；更为严重的是，这也增加了对不可再生资源，如汽油的需求和消耗。现在我国很多大城市集中爆发"城市病"，不仅影响了经济的发展，也大大降低了人们生活的质量。因此，研究消费者心理和行为有助于人类正确认识自己的需求，减少无益消费和有害消费，减少污染，节约资源，从而更好地保护人类赖以生存的生态环境。

（5）消费者行为与企业营销战略。

如前所述，研究消费者行为可以帮助企业制定有效的市场营销战略。在任何市场竞争的环境中，单纯地依靠资金实力、技术因素等都无法使企业获得成功，真正的成功必然有赖于企业的决策者如何最大限度地研究消费者行为与营销战略。虽然消费者是企业利润的源泉，但是如何研究消费者行为与企业的营销战略是每个企业所面临的最重要问题。

企业的市场营销活动是以满足市场需求为中心的,在消费者市场上,市场需求主要来源于消费者需求。企业要提高市场营销的效率,有针对性地制定产品、价格、渠道和促销策略,充分满足消费者需要,实现企业的营销目标,就必须充分认识消费者需求的特征,深刻分析消费者的心理活动过程,在准确分析消费者购买动机的基础上把握消费者的购买行为。

二、消费决策

我们可以看到,消费者在决策过程中主要包括问题确认、信息搜寻、方案评估、购买决策以及购买后的行为。假如我们能够了解消费者的购买决策过程及其影响因素,就可以通过影响和控制这些因素来影响消费者的购买行为,在提高顾客满意度的同时不断提高顾客的忠诚度,从而达到提高企业营销绩效的目的。

我们先来了解什么是消费决策。消费决策是指消费者谨慎地评价某一产品、品牌和服务的属性并进行选择、购买能满足某一特定需要的产品的过程。

(一)消费决策的特点

1. 消费者购买决策的目的性

消费者进行决策,就是要促进一个或若干个消费目标的实现,这本身就带有目的性。在决策过程中,要围绕目标进行筹划、选择、安排,就是实现活动的目的性。

2. 消费者购买决策的过程性

消费者购买决策是指消费者在受到内、外部因素刺激,产生需求,形成购买动机,抉择和实施购买方案,购后经验又会反馈影响下一次的消费者购买决策,从而形成一个完整的循环过程。

3. 消费者购买决策主体的需求个性

购买商品行为是消费者主观需求、意愿的外在体现,受许多客观因素的影响,除集体消费之外,个体消费者的购买决策一般都是由消费者个人单独进行的。随着消费者支付水平的提高,购买行为中独立决策特点将越来越明显。

4. 消费者购买决策的复杂性

(1)心理活动和购买决策过程的复杂性。决策是人大脑复杂思维活动的产物。消费者在做决策时不仅要开展感觉、知觉、注意、记忆等一系列心理活动,还必须进行分析、推理、判断等一系列思维活动,并且要计算费用支出与可能带来的各种利益。因此,消费者的购买决策过程一般是比较复杂的。

(2)决策内容的复杂性。消费者通过分析,确定在何时、何地、以何种方式、何种价格购买何种品牌商品等一系列复杂的购买决策内容。

消费者的购买决策受到多方面因素的影响和制约，具体包括消费者个人的性格、气质、兴趣、生活习惯与收入水平等与主体相关的因素；消费者所处的空间环境、社会文化环境和经济环境等各种刺激因素，如产品本身的属性、价格、企业的信誉和服务水平，以及各种促销形式等。这些因素之间存在着复杂的交互作用，它们会对消费者的决策内容、方式及结果有不确定的影响。

5. 消费者购买决策的情境性

由于影响决策的各种因素不是一成不变的，而是随着时间、地点、环境的变化不断发生变化，因此，同一个消费者的消费决策具有明显的情境性，其具体决策方式因所处情境不同而不同。由于不同消费者的收入水平、购买习惯、消费心理、家庭环境等影响因素存在着差异性，因此，不同的消费者对于同一种商品的购买决策也可能存在差异。

（二）消费购买决策的模式

人类行为的一般模式是"S-O-R 模式"，即刺激—个体生理、心理—反应，该模式表明消费者的购买行为是刺激所引起的。消费者在各种因素的刺激下，产生动机，在动机的驱使下，做出购买商品的决策，实施购买行为，购后还会对购买的商品及其相关渠道和厂家做出评价，这样就完成了一次完整的购买行为过程。

第二节　文化与服务

文化是一个民族共有的精神家园，它深深地打上了民族的烙印。

一、文化的概念、分类、特征及功能

在古代，文化两个字本是单独使用的。"文"最初指动物身上的纹理和器物上的纹样，也指各种食物的颜色混杂在一起。"化"是指变化多端、色彩艳丽的花朵。

这里所说的"文化"不是指一般知识或文化水平，文化是一个群体或社会有关语言、信仰、价值观念、风俗习惯、教育等全部生活方式的总和。文化没有高下之分，而且在社会学家看来，没有无文化的社会，甚至也没有无文化的人！我们每一个人都诞生于某种复杂的文化中，它对我们一生的生活和行为都会产生巨大的影响。

（一）文化的概念

一般来说，文化包括物质文化、精神文化以及高雅的文学艺术。

1. 物质文化

文化必须包含物质文化。物质文化是指为了满足人生存和发展需要所创造的物质产品及其所表现的文化，包括饮食、服饰、建筑、交通、生产工具等，这些是文化要素或者文化景观的物质表现方面。

2. 精神文化

精神文化主要是指人类精神文化方面的创造性成果，并不包括物质生产及其器物性、实体性成果。我国学者多注意到了文化含义的广狭之分，认为广义的文化应该包括物质、制度、精神心理等所有范畴，狭义的文化则应指精神文化的创造与成果。英国学者泰勒关于文化的定义就倾向精神方面。

3. 高雅的文学艺术

沿袭了传统和现实生活中人们对文化的直观理解，即把文化理解为以文学、艺术、音乐、戏剧等为主的艺术文化，是人类"更高雅、更令人心旷神怡的那一部分生活方式"，是"弹钢琴谈论勃朗宁的诗"那一类内容，或者就是曲高和寡式的阳春白雪。

（二）文化的分类

1. 物质生产文化

物质生产文化是指人类物质生产过程及其物质生产的实体性、器物性成果，它们中凝聚了人类认识、改造自然的精神因素，但主要显示物的实体性质，它在物质生产领域内显示人的本质力量的对象化、客观化程度。物质生产文化主要包括由劳动者、劳动资料、劳动对象构成的现实生产力和满足人类最基本的衣食住行的生存需要的消费资料。

2. 制度行为文化

人类的社会实践中建立的各种规章制度、组织形式，以及在人际交往的历史中形成的风俗习惯，构成人类的制度行为文化。制度行为文化包含两个层次，在上的层面为制度文化，而制度文化的长期运行又形成在下的民俗民风文化，即行为文化，所谓"在上为礼，在下为俗"。

制度文化指人类依据一定的思想观念建立起来的国家根本制度，如经济制度、政治制度、法律制度、教育制度、婚姻制度等，还包括社会组织机构和工作部门的设置形式及其结构以及与之相应的制度、规章、条例等。

行为文化是在制度文化影响下长期形成的民族的、地域的风俗习惯、行为礼仪、交往方式和节庆典礼等。这种行为文化从属于一定文化体系，往往超越制度文化的文化的功能与作用结合：物质文化和非物质文化的变更而更具有历史性。

3. 精神心理文化

精神心理文化由人类社会实践和意识活动长期孕育而成的价值观念、思维方式、道德情操、审美趣味、宗教感情、民族性格等因素构成。反映人的内心世界，潜伏在整个文化系统的深层。精神心理文化又分为制度文化相对应的意识形态层，与风俗习惯行为文化相对应的社会心理文化层。

意识形态文化包括政治理论、法权观念等基础意识形态和哲学、宗教、文化、艺术等更具其观念特征的意识形态。

社会心理文化是某一时代、某一地域、某一民族、某一社会形态下长期形成的集体文化心理结构，是风俗习惯等行为文化的内化方式。它表现为思维方式、价值取向、伦理观念、宗教情感和审美情趣的不同。我们说，某一民族或某一地域的文化之所以表现出鲜明的独特性，与其民族文化形成的心理结构密切相关。

（三）文化的特征

文化人类学家对文化的特征的解释可谓是仁者见仁、智者见智，现将多数人认同的特征概括如下：

（1）文化是后天习得的，这种后天习得和传递是一个扬弃的过程。

（2）文化具有强制性，有直接强制和间接强制之分。

（3）文化具有适应性，一般说来，任何民族的文化必须适应该民族生存的自然和社会环境。

（4）文化是不断变迁的，文化变迁是一种永恒的社会现象，文化只是在不断变迁中获得发展和进步。这是一个不以人的意志为转移的客观过程。

文化具有鲜明的独特个性，不同文化之间存在着各种各样的差异，这些差异不仅表现在物质成果上，也反映在人们的社会规范、组织构成、风俗习惯、价值观念、思维方式等之上，由于服务所具有的无形性、差异性、易逝性等特点，使得对服务的评价较之有形产品来说更加困难。服务提供组织与顾客之间发生的服务接触是服务生产与管理中有别于有形产品的重要环节，是影响顾客对服务总体评价的重要因素。除了对单一文化背景下的服务接触进行深入研究之外，一些学者也对不同文化背景下的服务接触和顾客行为意愿的关键因素之间的联系进行了探讨。

（四）文化的功能

1. 记录功能

当文字还没有出现时，人们就将经验、知识、观念等口耳相授，代代相传。各民族的文化几乎都是在口头文学的基础上发展起来的。

2. 认知功能

人类的认识过程总是受到文化现象的制约和规范的。人类正是通过文化，不断积累经验，改进思维方式，提高认知能力，从而逐渐地认识自然、认识社会、认识自身、认识世界。人们还通过文化，不断改进已有的物质认识工具，并创造出新的物质认识工具，从而使自己认识的能力不断扩大和深入，质量不断提高，速度不断加快。

3. 传播功能

任何一种文化现象都是社会现象，它在社会交往中产生和发展，就会在社会交往中得到传播，言语和文字既是文化现象，又是文化的载体，其传播功能特别巨大。

4. 教化功能

文化被创造后就成了人们生活环境中的有机组成部分，我们称之为"文化环境"。文化一旦产生会反过来影响人、塑造人。从呱呱坠地开始，每个人就生活在特定的文化环境中，父母教他识器物明爱憎，学校教他学知识懂做人，在各种规章制度、风俗习惯、言行举止中适应社会。文化潜移默化地教化着人，使之社会化，使之成为社会的人。文化环境发生变化亦可使人的思维方式、行为习惯、价值观念、审美趣味发生变化。近朱者赤、近墨者黑，文化教化功能可以是积极的，也可能是消极的。

5. 凝聚功能

文化可使一个社会群体中的人在同一文化类型或模式中得到教化，从而产生相同的思维方式、价值观念及行为习惯，而紧紧团结在一起，产生巨大的凝聚力。

6. 调控功能

任何社会群体为了共同的生存和发展，在实践过程中都会要求其成员遵守一定的行为准则和道德标准，使人们明是非、辨善恶，使某种价值观、审美观趋向一致。这就是文化的调控功能。文化的调控功能主要靠精神型文化和行为型文化来实现。文化的调控功能是客观存在的，我们应该以积极的态度和科学的精神优化文化的调控功能。丰富的知识、优美的艺术、健康的体育竞技都能给人以美的熏陶、美的享受，能直接或间接地调节人们的社会生活，应予以大力提倡与推广。

二、文化差异与服务

（一）文化差异

一个民族的文化直接影响着该民族的人对事物的认识。文化差异产生的原因包括自然地理因素、文化因素、经济发展水平、语言沟通障碍等。

（二）跨文化差异与服务

不同的文化差异在日常生活中处处可见。一个民族的文化直接影响着该民族的人对事物的认知。

文化的差异性主要表现在以下几个方面。

1. 语言差异

不同语言之间具有相似性，也具有差异性，这是人类语言的本质，在中外语言文化交流、助推国际交流与合作等方面发挥着重要作用，从而真正实现内涵式发展。

2. 价值观的差异

东西方国家存在价值观差异，主要表现为价值取向不同、社会本位不同、交往观念不同。

3. 认知差异

人们在使用语言的同时，就是在用这种语言中附带的社会属性如经济、文化、政治等构建语境，必然会形成独特的思考方式，带有自己认知上的偏见或者包含着特定概念上的刻板印象等。

4. 非语言沟通的差异

指的是使用除语言符号以外的各种符号系统，包括形体语言、副语言、空间利用以及沟通环境等。在沟通中，信息的内容部分往往通过语言来表达，因此非语言沟通常被错误地认为是辅助性或支持性角色。

5. 生活和工作方式的差异

人在觉知外界时通常有两种不同的反应，即喜欢或不喜欢。

6. 沟通习惯的差异

中西方交往沟通中的差异是各种各样的，其中有几个方面，如卷入度、行为方式、自我表现和人格特质等方面的差异最为显著。

（三）跨文化背景下顾客对服务质量的感知差异

1. 服务质量的感知

服务质量是指服务能够满足规定和潜在需求的特征和特性的总和，是指服务工作能够满足被服务者需求的程度，是企业为使目标顾客满意而提供的最低服务水平，也是企业保持这一预定服务水平的连贯性程度，在比较顾客的服务期望和实际服务经历后确定。顾客满意度和服务质量是决定企业市场份额和利润的两个重要因素。根据帕什尔麦（Parasuraman）、泽斯曼尔（Zeithaml）和贝里（Berry）（以下简称PZB）的研究，顾客对服务质量的感知与期望的比较决定顾客是否满意。当顾客感知服务质量超出期望，顾客满意甚至惊喜；反之，当顾客感知服务质量低于期望，顾客则会不满意。顾客是感知服务质量的主体，最终判断服务质量是否优质。而顾客对感知服务质量的评估会受到由其文化背景所决定的价值观和思维方式的影响，文化是顾客评估感知服务质量的过滤镜，决定顾客评价感知服务质量的标准以及对不同标准所赋予的重要程度。因此，在全球化市场的背景下，掌握企业在全球市场中有效配置资源、提高顾客感知服务质量和满意度具有重要意义。国外对服务质量的研究主要开始于20世纪70年代，北欧一些学者首先对服务问题进行了研究，当时主要是依据有形产品的质量概念从内部效率的角度将其内涵界定为服务结果应符合的规范。国外对服务质量深入和广泛的研究开始于 20 世纪 80 年代初，质量的感知是一种高层次抽象的评估形势，类似于态度，服务质量由顾客的认知程度决定，受制于顾客过去经验与主观知觉。Oliver（1981）指出服务质量并非指满意度，满意度是消费者对事件暂时性的反映，而服务质量是消费者对于事件持续性的评价。

1982 年，Gronroos 提出了顾客感知服务质量的概念，他认为服务质量本质是一种感知，它由顾客的服务期望和实际服务经历的比较确定。服务质量的高低取决于顾客的感知，服务质量的最高评价者是顾客而不是组织，并且从技术层面与功能层面来切入研究服务质量，他认为服务质量可以分成两个层面：技术质量和功能质量。其中技术质量是指员工于服务中所提供的东西；功能质量则代表员工是如何提供服务的，这涉及员工与顾客间的互动。Gronroos 所创建的顾客感知服务质量模型与差异分析方法为理论界和实务界了解服务的特性提供了一个基本的理论框架，也为企业真正从顾客需要出发，推动顾客导向的管理提供了新的认识途径和管理基础。

Garvin（1983）认为服务质量是一种感知性的质量，而非目标性的质量。换句话说，服务质量是消费者对事物的主观反映，无法从事物的性质和特点上加以量化和衡量。

Quelch Takauchi（1983）认为服务质量需要分为三个阶段来衡量，因为在消费前、消费中和消费后的行为不相同，每个阶段都有不同的考量因素。消费前：公司品牌及形象、过去经验、顾客口碑、商店信誉等；消费中：绩效衡量标准、对服务人员的评价、保证条款、服务与维修政策等；消费后：使用安装的便利、维修和顾客抱怨与保证的处理以及服务的有效性、可靠性、相对的绩效等。

Lehtinien（1985）从顾客的观点出发来衡量服务质量，认为服务质量是由过程质量和产出质量两方面组成的，过程质量表示在服务的过程中顾客对服务的主观评价，而产出质量表示顾客对服务结果的衡量。

综上所述，有关服务质量已经从最初的基于有形产品的服务质量定位到感知服务质量的概念，从外部顾客感知服务质量到内部服务质量的观点。其主流观点主要是将服务质量定义为一种顾客对实际服务绩效与服务期望之间的差距。服务质量主要由技术质量和功能质量两个部分构成，服务的技术质量是有服务提供者所提供的服务，而功能质量是指提供服务的过程和方式，强调服务人员与顾客的互动过程。

2. 顾客感知服务质量的构成

顾客感知的服务质量包括两个方面，即技术质量和功能质量。服务的技术质量是指服务产出具备的适当的技术属性和质量，或者说是服务过程的产出，它是顾客在服务中得到的实际内容，属于"硬"的方面。顾客一般能客观地评价服务的技术质量，如银行运用电脑完成各项业务、航空运输中通过飞机将旅客送往目的地、饭店通过烹饪为就餐者提供食物。然而，服务质量不仅由技术质量决定，技术质量不能代表顾客感知的全部服务质量。对服务而言，更重要的是功能质量，服务的功能质量是指服务是如何提供的，即服务的技术要素被传递的方式。功能质量是顾客在服务的生产和消费以及接受服务的过程中所感知的质量，是顾客的消费感受，它与服务人员的态度和行为、衣着与仪表以及员工与顾客的相互作用等"软"因素密切相关。顾客对服务的功能质量的评价是一种主观评价，并贯穿于服务评价的全过程。

3. 顾客对服务质量的感知差异

我们认为服务质量是由一些重要性不同的，能满足人们需要的要素构成的一个要素体系，这些要素体现了消费者在评价服务质量时，对服务的各方面、各过程、各阶段的认知和评价。在对服务质量的进一步研究中，服务质量是一种期望与感知之间的差异，在服务过程中存在五个差距：

差距1：顾客对服务的期望与服务人员对这些期望的理解之间的差距。

很多因素使得服务人员不了解顾客的期望：他们不可能与顾客直接沟通，不愿意了解顾客期望或不准备解决这些问题。如果负责制定标准的人员不能充分理解顾客对服务的期望，就有可能触发一系列糟糕的决策和次优的资源分配，从而给人以服务质量低劣的感觉。

差距2：企业对顾客期望的理解与制定顾客驱动的服务标准之间的差距。

在服务企业中，一个重复的课题是将顾客期望转变为服务质量标准时所遇到的困难，差距2就反映了这些问题。顾客驱动的标准与大多数服务企业建立的传统绩效标准的不同之处在于，它们是与顾客期望的标准相对应的服务标准，而不是与诸如生产力或生产效率这类企业所关心的问题相对应。

差距3：制定顾客驱动的服务标准与服务人员的实际服务绩效之间的差距。

即便公司有良好的服务绩效指南并正确对待顾客，也未必一定会有优质的服务绩效。服务标准一定要有适宜的资源（人员、系统和技术）做支持，并且必须不断强化以使之更有效，即必须在这些标准的基础上评估和奖励员工。因此，即使标准恰当地反映了顾客的期望，如果公司不能为之提供支持，即公司不能协助、鼓励和要求员工达到标准，标准也不能发挥作用。如果服务传递的绩效低于标准，那么也就低于顾客的期望。确保达到标准所需的所有资源以缩小差距3，以减少顾客差距。

差距4：实际提供的服务与其宣传的服务承诺之间的差距。

服务企业通过媒体广告、销售人员以及其他沟通手段做出的承诺有可能提高顾客期望，而顾客则以此来作为评价服务质量的标准。所以，实际提供的服务与承诺的服务之间的差距将从负面影响顾客差距。不能实现承诺可能是出于以下原因：广告或人员销售过程中过度承诺；生产运作部门与市场部门没有很好地协调；各服务网点的政策与流程不一致。一些隐性的外部沟通因素也会影响顾客对服务质量的评价。比如，服务企业不能经常利用机会培训顾客如何正确地使用服务。他们也常常不能管理顾客期望，即顾客预期将在服务交易和关系中得到怎样的服务。外部沟通，无论是来自营销沟通还是定价，都可能提供顾客对服务传递的期望，从而制造更大的顾客差距。

差距 5：顾客差距，即顾客期望与顾客服务感知之间的差距。

企业需要弥合这一差距——介于顾客期望与所得到的服务之间，以便能够满足顾客，并与之建立长远的关系。

第三节 消费习俗与文化产品

一、消费习俗

消费习俗是人们在长期的消费过程中形成的，具有一定倾向性的消费习惯，是社会风俗的主要组成部分，一旦形成就不易变动，可以被后代继承与传续，不同的消费习俗培养出不一样的消费群体，能够引起或改变消费者的购买欲望、购买需求，分析消费习俗对消费者的消费心理影响的规律性和特点，有利于了解消费需求，也有利于正确引导健康消费。

（一）消费习俗的内涵

所谓的习俗就是指风俗习惯。消费习俗是人们社会生活习俗中的重要习俗之一。它是指一个地区或民族的人在长期的经济活动与社会活动中由于自然的、社会的原因所形成的独具特色的倾向性的消费习惯，主要包括人们对信仰、饮食、婚丧、节日及服饰等物质与精神产品的消费习惯。

消费习俗是人们在长期的消费过程中形成的，具有一定倾向性的消费习惯，具有特定性、长期性、社会性、地域性、非强制性等特征，一旦形成就不易变动，可以被后代继承与传续，是一种特殊的消费模式。

（二）消费习俗的分类

由于消费习俗的特定性、地域性等特点，不同国家、地区、民族的人形成了各种各样的消费习俗；总的来看，消费习俗包括物质生活消费习俗和社会活动消费习俗两大层次分类。

1. 物质类消费习俗

物质消费习俗由地区环境形成，主要涉及物质生活范畴，具体包括以下几方面：

（1）饮食消费习俗。不同的国家、不同的地区有自己的饮食消费习俗。随着经济的发展，物质的流通便捷，地域限制造成的饮食习俗差异会缩小，影响力会变弱。

（2）服饰消费习俗。服装方面的消费习俗，主要是由于国家、民族、气候、环境、生活交往的差异，或者由于民族传统而形成的消费习惯。

（3）住宿消费习俗。由于不同地区气候环境以及经济条件不同，人们在建造房子时有很大的区别。如陕北人喜欢住窑洞、福建人喜欢住土楼等，由气候、环境、生活方式的差异表现出了强烈的地域差异特色。

2. 社会文化类消费习俗

社会文化类消费习俗是一种非物质的消费习俗，具有更强的稳定性，不同的视角有不同分法，主要包括民族性消费习俗、节日性消费习俗、社会文化性消费习俗、宗教信仰性消费习俗等。

（1）民族习俗。不同的民族既有其独特的文化，也有其独特的民族习惯，独特的消费习惯影响着人们的消费行为。

（2）节日习俗。每个民族都有其悠久的政治和经济发展历史，有自己独具文化特色的节日习俗，按照不同的视角，各国、各地、各民族，形成了各种各样的节日。各个商家也会在不同的节日开展一系列活动吸引消费者，从而引起人们购买节日用品的兴趣，并以此来满足消费者需要。

（3）文化活动习俗。由社会政治、经济、文化发展而引起的消费习俗，是在较高文明程度基础上形成的消费习俗。如潍坊风筝节、洛阳牡丹文化节、青岛国际啤酒节、北京地坛春节庙会、舞龙舞狮等。

（4）宗教习俗。宗教是人类社会发展到一定历史阶段出现的一种精神现象，相信并崇拜超自然的神灵，它对信仰宗教的人的消费行为起着绝对约束的作用。不同宗教有其不同的文化倾向和戒律，也同时具有一些信仰性的消费习俗和一些禁忌的消费习俗，影响人们的消费行为。对企业来说，宗教节日往往是一年中难得的商机。

二、文化产品

（一）文化产品的含义

文化产品，广义的文化产品是指人类创造的一切提供给社会的可见产品，既包括物质产品，也包括精神产品；狭义的文化产品专指精神产品，纯粹实用的生产工具、生活器具、能源资材等，一般不称为文化产品。文化是人文科学研究的基本问题之一。广义的文化是指人类创造的一切物质产品和精神产品的总和。狭义的文化专指语言、文学、艺术及一切意识形态在内的精神产品。

"文化"一词在西方来源于拉丁文，原义是指农耕及对植物的培育。自15世纪以后，逐渐引申使用，把对人的品德和能力的培养也称之为文化。在中国的古籍中，"文"既指文字、文章、文采，又指礼乐制度、法律条文等。"化"是"教化""教行"的意思。从社会治理的角度而言，"文化"是指以礼乐制度教化百姓。汉代刘向在《说苑》中说："凡武之兴，谓不服也，文化不改，然后加诛。"此处"文化"一词与"武功"相对，含教化之意。南齐王融在《曲水诗序》中说："设神理以景俗，敷文化以柔远。"其"文化"一词也为文治教化之意。文化一词的中西两个来源，殊途同归，今人都用来指称人类社会的精神现象，抑或泛指人类所创造的一切物质产品和非物质产品的总和。历史学、人类学和社会学通常在广义上使用文化概念。

文化一词尚无统一的定义。在近代，给文化一词下明确定义的，首推英国人类学家泰勒。他在《原始文化》一书中指出："据人种志学的观点来看，文化或文明是一个复杂的整体，它包括知识、信仰、艺术、伦理道德、法律、风俗和作为一个社会成员的人通过学习而获得的任何其他能力和习惯。"

英国人类学家马林诺夫斯基发展了泰勒的文化定义，于20世纪30年代著《文化论》一书，认为"文化是指那一群传统的器物、货品、技术、思想、习惯及价值而言的，这概念包容着及调节着一切社会科学。我们亦将见，社会组织除非视作文化的一部分，实是无法了解的"。他还进一步把文化分为物质的和精神的，即所谓"已改造的环境和已变更的人类有机体"两种主要成分。

用结构功能的观点来研究文化是英国人类学的一个传统。英国人类学家拉德克利夫-布朗认为，文化是一定的或社会阶级与他人的接触交往中习得的思想、感觉和活动的方式。文化是人们在相互交往中获得知识、技能、体验、观念、信仰和情操的过程。他强调，文化只有在发挥功能时才能显现出来，如果离开社会结构体系就观察不到文化，例如父与子、买者与卖者、统治者与被统治者的关系，只有在他们交往时才能显示出一定的文化。法国人类学家列维-斯特劳斯从行为规范和模式的角度给文化下定义，他提出："文化是一组行为模式，在一定时期流行于一群人之中，并易于与其他人群之行为模式相区别，且显示出清楚的不连续性。"英国人类学家R.弗思认为，文化就是社会。社会是什么，文化就是什么。他在1951年出版的《社会组织要素》一书中指出，如果认为社会是由一群具有特定生活方式的人组成的，那么文化就是生活方式。美国文化人类学家克罗伯和科拉克洪在1952年发表的《文化：一个概念定义的考评》中，分析考察了100多种文化定义，然后他们对文化下了一个综合定义："文化存在于各种内隐的和外显的模式之中，借助符号的运用得以学习与传播，并构成人类群体的特殊成就，这些成就包括他们制造物品的各种具体式样，文化的基本要素是传统（通过历史衍生和由选择得到的）思想观念和价值，其中尤以价值观最为重要。"克罗伯和科拉克洪的这一文化定义为现代西方许多学者所接受。

（二）文化产品要素

文化产品包括精神要素、语言和符号、规范体系、社会关系、物质产品等要素。

1. 精神要素

精神要素即精神文化。它主要指哲学和其他具体科学、宗教、艺术、伦理道德以及价值观念等，其中尤以价值观念最为重要，是精神文化的核心。精神文化是文化要素中最有活力的部分，是人类创造活动的动力。没有精神文化，人类便无法与动物相区别。价值观念是一个社会的成员评价行为和事物以及从各种可能的目标中选择合意目标的标准。这个标准存在于人的内心，并通过态度和行为表现出来。它决定人们赞赏什么、追求什么、选择什么样的生活目标和生活方式。同时，价值观念还体现在人类创造的一切物质和非物质产品之中。产品的种类、用途和式样，无不反映着创造者的价值观念。

2. 语言和符号

两者具有相同的性质，即表意性，在人类的交往活动中，二者都起着沟通的作用。语言和符号还是文化积淀和贮存的手段。人类只有借助语言和符号才能沟通，只有沟通和互动才能创造文化，而文化的各个方面也只有通过语言和符号才能反映和传授。能够使用语言和符号从事生产，创造出丰富多彩的文化，是人类特有的属性。

3. 规范体系

规范是人们行为的准则，有约定俗成的如风俗等，也有明文规定的如法律条文、群体组织的规章制度等。各种规范之间互相联系，互相渗透，互为补充，共同调整着人们的各种社会关系。规范规定了人们活动的方向、方法和式样，规定语言和符号使用的对象和方法。规范是人类为了满足需要而设立或自然形成的，是价值观念的具体化。规范体系具有外显性，了解一个社会或群体的文化，往往是先从认识规范开始的。

4. 社会关系

文化建设具有不同于经济建设的特殊要求，文化产品具有不同于物质产品的特殊属性。

本章小结

1. 消费者行为的概念

所谓消费者行为，是指人们为满足需要和欲望而寻找、选择、购买、使用、评价及处置产品和服务时介入的活动和过程。

2. 研究消费者行为意义

（1）研究消费者行为可以引导消费者合理消费，从而保护消费者的权益。

（2）研究消费者行为有利于企业赢得消费者。

（3）研究消费者行为可以帮助企业制定有效的市场营销策略。

（4）研究消费者行为有利于国家宏观经济政策的制定和生态环境的保护。

3. 消费习俗的概念

消费习俗，是指消费者受共同的审美心理支配，一个地区或一个民族的消费者共同参加的人类群体消费行为。它是人们在长期的消费活动中相沿而成的一种消费风俗习惯。在习俗消费活动中，人们具有特殊的消费模式。它主要包括人们的饮食、婚丧、节日、服饰、娱乐消遣等物质与精神产品的消费。

4. 消费习俗的特点

（1）特定性。

（2）长期性。
（3）社会性。
（4）地域性。
（5）非强制性。

课后思考题

1. 消费者心理学的研究内容主要包括哪些方面？
2. 消费习俗有哪些分类？

第五章　客运服务人员能力培养

第一节　客运服务人员的认知

【导语】

在服务过程中，为了给旅客提供优质的服务，客运服务人员应当具备基本服务素养和条件，这是为旅客提供优质服务的必要保证。

一、客运服务的角色认知

（一）角色的认知概念

角色认知是角色扮演的先决条件，一个人能否成功扮演各种角色，取决于对角色的认知程度。

（二）角色认知是促进客运服务水平提升的关键

1. 现阶段客运服务人员关于服务者和被服务者认知方面存在问题

态度作为个人对人对事所抱有的较持久的肯定或否定的内在反应倾向，将会直接影响到人的外在行为，而态度的形成往往是先有认知，而后产生情感，最后情感将决定行为的倾向。所以，态度在很大程度上是由认知所决定的。正是基于此，在当前的客运服务工作中，对作为工作结果所反映出来的服务水平问题追根溯源，在很大程度上均是由于客运服务人员对工作中相关角色认知偏差所致。其中，问题主要体现在以下两个方面：

（1）客运服务人员对自身在工作中属于"管理者"还是"服务者"角色认识不清。

例如：2012年×月×日，××次列车运行途中，2号车厢列车员发现两名旅客在该车一端风挡处逗留聊天，但此处禁止旅客进入，于是列车员走上前告知："这里不能站，到车厢里面去。"旅客质疑反问："这里凭什么不能站？"列车员解释："这里挂有旅客止步牌，是运转车长值乘工作的地方，你们不能站在这里。"旅客说："我们只是在这里抽根烟。"列车员说："抽烟也不行。"旅客说："风挡处不就是让人抽烟的地方吗？"列车员答复："想抽烟到车厢另一端风挡处去。"于是两名旅客怀着不满的心情回到车厢。事后，旅客就该列车员服务态度恶劣问题向客户服务中心投诉。此案例反映出该列车员对自身在工作中的角色定位出现偏差。如果其将自身角色定位为"服务者"，那么对被服务者断然不会出现上述基于"管理者"身份的"生、冷、硬"型的言行举止，投诉事件也就不会发生。

（2）客运服务人员对工作中被服务者是领导还是旅客的问题认识不清。

有时会出现这样一种现象，即客运服务人员突然变得比平时认真、热情、周到、细致起来，原来是有领导来检查工作，而等检查人员一走，立刻恢复常态。这种现状侧面反映出某些客运服务人员在潜意识中把自己的服务对象当成了检查工作的领导，让领导满意是其工作的主要目标。至于旅客满意与否，只要不产生投诉，一切万事大吉。

随着我国社会不断发展，旅客对自身为客运经济关系中被服务者的角色及其权益认知越来越清晰。这种关于客运被服务者角色认知上的偏差，就成为导致当前客运服务问题投诉多、令社会所感知的客运服务质量提升不足的根源。

2. 客运服务人员关于被服务者角色认知促进客运服务质量有效提升

由于认知是人们在后天工作与生活环境中经过学习、体验而形成的，为此，校正并强化客运服务人员对工作中被服务者角色的认知可从以下几方面着手：

（1）全面开展角色认知培训。

通常，只有当人们对自己工作的属性有一个比较深刻的认识与理解时，才有可能更好地执行其岗位职责。因此，加强现职与新入职客运服务人员角色知识培训，使其深刻理解企业在社会中的角色以及客运工作中服务者与被服务者的角色等相关问题，对于促进其认可自身在工作中所应充当的服务者角色非常重要。

（2）改进现有客运管理理念。

现阶段，一些客运服务人员之所以对工作中自身是管理者还是服务者认识不清，是既有客运管理理念所致。

众所周知，铁路运输工作具有复杂性，整个铁路运输企业始终把安全管理排在工作第一位，由此也使得客运服务人员在日常工作中的安全管理职能意识强于服务职能意识，即面对旅客将自身定位为"管理者"的角色。

然而，在当今日趋完善的社会主义市场经济形势下，作为铁路窗口的客运服务质量高低对铁路运输企业经营状况的影响非常大，为此，只有建立一套全新的安全服务并重的管理理念，才能有力地扭转现今客运服务人员关于角色认知方面的偏差，做好为旅客服务的准备。

（3）完善现有客运管理机制。

在市场经济条件下，要从根本上使员工持久地形成为旅客主动服务的内在行为倾向，使其对待客运服务工作的态度发生根本上的转变，必须借助于完善的客运管理机制，引导其对自身为服务者、旅客为被服务者的角色不仅从理智上得到认知，而且从情感上予以接受。在具体操作方面，根据客运服务工作特征，可以针对不同的岗位，采取不同对策。例如，现阶段可先以售票窗口为试点，在每个窗口设立满意评价器，全面采集旅客的满意评价信息，并直接纳入对售票人员工作业绩的考核体系，与其工资收入、行政奖罚、职级提升挂钩。以此必会促进售票人员对于旅客的被服务者地位从情感上予以接受，并对旅客的评价予以足够的重视。

二、客运服务的基本特性

客运服务作为运营管理的重要组成部分，它不仅是反映交通服务质量的一个重要因素，也是保证交通运营企业竞争力的关键。一般具有如下五个特点：

1. 无形性

客运服务属于无形产品是客运服务最基本、最主要的特点。服务的无形性体现为乘客在购买服务前，看不见、摸不着、闻不到，这就要求作为服务提供者的运营企业必须增加服务的有形性，尽可能通过实物的方式来表现出自身的服务水平，如整洁的车站环境、有序的客流组织及清晰明确的导向标志等。

2. 易逝性

客运易逝性是指客运服务具有无法储存的特点。

第一，服务过程结束，服务就随之消失，乘客即使不满意也无法更换或退回服务。这样，就不能像有形产品那样通过更换产品来使旅客满意，挽回影响。客运服务中一旦出现缺失，固然可以及时补救，但造成的不良影响将一直存在。

第二，服务易逝，使得乘客对服务的供给量及服务的时间等要素难以进行准确的预测，从而使得运营公司不能准确根据服务市场的供求变化调节服务的供给，容易造成客运服务能力供给的过剩或不足，如客流低峰期，有些车次的列车尚有大量空座，而节假日期间压力很大。

第三，服务的易逝性使得服务无法通过"储存"这一重要的缓冲手段来应对。由于需求变动将带来波动，客运服务企业必须十分重视服务能力的提升，否则就会出现企业无法满足乘客需求的不良状况。

3. 同时性

服务的同时性是指服务的生产过程和消费过程在空间和时间上是同时并存、同时进行的。在运营公司提供客运服务的过程中，公司与乘客相互关联、相互作用，这就是乘客在客运企业中所特有的两重作用。一方面，乘客可以成为服务提供过程中一个重要的环节，即"参与"服务提供的过程；另一方面，由于乘客的"参与"，从而使得客运企业在提供服务过程中，对于服务提供的时间、服务的质量、服务设施的需求都具有不确定性，从而为服务质量的管理和控制带来困难。

4. 差异性

客运服务的水准和质量常因人、因地、因时而异，任何条件和心理的变化都有可能出现服务的差异。服务是由客运服务人员通过劳动完成的，而每位客运服务人员由于年龄、性别、性格素质和文化程度等不同，他们为客人提供的服务也不尽相同；即使是同一员工，其在不同的场合、不同的时间，面对不同的乘客，其服务态度和服务方式也会有一定的差异。另外，对于同一个乘客，在不同的时间选择了同车次的列车出行，其个人也会存在服务需求的差异。服务的差异性也造成了服务的波动，无论是地铁还是铁路，都希望服务能在一个合理的区域内进行，其波动不能超出该区域。

5. 可靠性

可靠性是指企业准确无误地完成对乘客的承诺，避免在服务中出现差错。服务差错给企业带来的不仅是直接意义上的经济损失，更为重要的是会影响企业的信誉。认真落实向乘客们做出的承诺，增强服务可靠性。如果出现列车晚点、车票无效、行李丢失等服务不到位的现象，将给乘客乘车造成极大困难和不必要的紧张，使服务的可靠性降低，引起乘客的不满。提高车站服务的可靠性，一定要把兑现承诺放在第一位，实现全过程、全方位的服务承诺。

三、客运服务质量影响因素

在交通客运服务过程中，影响客运服务质量的因素可以分为以下四大类。

（一）环境因素

1. 内部环境

一般情况下，内部环境通常是指作业环境，即作业现场人为形成的环境条件，包括周围的空间和一切工作设施所构成的人工环境。

2. 外部环境

运营系统是一个非常复杂的宏观大系统，它是由运营基础设备和运营技术设备各级管理人员及一线（服务、技术）工作人员、运行部门等社会各方面因素互相作用而构成的技术与服务综合的系统。所以，影响客运服务的并不只有自然环境，还包括通过管理所营造的运营系统内部的社会环境和运营系统外部的社会环境因素在运营系统内的反映，例如经济、法律等。

（1）自然环境是指自然界提供的，人难以改变的生产环境。各种自然灾害，尤其是地震会严重影响客运服务的质量，危害极大。

（2）社会因素包括社会的政治、经济、技术管理等，并且还会有社会风气、家庭环境、个人修养等，这些对客运服务也会造成不同程度的影响。

（二）人员因素

交通客运服务涉及多方面的工作，各项工作都依赖于高效、安全和可靠的人的行为。在每一个工作环节起主导地位的都是人，操控和监管各项设备，完成各项作业，并与周边环境进行信息反馈和交流，与其他作业进行相互协调。所以，人在运营工作中起着至关重要的作用，这也就是客运服务中人的关键性作用。

人对客运服务的特殊作用可归纳为下述三点：

1. 人的主动性

在人与运行设备的协调作业中，人是主导方面。设备必须由人来设计、制造、使用和维护，即使再先进的高科技设备，也只有通过发挥人的主动性才能实现。

2. 人的主观能动性

当突发事件发生时，人能立即运用相应的处理方案，正确恰当地解决突发的问题，使乘客满意。

3. 人的创造性

人只有通过不断研究和学习，才能改善和提高客运服务质量。

第二节 客运服务工作

一、礼仪

（一）礼仪的含义

礼的本意为敬神，在古代，特指奴隶或封建社会等级森严的社会制度下的一种规范。现在，礼的含义比较广泛，是人们在长期的生活实践与交往中约定俗成的行为准则。它既可指隆重举行的仪式，也指日常交往中的礼貌和礼节等。《辞源》："礼仪，行礼之仪式。"礼仪是指人们在社会交往中由于受历史传统、风俗习惯、宗教信仰、时代潮流等因素而形成，既为人们所认同，又为人们所遵守，是以建立和谐关系为目的的各种符合交往要求的行为准则和规范的总和。简言之，礼仪就是人们在社会交往活动中应共同遵守的行为规范和准则。

服务是指为他人做事，并使他人从中受益的一种有偿或无偿的活动，不以实物形式而以提供劳动的形式满足他人某种特殊需要。从广义上讲，就是为了国家，为了企业，为了事业和他人的利益而工作。

铁路客运部门的服务，就是通过客运服务人员向旅客提供一定的劳务活动，即提供安全、方便、温馨的服务，满足其在旅行中的愿望和旅行生活方面的需要。铁路旅客运输的"产品"，就是旅客的"位移"。旅客从甲地到乙地的旅行过程中，铁路及职工提供的运输和服务与旅客对旅行和服务的消费是同时进行的。可见，铁路旅客运输及服务正是这种能够创造特殊使用价值的劳动，使其成为满足人们生活需要的一种社会服务。

（二）礼仪的起源和演变

1. 起源

现代礼仪源于礼，礼的产生可以追溯到远古时代。自从有了人，有了人与自然的关系，有了人与人之间的交往，礼便产生和发展起来。

从理论上讲，礼起源于人类为协调主客观矛盾需要的人与人的交往中；从仪式上讲，礼起源于原始的宗教祭祀活动。

2. 形成与发展

（1）原始社会——萌芽（只是指祭祀天地、鬼神、祖先的形式）。

（2）奴隶社会——正式形成（由祭祀形式跨入全面制约人们行为的领域）。

（3）封建社会——礼仪的发展、变革时期（将人的行为纳入封建道德的轨道，形成了以儒家学派学说为主导的正统的封建礼教）。

（4）近代——礼仪范畴逐渐缩小，礼仪与政治体制、法律典章、行政区划、伦理道德等基本分离。

（5）现代——主要指仪式和礼节，去掉了繁文缛节、复杂琐细的内容，吸收了许多反映时代风貌、适应现代生活节奏的新形式。简单、实用、新颖、灵活，体现了高效率、快节奏的时代旋律。

（三）礼仪的特点

1. 国际性

礼作为一种文化现象，它跨越了国家和地区的界线，为世界各国人民所共同拥有。在讲文明、懂礼貌、相互尊重的原则基础上形成的完善的礼节形式，已为世界各国人民所接受并共同遵守。

随着国际交往的不断增进，各个国家、地区所惯用的一些礼仪形式，为世界范围内的人们所共同接受和经常使用，逐渐形成了一些更加规范化、专门化的国际礼仪。现代礼仪兼容并蓄，融会世界各个国家的礼仪之长，使现代礼仪更加国际化、更加趋同化。

2. 民族性

由于不同国家、不同民族的历史文化传统、语言、文字、活动区域不同，礼仪是同一生活中全体成员调节相互关系的行为规范，所以它就逐渐成为生活中各民族、各阶级、各生活团体以及各阶层人士共同遵守的准则。具有本国家本民族的特点。

3. 传承性

礼仪规范将人们交往中的习惯、准则的形成固定并沿袭下来，它是人类长期共同生活中逐渐积累起来，是人类精神文明的标志之一。新形势下的礼仪规范，是对以往人类文明准则中积极和进步因素的继承和发展，它表现为人们之间的平等、团结、友爱、互助的新型关系。

4. 相对性

礼仪不仅是人们交际过程中的外在形式，还必须以其内在的思想品德、艺术修养为基础。只有两者有机地统一，才能对礼仪规范从必须遵守变为习惯遵守，从而形成良好的礼仪习惯。礼仪规范往往因时间、空间或对象的不同而有所不同，因此需要了解各个国家、各个民族以及各种场合、各种礼仪对象的异同点。

5. 时代发展性

礼仪规范不是一成不变的，它随着社会的发展而不断发展更新。一方面是社会自身的进步而使礼仪不断发展完善，礼仪随着时代、地域、对象的不同而变化；另一方面，随着对外交流范围的扩大，我国的礼仪在历史传统基础上被赋予了新的内容。

（四）礼仪的原则

作为一种约定俗成的行为规范，利益有其自身的规律性的东西，这也就是礼仪的原则。在服务过程中，运用礼仪要掌握以下原则：

1. 尊重的原则

人际交往生活中必须尊重对方的人格尊严，只有尊重才是礼仪的情感基础，只有人与人之间彼此尊重，才能保持和谐愉快的人际关系。尊敬他人是人际交往获得成功的重要保证，也是礼仪的核心。尊重人的原则就是服务过程中，要将对服务对象的恭敬与重视放在首位，切勿伤害服务对象的自尊心，更不能侮辱对方的人格。

在人际交往中如何才是尊重别人呢？

首先，要热情、真诚。热情的态度会使人产生受重视、受尊重的感觉，相反，对人冷若冰霜，会伤害别人。当然，热情要有度，如果过分热情，会使人感到虚伪、缺乏诚意。其次，要给人留面子。所谓面子，就是自尊心，每个人都有自尊心，失去自尊心对一个人来说，是件非常痛苦的事。伤害别人的自尊是严重的失礼行为，维护自尊，希望得到他人的尊重，是人的基本需要。最后，允许他人表达思想，表现自己。当别人和自己的意见不同时，不要把自己的意见强加给对方；当你和与自己性格不同的人交往时，也应尊重对方的人格和自由。

2. 遵守的原则

礼仪规范反映了人们共同利益的要求，社会上每个成员都应自觉遵守执行。如果违背了利益规范，必将受到社会舆论的谴责。如遵守公德、遵时守信、真诚友善、谦虚随和。

3. 真诚原则

真诚一般指真实、诚恳、没有一点虚假，摆正自己的位置。要成为一个真诚的人，首先是勤于学习，其次是勤于工作，最后是待人真诚。只有表达对服务对象的尊敬与友好，才能被对方所理解、所接受。与此相反，倘若仅把礼仪作为一种道具和伪装，具体操作时口是心非、言行不一，则有悖礼仪的基本宗旨。

4. 适度原则

人际交往中要注意各种不同情况下的社交距离，也就是要把握与特定环境相适应的人们彼此之间的感情尺度。人与人之间的交往，必须注意技巧、合乎规范，特别要注意做到把握分寸，否则难以表达敬人之意。

5. 平等原则

在人际交往中，既要彬彬有礼，又不能低三下四；既要热情大方，又不能轻浮阿谀。平等原则就是尊重服务对象、以礼相待，对于任何服务对象都必须一视同仁，给予同等的礼遇。在具体运用礼仪时，允许因人而异，根据不同的交往对象，采取不同的具体方法。

不允许因为交往对象彼此之间在年龄、性别、种族、文化、职业、身份、地位、财富以及与自己的关系亲疏远近等方面有所不同，就厚此薄彼、区别对待，给予不同待遇。从心理学的角度看，人都有友爱和受人尊重的心理要求。人人都渴望平等，成为家庭和社会中真正的一员。任何抬高和贬低自己的语言和行为，都不利于建立和谐的人际关系。

有一个故事是这样的：英国著名的戏剧家、诺贝尔文学奖获得者萧伯纳有一次到苏联访问，他在莫斯科街头散步时见到一个非常可爱的小女孩。萧伯纳和这个小女孩玩了很久，在分手时，他对小女孩说："回去告诉你的妈妈，你今天和伟大的萧伯纳一起玩了。"小女孩也学着大人的口气说："回去告诉你的妈妈，你今天和苏联女孩安妮娜一起玩了。"萧伯纳很吃惊，他立刻意识到自己的傲慢，并向小女孩道歉。后来，萧伯纳每次回想起这件事，都感慨万千。他说："一个人无论有多么大的成就，对任何人都应该平等相待，应该永远谦虚。"

（五）礼仪的功能

1. 形象塑造功能

礼仪不仅是人际交往的通行证，而且还是人的"第二张脸"。塑造形象包括塑造个人形象和组织形象两方面。个人形象是一个人仪容、表情、举止、服饰、教养的集合，而礼仪在上述诸多方面有相应的规范。因此，学习礼仪、运用礼仪，无疑将有益于人们更好、更规范地设计个人形象、维护个人形象，更好、更充分地展示个人的良好的教养与优雅风度。

社会的文明发展程度决定着礼仪的发展水平，同时，反过来礼仪也对社会的风尚产生了广泛、持久和深刻的影响，礼仪也会重塑民族的性格。一个社会讲礼仪的人越多，人际关系就会越和谐。

2. 交际沟通功能

亚里士多德曾说："一个人若不和别人打交道，他不是一个神，就是一只兽。"革命导师马克思说："人是各种社会关系的总和。"运用礼仪最大的好处就在于，能帮助人们规范彼此的交际活动，更好地向交往对象表达自己的尊重、敬佩、友好与善意，增进彼此之间的了解与信任。长此以往，必将促进社会交往的进一步发展，造就和谐、完美的人际关系。

3. 德育功能

礼仪的德育功能在于它有助于提高人们自身的修养。在人际交往中，礼仪往往是衡量一个人文明程度的准绳。它不仅反映了一个人的交际技巧与应变能力，而且还反映了一个人的气质风度、阅历见识、道德情操及精神风貌。因此，在这个意义上，完全可以说礼仪即教养。由此可见，学习礼仪和运用礼仪有助于提高个人的修养，有助于提高个人的文明程度。

礼仪作为一种道德行为规范，对全社会的每一个成员都起着潜移默化的教育作用。一些国家把礼仪教育列入国民素质教育的主要内容，在短时间内提高了全体国民的综合素质，取得了举世瞩目的成就。新加坡可谓这方面的典范。新加坡人彬彬有礼，这与新加坡在国民中大力开展礼仪教育有很大的关系。20 世纪 70 年代后期，当时的新加坡总理李光耀就提出了要把新加坡建成"富而有礼"的国家。他们在大力抓国民经济建设的同时，将以礼仪教育为中心的国民素质教育提高到一个非常重要的位置，甚至将"忠、孝、仁、爱、礼、义、廉、耻"八种美德列入政府必须贯彻的"治国之纲"，使礼仪教育成为每个公民都必须接受的教育内容之一。

为规范国民行为，使之养成良好的礼仪习惯，新加坡甚至运用了法律手段来强化国民的礼仪意识。这些措施的实施，最终使新加坡在短时间内变成了礼仪之邦，提升了新加坡的国际地位。

4. 推动精神文明功能

反映个人教养的礼仪是人类文明的重要标志之一。一个人、一个单位、一个国家的礼仪水准如何，往往反映着这个人、这个单位、这个国家的文明程度、整体素质、整体教养。

（六）礼仪的作用

具体来说，礼仪具有以下几个方面的作用。

1. 约束作用

礼仪作为一种约定成俗的行为规范，一旦形成，对人们的行为就形成了一种强大的约束作用，人们都将自觉不自觉地受其制约。例如，严肃的工作会议上、沉痛的葬礼上、安静的音乐会上骤然响起手机铃声，当事人的行为被视为是极不礼貌的行为。现在，凡是注意个人形象的人，无不在类似问题上自我约束。

2. 协调作用

人是社会关系的总和，人际关系是人类社会关系中极为重要的关系，但是由于人们受教育程度不同、成长环境各异，再加上个性、职业、年龄、性别等方面的差异，就导致了人们在人际交往中不同的价值取向。在人际交往中，为了维护自身利益，人们在行为方式上往往不同程度地带有"利己排他"的倾向，这就必然会使交往双方发生不同程度的矛盾和冲突。这时礼仪就会约束人们的动机、指导人们为人处世，从而很好地协调人与人之间的关系、人与社会的关系，使人们在相互理解、相互尊重的前提下友好相处，使社会生活井然有序。

3. 教育作用

礼仪以一种道德习俗的方式对全社会的每一个人发挥维护社会正常秩序的教育作用。人们通过对礼仪的学习和应用，建立新型的人际关系，从而在交往中严于律己，宽以待人，互尊互敬，互谦互让，讲文明，懂礼貌，和睦相处，形成良好的社会风尚。

二、服务礼仪

（一）服务礼仪的含义

服务礼仪是礼仪在服务行业内的具体运用，是利益的一种特殊形式，是在服务过程中，服务人员按照一定的标准和规则去向服务对象表达敬意的行为规范，也就是服务人员在工作岗位上，通过着装打扮、言谈举止、待人接物等，对服务对象表示尊重和友好的行为规范和惯例。

所谓行为，指人们受自己思想意志的支配而表现在外的活动。所谓规范，则是指标准的、正确的做法。行为规范是指人们在特定场合进行活动时标准、正确的做法。服务礼仪的实际内涵，则是指服务人员在自己的工作岗位上向服务对象提供服务时，表达敬意的标准、正确的做法。

（二）服务礼仪的内容

服务礼仪主要以服务人员的服务思想、仪容礼仪、仪态礼仪、服饰礼仪、语言礼仪和岗位服务礼仪规范为其基本内容。

服务礼仪基本理论是指运用服务礼仪的一般规律，是服务礼仪及其运用过程的高度概括，服务礼仪基本理论指导着服务的实践活动。

服务仪容礼仪是指服务人员的相貌和面容，主要包括发型、面部和肢体修饰、美容化妆等礼仪规范。

服务仪态礼仪是指服务人员的身体姿态，包括服务人员的站姿、坐姿、行姿、手势、表情以及身体展示的各种动作等礼仪规范。

服务服饰礼仪是指服务人员的外表，包括服务人员的穿着、打扮、举止、风度等，主要有穿着制服、套裙、工装、鞋袜，以及佩戴领花、工牌等礼仪规范。

服务语言礼仪是指服务人员与旅客沟通过程中所使用的规范语言、语调等礼仪规范。

对于以上各方面的具体问题，服务礼仪都有详细的规定和特殊要求。离开了这些由系列具体做法所构成的基本内容，服务便无规范性与可操作性可言。

（三）学习服务礼仪的意义

铁路客运服务礼仪是客运服务人员在工作岗位上通过言谈、举止等对旅客表示尊重和友好的行为规范，是铁路客运优质服务的重要组成部分。铁路客运人员学习服务礼仪，不仅有利于员工提高个人的内在修养，而且能够提升铁路企业的形象。

1. 服务礼仪是增强铁路企业竞争力的重要环节

铁路作为国家的重要基础设施、国民经济的大动脉和大众化的交通工具，在综合交通运输体系中处于骨干地位。随着航空、公路客运的迅速发展，铁路客运面临激烈的市场竞争。如何增强企业的核心竞争力，如何赢得客源市场是现代铁路企业发展面临的新问题。服务礼仪作为现代企业管理的一个重要组成部分，是铁路企业增强竞争力的有效手段，也是赢得市场的重要举措。

2. 服务礼仪有助于提高铁路客运人员的个人素质及服务质量

在服务过程中，礼仪是衡量服务人员文明程度的准绳。它不仅反映服务人员的交际技巧与应变能力，而且还反映其气质风度、道德情操。运用服务礼仪不仅有益于服务人员更好、更规范地设计个人形象，而且还能更好、更充分地展示个人的良好教养。服务质量由服务态度与服务技能两大要素构成。当今，旅客对服务态度的重视程度往往高于对于服务技能的重视程度。服务礼仪有助于服务人员增强服务意识，关注服务细节，养成主动服务的自觉性。

3. 服务礼仪是塑造客运服务人员个人形象与企业形象的有力工具

形象就是服务，客运服务人员是在与旅客交往的过程中完成自己的工作任务的，所以，客运服务人员良好的职业形象是优质服务的重要组成部分，因为它体现对旅客的尊重，而服务礼仪讲的就是服务人员仪容、表情、举止、服饰、谈吐、教养等内容的规范与标准。客运服务人员的形象就是企业的形象，所以，服务礼仪也是一个企业树立良好企业形象的有效手段。

（四）服务礼仪基本意识

1. "客户至上，服务第一"

客户需要我们提供舒适完美的服务，我们服务的基本依据是客户的要求，应努力给客户创造方便、整洁、舒适、安全的服务环境，避免与旅客争吵。

2. "以人为本，真情服务"

铁路窗口单位每天要接待数以万计的旅客，特别是春运、节假日等特殊时期，旅客出行的人数更多，要想在繁杂劳累的工作中保持良好的服务礼仪，就必须从内心去感受或体会礼仪服务的重要性和必要性，养成礼仪服务的职业习惯，做到服务发自内心。

服务礼仪作为规范化服务的重要内容之一，需要进行系统的岗位培训，规范岗位纪律和要求。为此，动车组乘务服务人员要善于保持心理平衡，维系一种良好的服务心态，才能将职业要求内化为职业习惯，才能从根本上形成良好的服务规范。

（五）仪容美

仪容指一个人的容貌，包括一个人五官的搭配和适当的发型衬托。就个人的整体形象而言，容貌是整个仪表的一个至关重要的环节，它既可以使人看上去精神焕发、神采飞扬，也可以使人看上去萎靡、疲倦、无精打采。一个企业形象的树立很大程度上依靠服务人员的外在形象的树立。

1. 头发

头发整洁，无异味，没有头屑。碎头发应使用发胶固定，以保持头发不蓬散。长度要适宜，前不及眉，旁不遮耳，后不及领。女员工上岗应盘发，不梳披肩发，不染发。

2. 面部

注意清洁与适当的修饰。为了使自己容光焕发，充满活力，女员工可适当化妆，但应以浅妆、淡妆为宜，不能浓妆艳抹，并避免使用气味浓烈的化妆品。

3. 指甲

不能留长指甲，指甲的长度不应超过手指指尖；要保持指甲的清洁，指甲缝中不能留有污垢。不要涂指甲油或尽量涂透明的指甲油。

4. 鼻毛和体毛

男子胡须要剃干净，鼻毛应剪短，不留胡子，过长可用小剪刀剪短，保持鼻腔的清洁。经常剃毛，尤其是腋毛。

5. 个人卫生

做到勤洗澡，勤换衣袜，勤漱口，保持牙齿口腔清洁，身上不能有异味。

上班前不能喝酒，忌吃葱、蒜、韭菜等刺激性异味食物。必要时，嚼口香糖可减少异味，另外，要尽量少抽烟，不喝浓茶。如果长期吸烟和喝浓茶，难免出现"茶锈"和"烟渍"。

（六）仪表美

仪表是一个人整体形象的统称，除容貌、发型之外，还包括人的服饰、姿态等。仪表美是对一个人全方位的评价，是形体美、服饰美、发型美、仪容美的综合，以下简单介绍服饰的要求。

"TPO"是西方人提出的服饰穿戴原则,"T"即 Time,指时间;"P"即 Place,指地点;"O"即 Occasion,指场合。要求人们在着装时要充分考虑时间、地点、场合三项因素。

1. 男士西装

男士西装选择主要考虑颜色、面料、衣长、领子高度、袖长、宽松度等(见图 5-1),具体如下:

颜色 —— 以黑色、深蓝色、深灰色为宜,避免穿浅色西装。浅颜色给人轻浮的感觉,不适合正式场合。

面料 —— 羊毛面料得体大方,易保养。

衣长 —— 双手自然垂下时西装的下摆在手心处。

袖长 —— 握手时,衬衫袖长应比西装袖长 1.5 厘米。

宽松度 —— 松紧适宜即可。

西装的衣袋 —— 平整、平顺。

西装扣子 —— 避免金属或皮质的休闲扣子。

里衬 —— 宜选择用手工缝合的高品质混纺材料。

西裤裤长 —— 鞋子与鞋跟的连接处裤脚盖住鞋面。

拉链 —— 平顺、平整,质量好。

裤腰尺寸 —— 以腰间进一手掌为宜,大小适宜。

衬衫颜色 —— 要比西装颜色浅,多选择白色、浅蓝色、浅灰色。

衣领大小 —— 当扣上最上面的一颗纽扣,还能插进两根手指,脖子不感到挤压。

大小合身 —— 腋下部分有 2.5 厘米的余量。

图 5-1 男士西装

（1）衬衫。

与西装配套的衬衫应为"正装衬衫"（见图 5-2）。一般来讲，正装衬衫面料应为高织精纺的纯棉、纯毛面料，或以棉、毛为主要成分的混纺衬衫，条绒布、水洗布、化纤布、真丝、纯麻等材质的服装不适合正式场合。在颜色上，必须为单一色。白色为首选，蓝色、灰色、棕色、黑色也可配合西装颜色选取；切忌过于艳丽、夸张的颜色。无图案的衬衫是首选，有较细竖条纹的衬衫有时候在商务交往中也可以选择。衬衫的领头要硬实挺括、干净。搭配西服的衬衫一定要选长袖衬衫，

衬衫的第一颗纽扣一定要系好，否则松松垮垮，给人极不正规的感觉。相反，不打领带时，一定要解开，否则给人感觉好像你忘记打领带。再有，打领带时衬衫袖口的扣子一定要系好，而且绝对不能把袖口挽起来。

图 5-2　西装衬衫

（2）领带。

领带是男士在正式场合的必备服装配件之一，它是男士西装的重要装饰品，起着画龙点睛的重要作用。在面料选择上，一般以真丝、纯毛为宜，不能选择棉、麻、绒、皮革等质地的领带。颜色一般选择单色（蓝、灰、棕、黑、紫色），最多不超过三种颜色，而且尽量不要选择浅色、艳色。一般选择没有图案的领带，也可选择点子或条纹等几何图案，不要选用那些过于显眼花哨的领带。切记，不能选择简易式领带。

领带的长度以自然下垂最下端（即大箭头）及皮带扣处为宜，过长过短都不合适。领带系好后，一般是两端自然下垂，宽的一片应略长于窄的一片，即大端盖小端（见图 5-3）。

（3）西装纽扣。

单排扣的西装，最后一颗为样扣，不扣。当为单排二粒扣时，扣子全部不扣表示随意、轻松；扣上面一粒，表示郑重；当为单排三粒扣时，扣子全部不扣表示随意、轻松；也可扣中间一扣或扣上面两粒；双排扣西装可全部扣，亦可只扣上面一粒，表示轻松、时髦，但不可不扣。

西装忌褶皱，起身站立时，西装上衣的纽扣应当系上，以示郑重，就座之后，西装上衣的纽扣则要解开，以防其走样。

图 5-3　领带

（4）西装口袋。

西装的口袋装饰作用多于实用价值。

上衣左侧外胸袋——除可以插入一块用以装饰的真丝手帕外，不应再放其他任何东西，尤其不应当别钢笔、挂眼镜。

上衣内侧胸袋——可以放钢笔、钱夹或名片，但不要放过大过厚的东西或无用之物。

上衣外侧下方的两只口袋——原则上以不放任何东西为佳。

西装背心上的口袋——多具装饰功能，除可放置怀表外，不宜再放别的东西。

在西装的裤子上，两只侧面的口袋只能放纸巾、钥匙包，后侧的两只口袋应不放任何东西。

（5）男子着西装"三个三"。

三色原则：正式场合，着西装套装全身上下不超过三种颜色。

三一定律：着西装正装，腰带、皮鞋、公文包应保持同一颜色，以黑色为佳。

三大禁忌：西装左袖的商标没有拆，穿白色袜子、尼龙袜子出现在正式场合，领带的打法有误。

2. 女子西装套裙

（1）套裙的选择。

女子套裙面料选择的余地要比男子西装大得多，宜选纯天然质地且质量上乘的面料。上衣、裙子、背心要求同一面料。讲究均匀、滑润、光洁平整，要求弹性好、手感好、不起毛、不起皱、不起球。可选纯毛、绸布、亚麻、麻纱、化纤等面料，不可选皮质面料。

颜色上以冷色调为主，以体现着装者端庄、稳重的气质，忌鲜艳色。与男士西装不同，女子套裙不受单一色限制，可上浅下深、下浅上深，但全身颜色不应超过三种。不宜有贴布、花边、彩条、亮片、珍珠等点缀，讲究朴素简洁，以无图案最佳，或选格子、圆点、条纹等图案（见图 5-4）。

图 5-4　女士套裙

（2）裙子的分类。

按照长度分：女士裙子一般有三种形式：及膝式、过膝式、超短式。根据裙子形状可分为"H""X""A""Y"型。"H"型：上衣宽松，裙子为筒式；"X"型：上身紧，裙子为喇叭状；"A"型：上身紧，下裙宽松式；"Y"型：上身宽松，裙子紧身式（以筒式为主）。

（3）套裙的搭配。

穿着套裙时，上衣最短齐腰，裙子可达小腿中部，袖长刚好盖住手腕；整体不宜肥大、紧身。衣扣要全部扣好，不允许随便脱掉上衣。在衬衫选择上，面料应轻薄柔软，颜色应雅致端庄，无图案，款式保守。另须注意：衬衫下摆应掖入裙内，系好纽扣，公共场合不能直接外穿衬衫；内衣、衬裙不外露、不外透，颜色一致，外深内浅；高跟鞋以黑色牛皮为首选，鞋跟以 3~5 厘米为宜，颜色或与套裙颜色一致，袜子应为单色，肉色为首选，还可选黑色，不可光着腿，应常备一双丝袜以防丝袜破损。

三、高速铁路动车组乘务服务礼仪

动车组列车服务分为有形服务和无形服务两大类。有形服务包括安全提示、重点服务、列车验票、卫生清理、餐饮服务等。无形服务包括动车组列车服务人员的思想品德、职业道德、社会公德、礼貌修养、言谈举止、服务精神、工作态度等方面。动车组列车的乘务工作关键在于怎样更好地为旅客提供"安全、方便、温馨"的服务，让旅客在旅行中感受到"微笑、品位、雅致、礼遇"的服务过程，这是服务的内涵。

在整个高速铁路客运服务链中，旅客对列车服务环节所提供服务的感受最为看重。列车服务包括以下内容：动车组列车的广播、信息显示、供残障旅客专用的设施、送餐服务、餐车及小型流动售货车服务。

（一）高雅的仪容仪表

一个人的仪容仪表往往与他的生活情调、思想修养、道德品质和文明程度密切相关。动车组乘务服务人员必须注意自身的仪容仪表，树立良好的服务形象，提供优质的运输服务。

女性动车组乘务人员仪容仪表基本要求：衣着合体，不得随意改变制服款式；制服应洗净，熨烫平整，无污渍、斑点、皱褶、脱线、缺扣、残破、毛边等现象；制服上不得佩带任何饰物，着制服当班时，必须佩带职务标志；在非工作时间，除集体活动外，不得穿制服出入公共场合。男性动车组乘务人员仪容仪表基本要求：衣着合体，不得随意改变制服款式；制服应洗净，熨烫平整，无污渍、斑点、皱褶、脱线、缺扣、残破、毛边等现象；制服上不得佩带任何饰物，着制服当班时，必须佩带职务标志；选择皮带时，应该注意皮带的颜色应比裤子颜色深，一般选择黑色，并且皮带的质地和颜色应与鞋子相协调；袜子的颜色应统一为深蓝色或黑色；在非工作时间，除集体活动外，不得穿制服出入公共场合（见图5-5）。

1. 具体着装要求

（1）女性动车组乘务人员夏装着装要求。

A. 连裤袜的颜色应统一为肉色或浅灰色，不得出现破洞和抽丝等现象。
B. 统一佩带领花或丝巾。
C. 制服上装每天都须水洗。
D. 不得将笔插放在衣兜内。

（2）女性动车组乘务人员春秋装、冬装着装要求。

A. 外套、上衣、裙子、裤子的纽扣和拉链等应扣好、拉紧。
B. 统一佩带领带、领花或丝巾，衬衣应掖在裙子或裤子内，衬衣的衣袖不得卷起。
C. 裤装必须干净、平整、有裤线，不可有光亮感。
D. 穿着风衣、大衣时，须扣好纽扣，系好腰带。
E. 穿着外套、风衣、大衣时，必须戴工作帽，但在室内服务时可不戴。
F. 不得将笔插在衣服前襟。

（3）男性动车组乘务人员夏装着装要求。

A. 统一佩带领带，衣领上的扣环必须扣好，衬衣应掖于裤内。
B. 裤子必须保持干净、平整、有裤线，不可有光亮感。
C. 制服每天必须清洗。

（4）男性动车组乘务人员春秋装、冬装着装要求。

A. 袜子的颜色应统一为黑色或深蓝色，并每天更换。
B. 外套、上衣、裤子的纽扣和拉链等应扣好、拉紧。
C. 统一佩带领带，领带应首选真丝面料，不能有褪色、抽丝、变形的迹象。
D. 衬衣应掖于裤内，忌衬衫露在西服外面。
E. 穿着风衣、大衣时，须扣好纽扣，系好腰带。
F. 穿着外套、风衣、大衣时，必须戴工作帽，但在室内服务时可不戴。

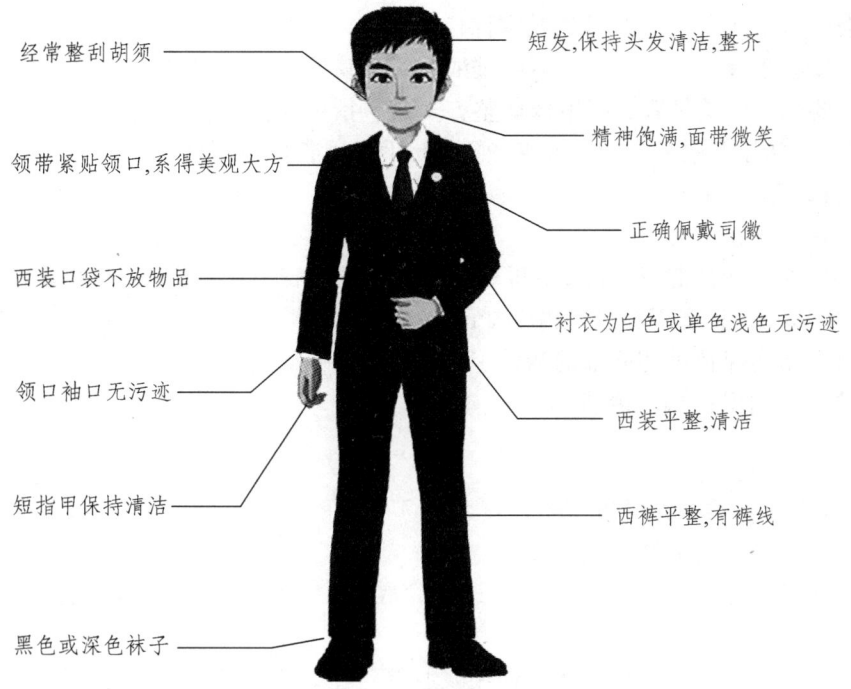

图 5-5　男性动车组乘务人员仪容仪表及着装要求

2. 动车组乘务人员佩戴职务标志要求

（1）女性动车组乘务人员佩戴职务标志要求。

胸章（长方形职务标志）佩戴在左胸口袋上方正中，下边沿距口袋 1 厘米处（无口袋的戴于相应位置），包含单位、职务、工号等内容。臂章（菱形职务标志）佩戴在上衣左袖肩下四指处。按规定应佩戴制帽（大檐帽）的工作人员，在执行职务时戴上制帽（大檐帽），帽徽在制帽（大檐帽）折沿上方正中。

穿围裙时，不可将职务标志佩戴在围裙上。

（2）男性动车组乘务人员佩戴职务标志要求。

胸章（长方形职务标志）佩戴在左胸口袋上方正中，下边沿距口袋 1 厘米处（无口袋的戴于相应位置），包含单位、职务、工号等内容。臂章（菱形职务标志）佩戴在上衣左袖肩下四指处。按规定应佩戴制帽（大檐帽）的工作人员，在执行职务时戴上工作帽（大檐帽），帽徽在制帽（大檐帽）折沿上方正中。

臂章应端正别挂在规定位置，不可用松紧带套于臂上。

3. 化妆

化妆完成后，要做全面、仔细、从局部到整体的检查，看是否达到了化妆的目的。

（1）女性动车组乘务人员妆容。

A. 当班前，必须按标准化淡妆，工作中还应注意及时补妆，补妆应在洗手间进行。

B. 唇线的颜色应与口红颜色一致，不得使用珠光色口红和不健康色口红。

C. 眉毛的颜色应接近头发颜色，应修剪整齐，眉笔应使用黑色、深棕色。

D. 眼影颜色应与制服颜色一致。

E. 画眼线时，颜色应选择黑色或深棕色。

F. 香水应选择清香、淡雅型，不可过浓，可喷口香剂保持口气清新。

G. 双手要保持清洁健康，指甲修剪整齐美观，指甲保持肉色，可涂透明色指甲油，但不得有脱落现象。指甲长度不超过手指尖 2 mm，手指甲长度应保持一致。

（2）男性动车组乘务人员妆容。

A. 不得留胡须。

B. 双手要保持清洁健康，手指不得有抽烟留下的熏黄痕迹；指甲应保持清洁，修剪整齐，无凹凸不平的边角，长度不超过手指尖 2 mm。

C. 工作中始终保持手和面部的清洁卫生。

D. 可喷口香剂保持口气清新。

4．发型

（1）女性动车组乘务人员发型要求：

A. 每天保干净，有光泽，无头皮屑。

B. 短发不得短于两寸，发长不得超过衣领底线，刘海应保持在眉毛上方，禁止理奇异发型。

C. 任何一种发型都应梳理整齐，使用发胶等定型，不得有蓬乱的感觉。

D. 头发应保持黑色或自然棕黄色，不得使用假发套。

E. 发夹、头花应为无饰物黑色。

（2）男性动车组乘务人员发型要求：

A. 每天保持干净，有光泽、无头皮屑。

B. 发型要修剪得体，轮廓分明，头发应梳理整齐，使用发胶等定型，不得有蓬乱的感觉。

C. 头发两侧鬓角不得长于耳垂底部，发长应以前不遮盖眼睛、后不长于衬衣领为宜。

D. 不得剃光头、烫发。

E. 头发应保持黑色或自然棕黄色，不得使用假发套。

5．饰物

制服本身是一种不需要装饰用品的朴素服装，在使用饰品时必须慎重。

（1）在穿制服时不适合带镶宝石的装饰品，如手镯、悬垂物、胸针、踝饰等。佩戴的外露饰物仅限款式简单的手表、戒指各一只，女性动车组乘务人员还可佩戴一副直径不超过 3mm 的耳钉，发夹（发箍、头花）自然简洁。不允许戴显眼的眼镜，不戴彩色隐形眼镜。

（2）当班时，必须佩戴走时准确的手表，手表的设计以简单大方为宜，应体现服务人员的成熟个性，表带宽度不得超过 2cm，颜色一般以黑、棕、棕褐、灰色为宜，不得佩戴卡通、工艺、广告等形态夸张的手表，不得系挂怀表。

（二）姿态礼仪

动车组乘务人员应保持活力、热情、文明、自信的专业形象。

1. 站姿

(1) 站姿的规范要求。

头正 —— 两眼平视前方,嘴微闭,收颔梗颈,表情自然,稍带微笑。

肩平 —— 两肩平正,微微放松,稍向后下沉。

臂垂 —— 两肩平整,两臂自然下垂,中指对准裤缝。

躯挺 —— 胸部挺起、腹部往里收,腰部正直,臀部向内向上收紧。

腿并 —— 两腿立直,贴紧,脚跟靠拢,两脚夹角成60°。

正确的站立能够帮助呼吸和改善血液循环,减轻身体疲劳,尤其是服务行业,员工基本都是站立服务,更应注意站姿。

(2) 站姿步位。

A. V字步:双脚呈V字型,即膝和脚后跟要靠紧,两脚张开的距离约为两拳。

B. 丁字步:双脚呈丁字型站立,分左、右丁字步。

C. 平行式:男子站立时,双脚可并拢,也可分开;分开时,双脚与肩同宽。

(3) 站姿手位。

叉手(高、中、低位手势)、背手。

(4) 站姿练习。

脚后跟、小腿及臀部触墙壁,其余部分均不得触及。嘴自然闭合,上下牙咬合,眼睑自然张开,目光直视(即目光与面部垂直,从而使眼球保持在眼眶正中),面部表情平静。挺胸、收小腹,腰部、颈部挺直,臀部略突出,给人一种精神振奋的感觉。两臂自然下伸,手略成弧形,食指掌指关节接近伸直。两腿并拢,脚跟靠拢,两脚的夹角为15°～20°,身体重心落在前脚掌;双脚略微分开或成丁字步,两脚均匀着地,双肩自然下垂或双手体前交叉。

① 靠墙练习。

借助墙的平面来训练站立时,应上体挺拔,保持头部、躯干和腿在一条垂线上的良好习惯。

② 分腿立。

两腿在小八字立的基础上分开与肩同宽,双手叉腰,双肘微向前扣。主要训练臀、腹及上体的正确感觉,夹臀与收腹协同紧张。

③ 单腿立。

在正确的立姿的基础上,一腿支撑,另一腿屈膝上抬绷脚尖,贴与支撑腿,双手叉腰,上体微微向侧转,训练腿的挺直与控制力。

④ 移重心站立姿势练习。

训练在移动时腿的控制能力和身体的正确姿态。

2. 坐姿

(1) 坐姿的规范要求。

坐姿大有讲究。中国古代就有端坐、危坐、斜坐、跪坐和盘坐之分。从医学角度来说,正确的坐姿有利于健康;从交际角度来讲,有利于个人的形象;从礼仪角度来讲,是对自己和别人的尊重。

正确的坐姿。其身后没有任何倚靠时，上身应正直而稍向前倾，头平正，两肩放松，下巴向内收，脖子挺直，胸部挺起，并使背部与臀部成一直角，身体与地面垂直，双膝并拢，双手自然地放在双膝上，或放在椅子上。背后有倚靠时，在正式社交场合里，也不能随意地把头向后仰靠，显出很懒散的样子。

（2）女士坐姿。

① 标准式。

轻缓地走到座位前，左前右后，两膝并拢的同时上身前倾，慢慢向下落座。如果穿的是裙装，在落座时要用双手在后边从上往下收拢裙子。

坐下后，上身挺直，两肩平正，两肩自然弯曲，两手交叉叠放在两腿中部，并靠近小腹。两膝并拢，小腿垂直于地面，两脚保持小丁字步。

② 侧点式。

两小腿向左斜出，两膝并拢，右脚跟靠拢左脚内侧，右脚掌着地，左脚尖着地，头和身躯向左斜。注意大腿小腿要成90°，小腿要充分伸直，尽量显示小腿长度。

③ 侧挂式。

在侧点式的基础上，左小腿后屈，脚绷直，脚掌内侧着地，右脚提起，用脚面贴住左踝，膝和小腿并拢，上身右转。

④ 开关式。

右脚前伸，左小腿屈回，大腿靠紧，两脚前脚掌着地，并在一条直线上。

⑤ 重叠式。

在标准式的基础上，两腿向前，一条腿提起，脚窝落在另一条腿的膝关节上。要注意上边的腿向内收，贴住另一条腿，脚尖向下。

（3）男士坐姿。

① 标准式。

上身正直上挺，双肩平正，两手放在两腿或扶手上，双膝并拢，小腿垂直地落在地面，两脚自然分开成45°。

② 前伸式。

在标准式的基础上，两小脚前伸一脚的长度，左脚向前半脚，脚尖不要翘起。

③ 前交叉式。

小腿前伸，两脚踝部交叉。

（4）坐姿时手臂位置的摆放。

男士双手各自放在一条大腿上，握半拳；女士虎口交叠，放在一条大腿上，当侧身与人交谈时，宜将双手置于自己所侧一方的大腿上。

（5）坐姿练习。

入座时轻松自如。入座后，上体保持正直，两肩自然下垂，高度相同，颈部挺直微前倾，两膝自然弯曲，大腿保持在水平部位，两脚掌均匀着地。

① 盘腿坐（地面）。

重心落在臀部上，挺胸收腹，里腰提气，肋骨上提，头颈向上伸，微收下颌，两腿弯曲，两脚脚心相对盘于腹前，双肘放松，手腕搭于膝上，也可双手背于身后。

② 正步坐。

上体同盘腿坐，两脚并拢，脚尖正对前方，两膝稍稍分开，两臂自然弯曲，两手自然扶于大腿处，上体正直，稍向前倾，肩放松下沉，头、肩、腰、臀应在一条线上。

③ 侧坐。

上体姿势同盘腿坐，上体微向侧转，两臂自然放松，扶于腿处，两腿弯曲并拢，双膝稍移向一边，靠外侧的脚略放在前面，这样臀部和大腿看起来比较苗条，给人以美感。

3. 走姿

（1）走姿的规范要求。

上身——挺直，双肩平稳，目光平视，下颌微收，面带微笑，挺胸、收腹，身体略微上提。

手臂——伸直放松，手指自然弯曲，双臂自然摆动。摆动时，以肩关节为轴，上臂带动前臂，双臂前后摆动时，摆幅以 30°~35°为宜，肘关节略弯曲，手臂向前不要向上甩动。

步幅——不要太大，跨步时两脚间的距离适中，以一个脚长为宜，步速保持相对稳定，既不要太快，也不能太慢（60~100 步/分钟）。

女士行走时，走直线交叉步，上身不要晃动，尽量保持双肩水平。

（2）走姿练习。

一腿自然弯曲向正前方抬起，膝关节向前，脚尖稍微外展，前脚掌蹬地使中心前移，两臂前后自然摆动一般保持在 30°左右。上体动作同立姿的标准，颈部自然挺直，下颌内收，双目平视。

4. 蹲姿

女子下蹲时，左脚在前，右脚稍后，两腿靠紧，向下蹲。因为女子多穿裙子，所以两腿要靠紧；男子左脚全脚着地，小腿基本垂直于地面，右脚脚跟提起，脚掌着地。右膝低于左膝，右膝内侧靠于左小腿内侧，形成左膝高右膝低的姿态，臀部向下，基本上以右腿支撑身体。

5. 鞠躬

鞠躬时应面带微笑，双脚并拢，脚尖略分开，双手四指并拢，交叉相握，右手叠放在左手之上，自然垂于腹前，身体向前，腰部下弯，头、颈、背自然成一条直线，上身抬起时，要比向下弯时稍慢些，视线随着身体的移动而移动。

（1）向旅客致意时，身体鞠躬 15°。视线与对方平视，有适当眼神交流，但不离开对方的视线。

（2）迎送旅客和还礼时，身体鞠躬 30°。

（3）向旅客致歉时，身体鞠躬 45°。切记要诚恳，不能面带微笑。视线的顺序是：对方的眼睛—脚尖—眼睛。

6. 指示方位

指示方位时应五指并拢，小臂带动大臂，根据指示距离的远近调整手臂的高度，身体随手的方向自然转动，目光与所指示的方向一致。收回时，小臂向身体内侧略成弧线自然收回，切忌用单个手指指示方位。

7. 微笑

日常生活中，笑容有很多种，如大笑、微笑、偷笑、冷笑、嘲笑、怪笑、狞笑、狂笑等。每一种笑容都传达出不同的心理，给人以不同的感受。微笑，给人以平静、柔和、亲切、善意、信任之感，也成为交往中通行的礼貌举止。保持微笑，说明心情愉快，充实满足，乐观向上，善待人生，这样的人更容易展示性格的魅力；以不卑不亢的态度与人交往，使人产生信任感，容易被别人真正地接受，不知不觉地缩短了心理距离；微笑更是可以创造一种和谐融洽的气氛，让服务对象倍感愉快和温暖。

（1）微笑的要领。

微笑是指嘴角上扬的浅笑，往往笑不露齿。但是，在服务接待工作中，尤其是女性动车组乘务人员，露出牙齿的笑容看上去更加甜美、亲切。不论露齿与否，微笑都应是面含笑意但不作声。微笑时，先要放松自己的面部肌肉，然后让自己的嘴角两端平均地向上翘起，使嘴唇呈现弧形。

平时可以多进行微笑练习。每次微笑后，保持几秒钟，对比找出自己感觉最美的微笑。之后多次重复这一微笑动作。闭上眼睛，继续重复刚才的动作，感觉面部肌肉的位置。女性动车组乘务人员的微笑要甜美，男性动车组乘务人员的微笑要亲切。

（2）微笑练习方法。

① 自然微笑法。

练习时，为使双颊肌肉向上抬，口里可念着字母"E"字音，用力抬高口角两端，但要注意下唇不要用力太大。

② "情绪记忆法"辅助训练微笑。

将自己生活中最高兴的事件的情绪储存在记忆中，当需要微笑时，可以想起那件最快乐、最使你兴奋的事件，脸上会流露出笑容。

③ 与目光结合训练微笑。

取一张厚纸遮住眼睛下边部位，对着镜子，心里想着最使你高兴的情景，你的眼睛便会露出自然的微笑，然后再放松面肌，嘴唇也恢复原样，可目光仍旧含笑，这是眼神在笑。

④ 与语言结合训练微笑。

微笑地说"早上好""您好""欢迎光临"等礼貌用语。声音要清晰柔和、细腻圆滑，语速适中，富有甜美悦耳的感染力；语调平和，语音厚重温和；音量适中，既能让旅客听清楚，又不能音量过高；说话态度诚恳，语言流畅，不卑不亢。

8. 端拿递送

（1）服务时面带微笑，和旅客有适当的语言交流和眼神交流。

（2）端托盘时，双手端住托盘的后半部分，大拇指握紧托盘内沿，其余四指托住托盘底部。托盘的高度应在腰间以上胸部以下，托盘端平，微向里倾斜。托盘上放置的物品不应过高，以不超过胸部为宜。

（3）拿东西时，应轻拿轻放。拿水杯时，应一手握住水杯把（无把手水杯应拿水杯的下1/3处），一手轻托水杯底部。

（4）递送东西时，应站在旅客的正面与之成45°角的地方，双手递送；递送东西应到位，当对方接稳后再松手。

（三）技巧训练

在旅途中可能发生各种非正常情况，如何巧妙处理旅客旅途中的各种问题，成为提高客运服务质量亟待解决的问题。动车组服务原则：一切从旅客出发，做到人性化服务。让旅客在旅行中感受到"微笑、品位、雅致、礼遇"的服务，在面对紧急特殊情况，灵活运用各项应急办法和各方面知识，最大限度地满足不同旅客的合理需求。

1. 迎客时有旅客提出其他服务的处理技巧

动车组乘务员应该加强服务意识，当旅客提出特殊需求时，尽可能立即办理；如果有其他原因不能及时办理，应立即在记事本上记录，或委托其他乘务员及时办理（也可委托他人提醒自己办理），并要及时跟踪处理情况；如因客观条件无法及时提供的，应先向旅客说明理由，并稍后办理；如因客观条件无法提供的，应及时向旅客做好解释工作。

2. 动车组乘务员损坏或弄脏旅客衣物的处理技巧

动车组乘务员在服务过程中，由于自身或其他原因损坏或弄脏旅客的衣物，应马上向旅客致歉（态度要诚恳，语言要亲切，语气充满关心），尽量帮助旅客做整理、清洗等弥补工作，将损失降到最低；对于弄脏的衣物，动车组乘务员应主动提出帮助旅客清洗，如果在车上无法清洗，应将旅客的联络方式留下，待衣物清洗干净后，以邮寄等方式送还旅客；对于损坏程度较大、需要赔偿的衣物，动车组乘务员应请求主管部门，酌情给予赔偿（尽量平息旅客的怒气，以尽快解决问题为首要原则）；如损坏或弄脏衣物是由不可抗拒的原因引起，动车组乘务员应向旅客解释，并请单位有关人员协调解决。

3. 动车组列车上验票旅客不理解的处理技巧

宣传用语应礼貌、亲切，如"为了了解旅客的去向，更好地为旅客服务，现在开始核对席位"，并对旅客的配合表示感谢；个别旅客不理解时，要注意站在旅客的立场上解释："先生，您讲的是对的，席位核实是为了我们了解您的乘车信息，方便为您提供更准确的提示服务，请您理解和配合，谢谢！"对个别旅客不理解，并且不能确定他有票，在解释无效的情况下，不能发火，可请乘警和列车长亲自来查验。

4. 旅客在开车前因抢占座位、行李架发生争执的处理技巧

动车组乘务员先安抚旅客并简单了解事情的起因，同时报告乘警长和列车长；尽可能为旅客调整座位，协助旅客妥善放置好随身物品，调解、缓解旅客间的矛盾，注意语言技巧，减少对周围旅客的影响；对继续旅行的旅客，动车组乘务员和乘警要在列车行驶途中加强监控，以避免矛盾再次激发；动车组乘务员应提供优质服务，比照重点旅客照顾，消除旅客不愉快的记忆，缓解矛盾。

四、服务中的人际关系

卡内基理工学院分析了一万个人的记录后得出结论：15%的成功者是由于技术熟练、头脑聪明、工作能力强；85%的成功者是由于个性因素，即具有与人成功交往的能力。反之，在生活中失败的人，90%是因为不善于与人展开有效交往导致的。阿尔伯特博士在自

己的联合报业专栏"探索你的心理"提出自己的研究成果：4000名失业的人中，只有10%是因为他们自己不能干这种工作，而90%是因为他们还不曾发展自己与人成功相处的良好品质。

如果一个人学会了如何与他人打交道，不管你从事什么工作，不管你的职务是什么，你都在通往成功的道路上走完了85%的路程，而在寻找自己的幸福方面，已经有了99%的把握。

（一）人际关系

人际关系是指社会人群中因交往而构成的相互依存和相互联系的社会关系，又称为"社交"，属于社会学的范畴，也称为"人际交往"。

1. 人际关系发展过程

（1）定向阶段。

定向阶段包含着对交往对象的注意，抉择和初步沟通等多方面的心理活动。在熙熙攘攘的人的世界里，我们并不能同任何一个人都建立良好的人际关系，而是对人际关系的对象有着高度的选择性。在通常情况下，只有那些具有某种会激起我们兴趣的特征的人，才会引起我们的注意。

注意也是选择，它本身反映着某种需要倾向。比如我们选择恋人时，某些与我们观念中理想的伴侣形象相接近的那些异性才会吸引我们的注意。

与注意不同，抉择是理性的决策，而注意的选择是自发的、非理性的。我们究竟决定选择谁作为交往对象，并与之保持良好的人际关系，往往要经过自觉的选择过程。只有那些在我们的价值观念上具有重要意义的人，我们才会选作交往和建立人际关系的对象。

初步沟通是我们在选定一定的交往对象之后，试图与这一对象建立某种联系的实际行动。目的是对别人获得一个最初步的了解，以便使自己知道是否可以与对方有更进一步的交往，从而使彼此之间人际关系的发展获得一个明确的定向。由于初步沟通实际上是试图建立更深刻关系的尝试，因此，尽管我们所暴露的有关自我的信息是最表面的，但我们都希望在初步沟通过程中给对方留下良好的第一印象，以便使以后关系的发展获得一个积极的定向。

人际关系的定向阶段，其时间跨度随不同的情况而不同。邂逅相见恨晚的人，定向阶段会在第一次见面时就完成。而对于可能有经常的接触机会而彼此又都有较强的自我防卫倾向的人，这一阶段要经过长时间沟通才能完成。

（2）情感探索阶段。

这一阶段的目的是彼此探索双方在哪些方面可以建立真实的情感联系，而不是仅仅停留在一般的正式交往模式。在这一阶段，随着双方共同情感领域的发现，双方的沟通也会越来越广泛，自我暴露的深度与广度也逐渐增加。但在这一阶段，人们的话题仍避免触及别人私密性的领域，自我暴露也不涉及自己根本的方面。尽管在这一阶段人们在双方关系上已开始有一定程度的情感卷入，但双方的交往模式仍与定向阶段相似，具有很大的正式交往特征，彼此仍然注意自己表现的规范性。

（3）感情交流阶段。

人际关系发展到感情交流阶段，双方关系的性质开始出现实质性变化。此时，双方人际关系安全感已经得到确立，因而谈话也开始广泛涉及自我的许多方面，并有较深的情感卷入。如果关系在这一阶段破裂，将会给人带来相当大的心理压力。在这一阶段，双方的表现已经超出正式交往的范围，正式交往模式的压力已经趋于消失。此时，人们会相互提供真实的评价性的反馈信息，并提出建议，彼此进行真诚的赞赏和批评。

（4）稳定交往阶段。

在这一阶段，人们心理上的相容性会进一步增加，自我暴露也更广泛深刻。此时，人们已经可以允许对方进入自己高度私密性的个人领域，分享自己的生活空间和财产，但在实际生活中，很少有人达到这一情感层次的友谊关系。许多人同别人的关系并没有在第三阶段的基础上进一步发展，而是仅仅在第三阶段的同一水平上简单重复。

2. 人际交往的特点和功能

（1）交往对象的广泛性与多样性。人际交往的具体对象可以是任何事物。

（2）交往内容的模糊性和多变性。人际交往的内容一般比较模糊而且复杂多变。

（3）交往程序的灵活性和多样性。人际交往活动是根据双方的具体需要来灵活确定，有着复杂多样的运行程序。

（4）交往时间的异步性和持久性。人际交往可以跨越较大的时间距离，即一方在做出"贡献"后，往往需要经过相当长的时间才能得到"回报"。

（5）交往约束力的宽泛性。规范人际交往行为的约束力有政治、经济和文化等多方面的力量。

（6）交往主体的宽泛性。人际交往可以发生在亲戚、邻居、同事、朋友、家庭成员甚至陌生人之间。

3. 人际交往的功能

（1）获得信息功能。通过社交建立良好的人际关系后，人就能以各种方式迅速地获得信息。与从书本获得信息相比，人际交往有内容更广泛、渠道更直接、速度更迅速等特点。

（2）自知、知人功能。自知之明，即有成熟的自我意识。人的自我意识并不是自然地成熟的，而是通过交往，在与别人的相互作用中逐渐成熟起来的。人生的许多经验，就是在人际交往过程中积累和丰富起来的。

（3）自我表现功能。只有扩大交往范围，在更大的范围内表现自己，别人才可能了解你的为人、你的性格、你的学识、你的才能。

（4）人际协调功能。要想获得成功，就要学会与人合作。

（5）社会化功能。青少年在与家人、同伴的交往中，积累社会生活经验，学到社会生活所必需的知识、技能、态度、伦理道德规范等，逐步摆脱以自我为中心的倾向，意识到集体和社会的存在，意识到自我在社会中的地位和责任，学会与人平等相处和竞争，养成遵守法律及道德规范的习惯，从而自立于社会，获得社会认可，成为一个成熟的、社会化的人。

（6）身心保健功能。人作为一个社会成员，有着强烈的合群需要。通过相互交往，诉说个人的喜怒哀乐，就会引起彼此间的情感共鸣，从而在心理上产生一种归属感和安全感。

4. 人际交往的原则

（1）相互原则。人际关系的基础是彼此间的相互重视与支持。任何个体都不会无缘无故地接纳他人。喜欢是有前提的，相互性就是前提，我们喜欢那些也喜欢我们的人。人际交往中的接近与疏远、喜欢与不喜欢是相互的。

（2）交换原则。人际交往是一个社会交换过程。交换的原则是：个体期待人际交往对自己是有价值的，即在交往过程中的得大于失，至少等于失。人际交往是双方根据自己的价值观进行选择的结果。

（3）自我保护原则。自我价值是个体对自身价值的意识与评价；自我价值保护是一种自我支持倾向的心理活动，其目的是防止自我价值受到否定和贬低。由于自我价值是通过他人评价而确立的，个体对他人评价极其敏感。对肯定自我价值的他人，个体对其认同和接纳，并反投以肯定与支持；而对否定自我价值的他人则予以疏离；此时可能激活个体的自我价值保护动机。

（4）平等原则。在人际交往中总要有一定的付出或投入，交往的两个方面的需要和这种需要的满足程度必须是平等的，平等是建立人际关系的前提。人际交往是人与人之间的心理沟通，是主动的、相互的、有来有往的。人都有友爱和受人尊敬的需要，都希望得到别人的平等对待，人的这种需要就是平等的需要。

（5）相容原则。相容是指人际交往中的心理相容，即指人与人之间的融洽关系，与人相处时的包涵、宽容及忍让。要做到心理相容，应注意增加交往频率，寻找共同点，谦虚和宽容。为人处世要心胸开阔，宽以待人；要体谅他人，遇事多为别人着想，即使别人犯了错误，或冒犯了自己，也不要斤斤计较，以免因小失大，伤害相互之间的感情。

（6）信用原则。信用即指一个人诚实、不欺骗、遵守诺言，从而取得他人的信任。人离不开交往，交往离不开信用。要做到说话算数，不轻许诺言。与人交往时要热情友好，以诚相待，不卑不亢，端庄而不过于矜持，谦逊而不矫饰做作，要充分显示自己的自信心。一个有自信心的人，才可能取得别人的信赖。处事果断、富有主见、精神饱满、充满自信的人就容易激发别人的交往动机。博取别人的信任，产生使人乐于与你交往的魅力。

（7）理解原则。理解主要是指体察、了解别人的需要，明了他人言行的动机和意义，并帮助和促成他人合理需要的满足，对他人生活和言行的有价值的部分给予鼓励、支持和认可。上述这些人际交往的基本原则是处理人际关系不可分割的几个方面。运用和掌握这些原则是处理好人际关系的基本条件。

（二）客运服务的人际交往特点

客运服务中的人际交往，主要包括基层接待人员（服务人员）与客人之间的交往，客运服务交往的主体是基层服务人员，在服务过程中，交往结果如何，主要取决于服务交往的主体。

1. 客运服务人际交往的特点

（1）短暂性。

交通与市场经济迅猛发展，使注重高效益的乘客穿梭往返于各地，形成了服务交往频率高、时间短的活跃局面，短暂性的特点突出。

（2）公务性。

在一般情况下，服务员与客人的接触只限于客人需要服务的时间和地点，否则就是一种打扰客人的犯规行为。客我之间的接触只限于公务而不涉及个人关系，更不可能了解对方的全部。

2. 乘客出行对交通服务人员的要求

乘客在出行时会选择什么类型的交通工具，取决于交通工具所带给乘客的服务是否舒适、快速、安全，所以一般而言，轨道交通将是乘客出行的第一选择，而其也要求交通服务人员具备相应服务能力。

（1）尊重他人。

有这样一个故事：纽约某商人看到一个衣衫褴褛的铅笔推销员，出于怜悯，他塞给那人一元钱，不一会儿，他返回来，从卖笔人那里取走几支铅笔，并抱歉地解释自己忘记取笔了，临走时还对铅笔推销员说："你跟我都是商人。"几个月后，再次相遇，那卖笔人已成为推销商，他非常感谢商人："你重新给了我自尊，告诉我，我是个商人。"当你用诚挚的心灵使对方在情感上感到温暖愉悦，在精神上得到充实和满足，你就会体验到一种美好、和谐的人际关系，你就会拥有许多的朋友，并最终获得成功。在人际交往中，只要不失敬人之意，哪怕具体做法微不足道，也容易获得服务对象的肯定。

（2）热情主动。

乘客既希望得到服务人员的尊重，又希望在精神上感受到被人服务的满足，所以主动服务显得非常重要，主动服务要在乘客开口之前。是否积极主动满足乘客的需求，是轨道交通客运服务工作发展的根本。既体现了我们的精神风貌，又意味着有更强的情感投入，真正把乘客当作朋友，当作需要帮助的人，真正理解他们、关心他们，使自己的服务更具有人情味，让乘客倍感亲切，并从中体会到轨道交通客运服务的与众不同之处。

（3）控制情绪。

在某高铁站候车时，一位中年男子正在打电话，他吸引了周边人的目光，因为这位男子说话的声音非常大，已经影响到车站秩序。突然，不远处的一个少年大吼一声，满嘴脏话，威胁道："再吵，就把你扔下去……"这时，工作人员前来制止，少年还对工作人员恶语相向，但工作人员异常冷静地说："吵闹只会影响大家的心情，使你英俊潇洒的气质减分，你自己想想要不要冷静下来解决？"说完给了少年一个温暖的微笑，不一会儿气氛缓和了。在服务过程中我们会遇到各种各样的突发状况和形形色色的人，应善于控制自己的情绪，约束自己的情感，克制自己的举动，不失礼于人。当愤愤不已的情绪即将爆发时，要用意识控制自己，提醒自己应当保持理性，无论发生什么事，都能做到镇定自若。当乘客在公共场合质问客运服务人员时，客运服务人员首先要冷静，不要急于与之争辩，切不可针锋相对。如果乘客无理取闹，可请相关部门和人员解决。

（4）冷静沉稳。

凡事三思而后行。遇事不冲动，先想想事情的来龙去脉，让自己冷静下来，再去和乘客沟通，遇到自己处理不了的问题可以转交其他工作人员处理。在面对那些喜怒无常、无理纠缠的乘客时，在列车晚点、发生突发事件时，客运服务人员一定要临危不乱，应对各种突发状况。这就要求服务人员熟知各类应急处置预案，培养良好的心理素质。

五、顾客的投诉管理

（一）乘客投诉

1. 乘客投诉概念

当乘客乘坐交通工具出行时，会对出行本身和服务抱有良好的期盼，如果这些愿望和要求得不到满足，就会失去心理平衡，有可能产生"讨个说法"的想法和行为，即投诉。广义地说，乘客任何不满意的表示都可以看作投诉。

2. 乘客投诉的分类

根据乘客投诉的原因、目的和方式的不同分类如下：

（1）按投诉原因分类。

引起乘客投诉的原因多种多样，既有主观方面的，如驾驶员、客运服务人员、乘客自身因素引起的；也有客观方面的，如硬件设施等因素引起的。乘客可能是对乘车过程不满意，也可能是对结果不满意。

对过程不满意的投诉。即乘客在接受服务的过程中感觉精神上受到了伤害。比如，乘客在购票过程中，售票员服务态度不好，乘客感觉自己没有被尊重而进行投诉的行为就属于对过程不满意的投诉。

对结果不满意的投诉。这主要是由于乘客在接受服务的过程中在物质经济利益方面受到了损失。比如，某乘客在自助售票机上购票，交钱后并没有成功买到票，钱也退不回来了，非常郁闷，打电话投诉，就属于对结果不满意的投诉。

（2）按投诉目的分类。

① 求助型投诉。指乘客在乘车过程中，遇到困难或有问题没有得到帮助或解决而产生投诉。比如不熟悉自动售票机使用方法的乘客，在买票的过程中可能会向客运服务人员提出很多问题或者意见，有的可能是行外话或者是错误的，此时客运服务人员应该耐心给予解释，并提示乘客正确的购票流程与操作以及相关的注意事项，使乘客能顺利购票，得到有效帮助。

② 建议型投诉。指客运服务存在不足，有待改进和提高，投诉者本人利益不一定受到损害，但发现了一些问题，并提出建议。

③ 发泄型投诉。指乘客对客运服务带有某种偏见或不满情绪，或由于理解差异及误会等造成的心理不平衡，要求得到解决或想要讨个说法的行为。比如怀孕女乘客未购到坐卧票，而在乘车过程中，客运服务人员漠不关心，又没有其他乘客让座，因此非常气愤，从而投诉。

（3）按投诉方式分类。

① 现场投诉。即乘客当场提出意见，指出存在的问题，同时要求客运服务人员及时解决，这是常见的投诉方式。

② 间接投诉。即乘客通过电话、信函、电子邮件、聊天软件等间接方式向交通运输部门投诉。

③ 媒体曝光。即乘客通过报社、网络、电视等大众媒体曝光，利用社会影响，促使交通运输部门解决存在的问题。这种投诉方式常见于对交通安全隐患的排除与预防，或是满足广大乘客合法利益与合理需求等重要问题。

（二）乘客投诉心理与客运服务

乘客在情绪正常的状态下，投诉心理不容易发生；乘客心里不舒服、正憋着气，芝麻绿豆的小事也容易引发其投诉，因此客运服务人员要有充分的准备，在适当时机寻求最佳途径让乘客释放心中怒气，力求把投诉消灭在萌芽状态。一旦遇到乘客投诉，客运服务人员则务必努力洞察乘客的心理状态，尽力准确分析乘客心理诉求，圆满解决好乘客的投诉，让客运服务能够真正有的放矢。

1. 乘客从不满到投诉的心理渐变

乘客从不满意到投诉，在心理上表现为一个渐进过程。当乘客在乘坐高铁的过程中，得到的服务低于期望值时会感到失望，从而产生挫折感，对交通运输部门也会产生情感抵触。如果乘客在表达不满时，客运服务人员能够做到察言观色，认真解释和用心为乘客服务，乘客便有可能消气，甚至化解矛盾。如果乘客的不满之情得不到关注和化解，情感抵触逐步积蓄上升为情感冲动，就会导致行为上的不理性。比如，乘客在投诉时经常说："简直太气人了！我要找你们领导！"冲突爆发的形式和程度依乘客道德修养和个性而定。理智的乘客据理力争，决不让步；失去理智的乘客则怒火冲天，甚至破口大骂，形象全无。总之，当乘客的不满情绪发展到极致，就会寻求情感宣泄的表达方式，通常会升级为投诉。

2. 乘客的投诉心理与服务

乘客投诉心理即乘客对即将进行或已经进行的投诉行为的心理反应，这种心理随时会受到社会环境及个人情绪、情感的影响。客运服务人员日常工作中经常会因为各种各样的原因遇到乘客的投诉，这是在所难免的。只要是服务性的行业，就无法避免消费者的抱怨和投诉，即使是最优秀的服务企业，也不可能保证永远不发生失误或引起投诉。客运服务人员要能够理解乘客的投诉心理需求，从而有针对性地进行积极、有效的沟通，努力补救服务中的失误以提高服务水平，这是保障交通客运安全与顺畅不可或缺的重要方面。

很多时候乘客投诉的是一些鸡毛蒜皮的小事，但他们认为自己投诉的事实与理由是充分的，是有道理的，会让对方给一个解释。其实，很多时候乘客不是追求结果，而是追求投诉过程中客运企业对他的尊重和重视，属于典型的"面子投诉"。

因此，乘客投诉总希望得到他人的相信尊重、同情、支持，渴望被投诉者向他们表示歉意并立即采取相应的举措，以使问题获得解决。处理投诉的工作人员只要认真对待乘客，及时向乘客表示歉意，承诺尽快解决问题，并请求得到乘客的谅解和支持，就能化解乘客因为自尊心受损而导致的不满。即便确属乘客不对，客运服务人员也要让乘客有一个台阶下，这也是为了满足乘客受尊重心理的需要。

（1）乘客求尊重的心理及服务。

在整个乘车过程中，乘客作为消费者始终处于"客人"的地位，求尊重的心理是十分明显的，这也是一般人的正常心理。求尊重心理引起的投诉一般是乘客因为乘车服务某方面达不到自己的要求或者是一些现象让乘客很不舒服而投诉。比如，售票员的态度不友好，乘客从不满意到投诉，在心理上表现为一个渐进过程。当乘客在乘坐高铁的过程中得到的服务低于期望值时会感到失望，从而产生挫折感，对交通运输部门也会产生情感抵触。如果乘客在表达不满时，客运服务人员能够做到察言观色，认真解释和用心为乘客服务，许多时候矛盾是可以化解的。如果乘客的不满之情得不到关注和化解，情感抵触逐步积蓄上升为情感冲动，就会导致行为上的不理性。

（2）乘客求宣泄的心理及服务。

乘客投诉时，一般都很愤怒，无论采取何种投诉形式，都难免情绪激动。投诉者的这种外在表现，就是为了发泄内心的不满，其心理上明显处于失衡状态。

客运服务人员在接到此类乘客投诉时，一定要注意调整心态，耐心倾听，让乘客把话讲完，以满足乘客的宣泄心理。然后，客运服务人员从工作的角度出发，采用乘客能够接受的方式进行劝说，尽量引发乘客的同理心。最后，客运服务人员需要再次向乘客表示对其遭遇的理解和歉意，进一步提出行之有效的建议，提高乘客乘车的满意度，避免此类投诉再次发生。

（3）乘客求补偿的心理及服务。

在客运服务过程中，如果由于客运服务人员的职务性行为或运营单位未能履行相关承诺，使乘客遭受物质上的损失或精神上的伤害，乘客就会用投诉的方式向运营单位索赔，要求给予物质补偿；或采取法律上的诉讼活动要求赔偿，以弥补他们的损失，这也是一种正常的、普遍的心理现象。

面对求补偿心理的乘客投诉，客运服务人员应当详细了解乘客投诉原因并认真记录时间、地点、人物等关键词，向乘客承诺在确认事件以后会尽快给乘客一个满意的答复，然后向相关部门了解具体原因，视事件严重程度逐级上报，及时消除客运服务方面产生的不足和缺陷，提高服务质量，避免类似事件再次发生。同时，客运服务人员应当根据地铁公司相关规定对乘客物质上的损失或精神上的伤害进行赔偿，尽快减轻事件带来的不良影响，弥补乘客的损失，维护运营单位形象。

（4）乘客求平衡的心理及服务。

乘客在乘车过程中的满足或抱怨，是乘客将客运服务的设施及服务质量与期望值进行对比所产生的情绪体验。如果乘客认为比期望的好，就产生满足感；如果比期望的差，就产生挫折感。例如，车厢设施不完善，客运服务人员态度不够主动热情，对乘客的询问与求助态度冷淡，不尊重乘客的习惯需要等，会使乘客产生挫折感。乘客受挫后，对客运服务感到失望，心情比较低沉，本该平衡的心理状态产生失衡。通过投诉寻求平衡点，以达到物质和精神上的平衡。俗话说"水不平则流，人不平则语"，这是正常人寻求心理平衡、保持心理健康的一种方式，而乘客之所以投诉，还源于乘客对人的主体性和社会角色的认知。乘客购票乘车，当然希望购买到人性化的服务，有一个愉快的乘车经历，如果他得到的是不公平的待遇，这种强烈的反差会促使他选择投诉来维护他作为消费者的权益。

总之，客运服务人员在接到乘客投诉以后，应尽快找出投诉原因，消除投诉所产生的负面影响，维护乘客利益的过程就是乘客投诉处理的过程。如何在短时间内对乘客投诉做出妥善处理，需要工作人员总结经验，细致观察，尽快采取恰当的方式与乘客沟通，以便更好地为乘客服务。

此外，要认识到乘客投诉具有双重性，既有负面的影响，也会产生积极的作用。虽然乘客投诉会影响企业方的声誉，但是如果从积极方面考虑，投诉也是契机，能使企业方从投诉中发现自身问题，弥补工作中的漏洞，提高客运服务人员的工作质量和服务水平。

知识链接

2016年是天津地铁联网运营的开端年，为了更大程度地满足广大乘客的乘车需求，城市轨道交通运营企业在巩固原服务水平的基础上，进一步提高地铁1号线运营服务质量，并邀请社会各界监督。城市轨道交通运营企业承诺，乘客在车站将享受到温馨的服务，列车正点率将确保在96%以上，乘客有效投诉将100%回复。

此外，交通运营企业还将开展服务践诺和评诺活动。在服务践诺方面，预计5月，交通运营企业逐步实施营销服务活动，通过开展劳模"巡回演讲"打造一个示范列车、五个服务示范员、十个服务示范班组以及打造服务践诺示范站等方式来践行服务承诺，全面提升地铁运营服务水平。在服务评诺方面，城市轨道交通运营企业将建立外部监督机制，组织乘客评诺监督，通过评诺结果改善及提升服务弱项和短板环节。

天津轨道交通运营服务承诺如下：

安全行车准点化：在各车站出入口公布首末班车时刻，并保证首班车不晚点，末班车不早点。确保列车正点率在96%以上。

服务监督透明化：在车站公示服务标准、站长工号和监督电话。

服务热线公开化：地铁服务热线全运营时段开通，乘客对运营服务的投诉在3个工作日内回复。乘客有效投诉回复率100%。

员工服务规范化：工作人员着装整齐，佩戴标志统一规范。接待乘客讲普通话，使用文明用语。

乘车环境整洁化：车站通道无堵塞，地面墙面无污渍，设备设施无油渍，列车车厢无明显杂物。

应急处理贴心化：因地铁责任原因或其他特殊情况导致列车晚点15分钟以上，可在车站办理退票并致歉意，乘客可找车站客服人员申领致歉卡，以此作为上班、上学迟到的说明。

（资料来源：天津频道，2016年4月26日）

第三节　客运服务人员的心理健康与保健

世界卫生组织通过调查研究提出，一个人的健康长寿，15%取决于遗传因素，25%取决于社会因素、医疗条件和气候因素，而60%取决于个人的身心健康。也就是说，先天的遗传因素已经确定的话，我们可以通过个人的努力来实现长寿，特别是保持心理健康，只要心理健康了，健康长寿就不是梦。

一、心理健康

"心理健康"一词是由国外引入的。1906年由《心理卫生》一书正式采用。1908年，美国比尔斯（beers）所写的《自觉之心》一书引起反响，被认为是关于"心理卫生"的杰作，同年，世界第一个心理卫生协会在美国康涅狄格州成立，标志着世界心理卫生运动的开端。

国外有学者认为："心理健康是指一种持续的心理状况，当事人在相应的环境下能做出良好的适应，具有生命的活力，而且能充分发挥其身心的潜能，这乃是一种积极的丰富的状况，不仅是免于心理疾病而已。"心理健康指的是个体既能适当地评价自我、接受自我，又能与他人和谐相处；既能适应自己所面临的不断变化发展着的现实环境，同时具有良好的自我节制和调控能力。在心理方面都能处在比较积极的状态。心理健康的理想状态是保持性格完美、智力正常、认知正确、情感适当、意志合理、态度积极、行为恰当、适应良好的状态。与心理健康相对应的是心理亚健康以及心理病态。心理健康从不同的角度有不同的含义，衡量标准也有所不同。

心理健康，是现代人健康不可分割的重要方面，那么什么是人的心理健康呢？人的生理健康是有标准的，一个人的心理健康也是有标准的。不过人的心理健康标准不及人的生理健康标准具体与客观。了解与掌握心理健康的定义对于增强与维护人的健康有很大的意义。当人们掌握了衡量人的心理健康标准，以此为依据对照自己，进行心理健康的自我诊断。发现自己的心理状况某个或某几个方面与心理健康标准有一定距离，就会有针对性地加强心理锻炼，以期达到心理健康水平。如果发现自己的心理状态严重地偏离心理健康标准，就要及时地求医，以便早期诊断与早期治疗。

心理健康是指一种持续且积极发展的心理状态，在这种状态下，主体能做出良好的适应，并且充分发挥其身心潜能。

（一）心理健康的特点

对于心理健康者的特点，学者们的看法不尽一致。综合各家的见解，可将心理健康者的特征归纳为以下几点。

（1）积极的自我观念。

（2）能取悦他人。

（3）面对现实。

（二）心理健康的标志

一般认为，心理健康的标志有以下几点。

（1）健康的情绪和情感。

（2）良好的人际关系。

（3）健全的意志。
（4）健康的人格。
（5）正常的心理。

二、心理保健

心理保健是指预防心理问题，维护心理健康。

（一）心理保健的方法

1. 友善术

美国著名精神病专家雷斯福·威廉斯研究发现，易生气和易妒忌的女性比性格沉稳冷静、信任他人的女性死亡的可能性要高出 4 倍，由此而引出对同伴不友善女性更易早卒的结论。这是因为，友善的心态能使人体神经系统的兴奋水平处于最佳状态，可促进体内分泌出一些有益的激素、酶类和乙酰胆碱等，而这些物质能把血液的流量、神经细胞的兴奋调节到最佳状态，从而提高肌体的控病能力。相反，不友善的女性往往怨天尤人，动辄怒气冲天，从而引起肾上腺素等应激激素大量释放，使血管收缩、心跳加快、肌肉发紧，导致不良情绪加剧，造成心理、行为的恶性循环。因此，提倡友善的处世方法对现代人而言尤为重要。

2. 宽心术

即通过营造有利自己宽松工作与生活的环境，使自己始终保持心情舒畅的状态，以达到健康益寿之目的。如果一个人的价值错位、名利熏心、心胸狭窄、目光短浅，整天过着消沉、灰暗、呆板、枯燥的生活，久而久之，这个人就会丧失对生活的审美观，心里便会充满黑暗、仇恨、嫉妒和不满。这样的人，无论走到哪里，其生活氛围都不可能和谐、宽松。为此，大家要树立正确的价值观，培养良好的心理素质，做到心胸豁达，淡泊名利，对周围的人宽宏大度。没有危机，少了是非，生活氛围便会和谐、宽松。

3. 戒逸术

好逸恶劳是一种不良的生活方式，认为"饥、饱、劳、逸"四者致病。随着生活水平的提高，人们的饮食起居条件有了很大改善，吃讲营养，住讲舒适，行即坐车，膏粱厚味，安逸少动，常导致"逸病"的发生。患逸病的人，大多"饱食终日，无所事事"，百无聊赖，起居无常，不是发懒贪睡，就是闲坐不动，而人应勤勉、多劳，重要的是要克服意志消沉、不求上进的消极情绪。应根据自身条件，经常进行体育锻炼，促进健康。

4. 敬业术

有关专家认为，敬业是当代人心理健康的标志之一。在工作上具体表现为以下四个方面：（1）乐于工作，并能从工作中获得满足感。（2）能在工作中与他人建立和谐关系，且乐于与人交往，对人的态度是正面的态度多于反面态度。（3）对自己所从事的工作有适当的了解，并乐观积极，愿意努力发掘其身心潜能，对于无法救补的缺陷也能安然接受而不自卑。(4) 能有效解决工作中的问题。

5. 安详术

现代人容易多愁善感、郁闷不舒、急躁易怒，用一句话来概括，就是缺少安详。若不加强自身修养，将影响人们的健康，导致疾病发生。因此，要学会调节情绪，保持冷静，不贪欲妄求，精神内守而不耗散。

(二) 服务人员防止和解除心理疲劳的方法

心理疲劳不仅降低工作效率，而且对心理健康也有很大的影响。长期心理疲劳，使人情绪低落、心境抑郁、百无聊赖、精疲力竭，进而引起心因性疾病。这些疾病包括内分泌紊乱、免疫力下降以及各种慢性消耗性疾病，如消化道溃疡、糖尿病、心血管病、癌症等。过度的心理疲劳，无异于对生命的透支。防止和解除心理疲劳应从以下几个方面努力：

第一，注意劳逸结合。工作要合理安排时间和轻重缓急，生活要有规律，重视积极性休息，适时参加一些体育锻炼，如跑步、游泳、打球和步行等，以提高肌体的活力、精力和人体在应付复杂枯燥工作时的适应能力。从而避免因从事的活动过于单一而产生单调、消极的心境。同时，每天尽可能保证 7~8 小时的睡眠，这对消除疲劳有明显的效果。

第二，培养对所从事的工作的兴趣。兴趣的产生与大脑皮层上的兴奋点相联系，对从事感兴趣的工作不易疲倦，而对从事没兴趣的工作易于疲劳。在工作中，如果发现自己对本职工作和一些科目不感兴趣，也不必紧张、忧虑而形成思想负担。应想办法努力培养自己的兴趣。

第三，对自己的要求应客观、正确、适中。凡事要适度，不能对自己要求过高，根本办不到的事情不要硬拼蛮干，对自己力不能及的，就应放松，不要给自己太大压力。

第四，目的明确。无论从事什么活动，一定要确立行动的目标，这样才能不断激励自己，以取得预期的成功。

第五，创造一个和谐的人际环境。应与人为善，和亲友、同事等处好关系。经验表明，人只有生活在融洽、快乐的气氛中，才能有愉快的心境、开朗的性格、健康的身心，才不易产生疲劳，即使感到疲劳也容易很快消除。

第六，磨炼意志。意志坚强的人不仅在生理疲劳时能继续顽强地生存下去，而且在心理疲劳时也能克服惰性，完成任务，达到确立的行动目标。因此，平时要从小事做起，培养胜不骄、败不馁，百折不挠的顽强意志。

本章小结

1. 客运服务的角色认知和基本特征：(1) 无形性。(2) 易逝性。(3) 同时性。(4) 可靠性。

2. 礼仪的概念。礼的本意为敬神，在古代，特指奴隶或封建社会等级森严的社会制度。

现在，礼的含义比较广泛，是人们在长期的生活实践与交往中约定俗成的行为准则。它既可指隆重举行的仪式，也指日常交往中的礼貌和礼节等。

3. 人际关系是指社会人群中因交往而构成的相互依存和相互联系的社会关系，又称为"社交"，属于社会学的范畴，也称为"人际交往"。

课后思考题

1. 客运服务的角色认知。
2. 如何练习走姿、站姿？
3. 动车组列车上遇到验票旅客不理解的处理技巧。
4. 乘客的投诉该如何处理？

参考文献

[1] 白振汉. 现代管理心理学[M]. 青岛：青岛出版社，2001.
[2] 菲利普·津巴多. 津巴多普通心理学[M]. 王佳艺，译. 北京：中国人民大学出版社，2016.
[3] 乐嘉. 跟乐嘉学性格色彩[M]. 长沙：湖南文艺出版社，2014.
[4] 苏东水. 管理心理学[M]. 上海：复旦大学出版社，2005.
[5] 张锦萌. 成语典故中的心理学[M]. 郑州：河南教育出版社，1989.
[6] 丁昭福. 心理现象分析百例[M]. 北京：农村读物出版社，1986.
[7] 任旺兵. 我国服务业的发展与创新[M]. 北京：中国计划出版社，2004.
[8] 胡碧芳，姜倩. 旅游服务礼仪[M]. 北京：中国林业出版社，北京大学出版社，2008.
[9] 吕维霞，刘彦波. 现代商务礼仪[M]. 2版. 北京：对外经济贸易大学出版社，2006.
[10] 冯兆军. 饭店服务礼仪——学习手册[M]. 北京：旅游教育出版社，2006.
[11] 李国茹，张立峰. 旅游接待礼仪[M]. 长春：东北师范大学出版社，2006.
[12] 荣晓华，孙喜林. 消费行为学[M]. 大连：东北财经大学出版社，2003.
[13] 迈克尔·R.所罗门. 消费者行为学[M]. 8版. 卢泰宏，杨晓燕，译. 北京：中国人民大学出版社，2009.
[14] 江波，彭彦琴. 公关心理与实务[M]. 广州：暨南大学出版社，2002.
[15] 王丽华，吕欣. 旅游服务礼仪[M]. 北京：中国纺织出版社，2006.
[16] 张利民. 旅游礼仪[M]. 北京：机械工业出版社，2010.
[17] 薛建红. 旅游服务接待礼仪[M]. 郑州：郑州大学出版社，2002.
[18] 谢苏. 旅游社交礼仪[M]. 武汉：武汉大学出版社，2006.
[19] 杨军，陶犁. 旅游公关礼仪[M]. 昆明：云南大学出版社，2001.
[20] 胡晓涓. 商务礼仪[M]. 北京：中国人民大学出版社，2005.
[21] 卢永庆. 现代旅游礼仪[M]. 青岛：青岛出版社，2000.
[22] 李欣. 旅游礼仪教程[M]. 上海：上海交通大学出版社，2004.
[23] 杜培. 现代礼仪学[M]. 北京：民族出版社，2002.
[24] 王春利. 消费心理学[M]. 北京：首都经济贸易大学出版社，2006.
[25] 未来之舟. 仪式礼仪手册[M]. 北京：海洋出版社，2010.
[26] 牛志强，袁立君. 跨文化导向的服务接触[J]. 国际商务：对外贸易学报，2008（1）.
[27] 王书翠. 国外关于顾客感知服务质量的跨文化研究及启示[J]. 现代管理科学，2010（3）.
[28] 刘义趁. 服务人员情感性劳动的作用机制及应用[J]. 商业经济，2004（2）.
[29] 吕勤，左艳艳. 共情与饭店服务人员服务质量的关系[J]. 北京第二外国语学院学报，

2006（1）.

[30] 王光辉，刘峰. 我国现代服务业发展的现状、问题及对策建议[J]. 商业经济研究，2010（26）.

[31] 牛志强，袁立君. 跨文化导向的服务接触研究[J]. 国际商务（对外经济贸易大学学报），2008（1）.

[32] 魏炬. 没有"销售人员"只有"服务人员"——人性化营销的管理境界[J]. 辽宁经济，2003（3）.

[33] 黄琼. 我国生产性服务业发展困境与应对战略选择[J]. 未来与发展，2013（4）.